DESTRUCTOR DE ALMAS, TE SALUDO

NINA RENATA ARON

DESTRUCTOR DE ALMAS, TE SALUDO

UN TESTIMONIO PERSONAL SOBRE LAS MUJERES, LA ADICCIÓN Y EL AMOR

OCEANO

Destructor de almas, te saludo es un testimonio personal, un acto de la memoria más que de la història. Por lo que respecta a los recuerdos de quien las consignó, todas las experiencias y vicisitudes que aquí se presentan son verídicas. Algunos nombres, señas de identidad y circunstancias fueron modificados para proteger la privacidad de ciertas personas.

DESTRUCTOR DE ALMAS, TE SALUDO
Un testimonio personal sobre las mujeres, la adicción y el amor

Título original: GOOD MORNING, DESTROYER OF MEN'S SOULS.
  A Memoir of Women, Addiction, and Love

© 2020, Nina Renata Aron

Traducción: Enrique Mercado

Diseño de portada: Éramos tantos
Fotografía de la autora: © Tai Power Seeff

D. R. © 2021, Editorial Océano de México, S.A. de C.V.
Guillermo Barroso 17-5, Col. Industrial Las Armas
Tlalnepantla de Baz, 54080, Estado de México
info@oceano.com.mx

Primera edición: 2021

ISBN: 978-607-557-300-7

Impreso en México / Printed in Mexico

Para mi madre y mi padre

parte 1

Capítulo uno

Quemé su nombre bajo la Luna del Cazador. La baterista de mi banda me aconsejó hacerlo. Bebíamos unos whiskies y unas cervezas de lata en el bar. *La Luna del Cazador es poderosa para formular intenciones*, me dijo, y enrolló sobre su cabeza su largo y alaciado cabello, con el que formó un moño del tamaño de una manzana cristalizada. No lo sujetó con una liga, sino con un movimiento de muñeca y un giro de otro mechón de cabello, truco que yo siempre había envidiado a quienes lo ejecutaban. El moño permaneció en su sitio. Las pequeñas hebras de las que ella tiró luego para que le cubrieran las orejas compusieron en su rostro un par de diminutos paréntesis. La música de fondo era de Fleetwood Mac.

Escribe tu deseo y quémalo, terminó su copa.

Éste es el tipo de recomendaciones que las mujeres nos hacemos unas a otras.

La Luna del Cazador es poderosa para formular intenciones. Yo recibía a manos llenas consejos indirectos como éste. No sabía cómo aplicarlos, cómo escucharlos mejor para que me convenciera de que eran realizables, algo que podía poner en práctica. De todos modos, me dejé envolver por ese lenguaje, que quería aprender. Mis hermosas amigas esotéricas de California sabían que necesitaba de ellas y hacían cuanto podían por ayudarme, como dar vueltas alrededor de velas y cristales. Acogí su cordialidad como creí que debía hacerlo, con una mirada abierta e ilusionada, al tiempo que asentía despacio, de acuerdo con el ritual del New Age. Días atrás, una de ellas había aparecido en mi departamento con una botella de vino rosado y me hizo muy seria la franca sugerencia de que "expulsara" de mi casa a ese sujeto. *Esto purificará tu espacio*, dijo y me tendió un encendedor y un apagado manojo de hierba seca.

Limpiaba mi espacio incesantemente. Cada par de días, por ejemplo, aseaba el baño y pasaba toallas de papel remojadas en Lysol sobre la delicada capa de sangre seca que salpicaba casi todas las superficies, lo que me recordaba los tintes de color en el exterior del caramelo macizo, la primera capa que forma una pasta blanca en tu boca conforme lo chupas. Vivir con un drogadicto implica tropezar con un incalculable número de efluvios. Hay fluidos que eliminar por doquier, tantos que parecerían infinitos: el sudor que se enfría de inmediato en la estructura sólida y desregulada de su cuerpo, la orina que no cayó en la taza, la sangre y el vómito —hay vómito todos los días— y las purulentas y volcánicas secreciones de sus abscesos. Y cuando llego a casa después del trabajo y él se precipita sobre mí y me besa, y me dice *nenanena*, en estado semiconsciente, y cogemos onírica y fervorosamente en el sillón, hay saliva y hay semen.

En la basura encuentro en ocasiones toallas de papel arrugadas o trozos de papel higiénico que él usó para limpiar su sangre, y otras veces camisetas, calcetines o trapos de cocina con florecitas manchados de sangre, que se endurecen al secar como si hubieran sido atacados por el *rigor mortis*.

No sabía cómo decirles a mis amigas, esos buenos rayos de esperanza rubia, que ya dedicaba mi vida entera a formular intenciones. Formulación de intenciones era la fiebre abrasadora que me acometía cuando no podía localizarlo y tenía que teclear *jódete jódete jódete jódete jódete jódete jódete* en los diez centímetros de una casilla de correo electrónico —mi versión de un ejercicio de respiración— hasta que me calmaba y volvía a mis actividades. Mi carpeta de borradores estaba llena de esos bloques de texto de *jódete* en diez puntos, y de cientos de cartas de amor y de odio a medio escribir que había querido mandarle, repletas de intenciones de reformarlo o renunciar a él. Formulación de intenciones era lo que hacía cada mañana cuando orillaba el auto para llorar con la cabeza apoyada sobre el volante, la firme resolución que se afianzaba en mi estómago cuando veía que faltaba dinero en mi cuenta bancaria. Era el ominoso impacto de mi impotencia, el ritmo de mis días y mis noches. Lo que me urgía era algo que me ayudara a *cumplir* mis intenciones. *¿Hacen una tintura para eso,* quería preguntarles, *un elíxir curativo de pétalos de rosa?*

Aquella noche seguí las indicaciones de mi amiga la baterista. Me paré frente al fregadero —donde me balanceé y mecí mi pequeño cuerpo lleno de bourbon— y quemé el papel en el que había escrito K... M... S... TE DEJO, con una pluma que tomé del cajón de las baratijas. Al principio pensé poner QUIERO DEJARTE. *Escribe tu deseo,* había dicho ella, pero parecía una aspiración, no algo en tiempo presente. No, *no quiero*; *te dejo.*

La hoja se enroscó, emitiendo un color naranja intenso, y mis ojos se llenaron de lágrimas mientras la llama se elevaba hacia mi mano. Quería que eso fuera algo satánico, la oscura y calculada violencia de un conjuro, de una fuerza puesta en libertad en el universo, y al final fue nada más como un acto salido de un video de Taylor Swift: una microvictoria patética y seria sobre un amor obsesivo, al tiempo que el delineador se me corría. Ese incendio insignificante estaba bajo control. Dejé caer las cenizas sobre los tazones sucios y entrecerré los ojos para que sintiera que *esta vez sí iba en serio*, el estribillo eterno de quienes no soportan más. La clave es que lo digas en serio todas las veces y yo lo hice esa noche. Sentí un nudo en la garganta mientras pensaba: *Te dejo, hijo de puta, a partir de este instante.*

La enfermedad que él padece es la adicción. Este mal aparece todos los días en las noticias, mata a más personas que nunca antes, se apodera de Estados Unidos. Veo en los periódicos las gráficas que indican un aumento pronunciado, casi vertical, en sobredosis y muertes. Leo todos los artículos: sobre la heroína mexicana pura y de bajo costo que inunda el mercado, los niños abandonados a su suerte mientras sus padres se debilitan y extinguen, los bibliotecarios de ciudades pequeñas que cargan con una toma de NARCAN para revertir las sobredosis que ocurren en los baños de sus establecimientos, la inútil guerra frontal de la policía para contener la oferta y la demanda. En mi trabajo, veo a escondidas los videos de *Vice* sobre los adolescentes canadienses que mendigan para aspirar el demoledor fentanilo Smurf-blue, a la caza de viajes cada vez más cortos. Deambulan por estacionamientos muy concurridos, desde donde mandan mensajes de texto en busca de diez minutos más de inconsciencia, más pastillas que puedan reducir a polvo y aspirar en los rincones de los baños públicos. Cuando su rostro se relaja y se les caen los párpados, ves cómo se desvanece en ellos toda posibilidad de placer.

Pero ni siquiera la constante cobertura informativa sobre el reciente incremento en los horrores de las drogas —más terribles ahora cuando los afectados son de una piel cada vez más blanca y a una edad cada vez menor— documenta su monstruosidad de manera satisfactoria. Siempre que leo uno de esos artículos o veo una de esas gráficas o películas, pienso en todo lo que deja fuera, el dolor que las noticias no exhiben, los desastres invisibles que no explican y que quizá sería imposible que incluyeran. Dicen que la adicción es una "enfermedad de familia" y yo reflexiono mucho en esto, en la increíble reacción en cadena de las malas decisiones y las conductas riesgosas: los terrenos embargados, los avisos de desalojo y las joyas malbaratadas en casas de empeño; las vidas que, como la mía, están atrapadas en una lucha con el dolor cotidiano e intentan adaptarse un poco más cada día, más de lo que alguna vez pensaron que podrían ser capaces de manejar.

Una mañana fresca de principios de otoño en Oakland, California. K se dispone a bajar del coche para abordar el metro en dirección a un empleo que ya no sé si conserva. Activa la música en su teléfono y cubre toscamente sus audífonos con la capucha de su sudadera negra, el velo del adicto. Así como otro (yo) se alisaría la falda o tomaría su bolsa, él se prepara para el escrutinio público con una serie de pequeños movimientos, pensados para que oculten todo lo que sea posible. En circunstancias más desesperadas, ha subido al tren en busca de personas a quienes robar, o ha detenido a parejas a las que intimida con la amenaza de que golpeará a la mujer. Nunca atacaría a una mujer, me dijo cuando me reveló esto; sin embargo, esa táctica siempre le da resultado. *Y el galán tiene la oportunidad de lucirse*, añadió. *Basta con que afloje el dinero para que quede como un héroe.* En este momento, no obstante, su hábito no está tan fuera de control, y me tiene a mí, además.

Las horas que pasa despierto son un cálculo preciso. Para transitar del amanecer al anochecer necesita cuarenta dólares: treinta para la heroína y diez para el crack. Y tal vez también un par de dólares más, tomados del frasco de las monedas, para adquirir uno de esos envases de plástico con jugo de lima o limón que los adictos utilizan para disolver el crack. Las tiendas de los barrios bajos los exhiben en los mostrado- res, y antes me preguntaba para qué servían. Él no se inyecta frente a mí; los momentos que elige para viajar son un secreto a voces entre nosotros. Por lo general lo hace en el baño, desde donde escucho a menudo que tararea o silba con inocencia y aire desenfadado o tal vez un poco emocionado, como si fuera Mister Rogers, se abotonara el suéter y se pusiera los mocasi- nes en preparación de una sana aventura.

En su primer pinchazo combina esos dos ingredientes, que le conceden el viaje más importante del día. Luego de tan- tos años de doparse, las *speedballs* son la mejor forma de que sienta algo. Más tarde se administra una segunda inyección de heroína, con la que baja un poco de esas retumbantes altu- ras. Y necesita una más en la noche, aunque es raro que para entonces le reste material suficiente. Su dosis nocturna sería tan sólo una gota, el débil residuo de heroína en el algodón. Lo ideal sería que pudiese guardar una dosis tempranera para la mañana siguiente, pero nunca lo logra. (¿Alguien sí? La in- yección mañanera es casi sin duda un mito de los adictos.) Y pese a que en la noche bebe un trago, toma un par de pastillas o fuma algo de marihuana, nada de eso mitiga su compulsión —o el temor a ella, tan fuerte como la compulsión misma, se- gún sus propias palabras—, así que no pega el ojo hasta las cuatro y siente un leve temor toda la mañana.

Por desordenada que parezca, esta rutina encierra algo pulcro y comprobable. Si bien depende de otros seres huma- nos —bajo el aspecto de la cooperación, la manipulación, la coerción o la fuerza—, no deja de ser impecablemente decidi- da, autodeterminada y egoísta.

A pesar de que muchos de nuestros hábitos acaban por parecer rituales, pocos de ellos son innegociables, si lo piensas bien. A mí me gusta tomar una taza de café con un poco de leche cada mañana, pero si no tengo en casa ninguno de esos ingredientes, aguardo. Mi día adoptará tal vez una forma distinta, con una escala en la cafetería o un viaje al supermercado, o bien no tomaré café hasta la tarde. Esta costumbre es diferente. La necesidad de drogas y el derecho a consumirlas, defendido con ferocidad, regresan cada mañana con la luz rosácea del amanecer, momento a partir del cual, y sin la menor distracción, K se consagra a satisfacer ese impulso.

La adicción es biológica, desde luego, pero también emocional y psicológica. El adicto tiende a cooptar una filosofía de vida con la cual justificar su conducta. Por ejemplo, K decía que siempre había sido un nihilista, pero creo que ésa era sólo una forma de explicar su inclinación a las drogas. Hay por igual algo casi religioso en el celo que este tipo de adicción, esta práctica, requiere. La atención del adicto es de una intensidad escalofriante. No es como mi café matutino, sino como la reacción del monje al sonido del gong que lo llama a meditar, o la del zombi al olor de la sangre: un patrón que por ningún motivo se debe interrumpir, cuestionar ni alterar. Esta invariabilidad implica la dedicación más pura, pese a que también parezca casi robótica. No es envidiable; es, a su manera, pasmosa e imponente.

Tengo que ir trabajar, dice mientras permanecemos en el auto frente a la estación. Al otro lado de la ventana pasa un torrente de pasajeros con portafolios, de estudiantes con audífonos y mochilas. Todos tienen una vivacidad que desentona con este momento, el aire dentro del auto, la cultura de nuestra relación. Los veo pasar con añoranza y escepticismo.

Sé que me pedirá dinero, y que se guardará hasta el final esta solicitud para que su vergüenza se pierda entre sus últimos pasos. Sus ojos saltan de un lado a otro y llegan al final a

los míos, donde se detienen. Baja la ventana un par de centímetros y la sube de nuevo, presa de una energía nerviosa. Da la
impresión de que saldrá huyendo en un instante. *Podrías prestarme cuarenta dólares*, dice por fin, sin signos de interrogación. Mi pulso se acelera cuando escucho la palabra *prestarme*.
Su solo sonido, su desfachatez, me irrita. (Secreto profesional:
un drogadicto nunca pide prestado dinero.) Cierro los ojos un
largo rato y la luz del día vuelve a inundarme cuando los abro.

    Yo misma hago cálculos todo el tiempo. Tengo doscien-
tos once dólares en mi cuenta bancaria. No hemos hecho el
pago del teléfono, que ya venció, y debo comprar víveres durante mi receso para comer. Pero mañana me pagan, y no es la
quincena que se destina íntegra al alquiler, sino la de mediados de mes, la de pagar las cuentas. Además, me deben unos
centenares de dólares por un trabajo de corrección de estilo y
la pensión de mis hijos está por llegar. Aun así, cuarenta dólares al día son doscientos ochenta a la semana, mil ciento veinte al mes, cantidad con la que podría abrir una cuenta de
ahorros, rentar un cuarto, hacer un viaje o escapar. Mil dólares extra al mes serían un suma nada despreciable. O quizás
ansío literalmente un cambio de vida. Este gusanito hace que
me hierva la sangre, es una solución que no sé cómo conseguir. En estricto sentido, no tenemos el dinero que él necesita,
o lo tenemos pero no deberíamos gastarlo, no podemos continuar gastándolo así. No lo gano tan rápido, y si él percibe un
poco, ni un solo dólar llega a casa. Si hoy fuera otro día, podría
preguntarle si es cierto que irá a trabajar. Le diría con voz can-
sina y exasperada: *Ya no tienes ese empleo, ¿verdad?* E incluso me
enojaría, en nuestra corta despedida le reprocharía que siempre se muestra indiferente e impenetrable, o sus mentiras y maquinaciones. Estar en el auto frente a la estación del metro me
enfurece. ¿Por qué estos espacios de transición, estos umbrales,

los momentos previos a la separación, son ideales para que estallemos como rápidas ráfagas de ametralladora?

No esta mañana. Cualquier comentario amenazaría con encender la intrincada cadena de resentimientos que yace como una red eléctrica debajo de nuestra relación. Hoy la superficie es demasiado frágil. Sé que él no se siente bien.

Se supone que la sinceridad debería ser el sello característico de una relación comprensiva, pero soy experta en tragarme lo que pienso justo cuando estoy a punto de decirlo, así que guardo silencio, y ni siquiera sé si pienso algo. Abro mi cartera negra de piel, la billetera de una adulta, que mi madre me regaló en mi cumpleaños, digo: *Soy una profesional que tiene el derecho a darse sus gustos* y saco dos billetes de veinte. Los sostengo en la mano y miro a K por un largo minuto: hablo con los ojos, siento mi perverso poder como la guardiana, el sostén del hogar, la fuente que concede todos los deseos. Puedo hacer que su ansia de drogas desaparezca. Retiré esta suma anoche, en el cajero automático de San Pablo camino a casa, justo en previsión de este intercambio, en conocimiento de mi papel. Sabía que iba a dársela. Ignoro por qué. Sólo sé que cada día pienso que debo cambiar y no lo hago. Me propongo hacer lo opuesto a esto —hacer de mi vida lo opuesto a esto— y entonces descubro que *esto* es una decisión que ya tomé.

La enfermedad que yo sufro es amarlo. No escriben artículos sobre ella ni envían equipos de filmación para que nos sigan. Mi mal se llama codependencia, o propiciamiento, y en realidad no es un mal aunque lo parezca. Es más bien una difusa serie de tendencias y conductas que, dependiendo de su intensidad, se manifiesta como muchas cosas: un trastorno, un fastidio, una carga, una maldición o, en ocasiones, mera sen-

sibilidad, una preferencia, una mentalidad. Puede manifestar-
se como las suaves y tintineantes notas de piano antes de que
Patsy Cline entone ese primer *craaaaazy*, largo y quejumbro-
so. *Crazy for thinking that my love could hold you*. Éste es uno
de una centena de himnos que han acabado por resultarme
vagamente psicóticos conforme los aplico a mis circunstancias. Demasiadas canciones tratan de hombres que se libran
del amor. Ésta en particular serviría para embellecer una car-
petita codependiente: *Crazy for trying, and crazy for crying,
and crazy for loving you*. Se vería muy bonita sobre la repisa
de la chimenea. Por cierto, Willie Nelson escribió originalmente "Crazy" para el cantante de country Billy Walker, quien
la rechazó con el argumento de que era un "tema para mujeres". Según el biógrafo de Nelson, Patsy Cline "no aprobaba
las canciones que la hicieran parecer dolida", pero ésta llegó a
los primeros lugares de popularidad y se convirtió en su sello
distintivo.

La codependencia es un tema para mujeres: el sonido de
las silenciosas controladoras que están haciendo tareas y or-
denando, el llanto y gimoteo de las largamente ignoradas, el
gemido de las desconsoladas. Ese término tiene una extensa
y compleja historia pero nunca se ha tomado en serio. Cuando se le comprende al fin, se le concibe como propio de novias grotescas, madres autoritarias y esposas patéticas. En la
cultura popular, las conductas obsesivas, controladoras o permisivas de las mujeres se presentan como modalidades deplo-
rables o tristes de la debilidad y la locura.

En el pasado, las codependientes éramos llamadas "co-al-
cohólicas", lo cual no deja de ser curioso. Este apelativo alude
a la medida de tu complicidad: para que ellos beban así re-
quieren de alguien como tú que lo haga posible, una crédula
inútil que espere en el auto en que se fugarán los dos. Algunos

piensan que este mal es lo mismo que la adicción al amor o a las relaciones, un interés quebrantador en una fuente de validación externa. Otros creen que la constelación de conductas llamadas codependientes son respuestas inadaptadas a un trauma infantil que quizá no tenga nada que ver con el abuso de sustancias. Otros más razonan que la propia idea de codependencia es absurda y que las relaciones a las que se define como tales no deberían considerarse patológicas, puesto que no son más complicadas que cualquier otra. En años recientes, la teoría del apego ha prevalecido en algunas áreas del sistema de la salud mental, y un apego ansioso o inseguro se volvió una forma popular de señalar esos lazos disfuncionales. Si el estilo de apego que adquiriste en la niñez se distingue por la inseguridad, tenderás a buscar relaciones con una buena dosis de temor o tamizadas por el rechazo.

Las definiciones son variadas y en ocasiones endebles, las herramientas de diagnóstico defectuosas y los tratamientos muy diversos, pero esta forma de ser es real. En *Love Is a Choice: The Definitive Book on Letting Go of Unhealthy Relationships* (2003), Robert Hemfelt, Frank Minirth y Paul Meier afirmaron que la codependencia afecta a cuatro personas por cada alcohólico, y las estimaciones actuales del número de alcohólicos en Estados Unidos son muy elevadas. Un artículo publicado en 2017 en *JAMA Psychiatry* estableció que uno de cada ocho adultos de esa nación son alcohólicos, cifra que se juzga conservadora si se toman en cuenta las posibles deficiencias de su cálculo y el creciente número de drogadictos en dicho país. Esos autores, todos ellos médicos que tratan la codependencia, no son los únicos en alegar que "esta epidemia ya ha alcanzado un grado abrumador. La infelicidad, desesperanza y desperdicio de vidas que conlleva escapa por completo a nuestra comprensión".

Sin embargo, si la codependencia es una afección que causa un sufrimiento generalizado y es responsable de una "epidemia de [...] desperdicio de vidas", ¿por qué no sabemos más sobre ella? El alcoholismo y su tratamiento se incorporaron a la conciencia popular hace mucho tiempo, y aunque podría asegurarse que todavía está estigmatizado y malentendido, a ese problema se le medica y normaliza cada vez más en la cultura occidental. En cambio, el co-alcoholismo (o codependencia), pese a que fue definido junto con el alcoholismo, aún se interpreta como una serie de conductas extremas de mujeres deprimidas. Ese término tuvo una amplia difusión a fines de la década de 1980 y principios de la de 1990, cuando se popularizó el movimiento de recuperación de los Doce Pasos, pero desde entonces ha sido abandonado y hasta ridiculizado. Mientras que en el tratamiento se enfatiza que el alcoholismo es una "enfermedad de familia", las penalidades del codependiente —muy a menudo una mujer— se dejan de lado.

Por más que la familia suela estar presente en los programas de televisión, películas y artículos sobre la adicción, se le relega a las sombras y su angustia se estima un lamentable efecto de la dolencia, no un factor determinante, un enigma en el cual trabajar o una afección en sí misma. Nos inclinamos a creer que, después de todo, los miembros de la familia no son los protagonistas del drama, sino apenas actores secundarios. No obstante, convivir con la adicción es una experiencia peculiarmente insospechada: extenuante, deprimente, exasperante y con frecuencia aterradora. En un giro perverso, no está exenta de beneficios; a juicio de muchos, brinda cierta compensación emocional. Convivir con la adicción permite que los codependientes se sientan virtuosos y complacidos, o castigados y manipulados. Esta enfermedad da a nuestra vida su sustancia, y en algunos casos su propósito.

Comprobé en definitiva que el argumento del alcohólico o drogadicto solitario —propagado en las narraciones de adictos como Thomas De Quincey, Alexander Trocchi y John Cheever y reforzado por las versiones fílmicas de espíritus andrajosos y atormentados— supone un acto de ofuscación. Desde luego que sabemos que las maquinaciones del adicto ocurren en el marco de una soledad profunda. Caer en garras de este problema entraña un amargo aislamiento existencial, una confrontación con la propia debilidad e impotencia que ha demostrado ser una copiosa fuente de manifestaciones artísticas. Pero la adicción es también, necesariamente, una condición relacional. Excepto en las circunstancias más abyectas, alguien, en alguna parte, obtiene las ganancias, protege al adicto, limpia el desorden. Alguien está sentado junto a la ventana y espera. Alguien cree, confía, que hoy será diferente.

El mito del genio inspirado por Dios para crear en soledad grandes obras maestras es muy antiguo, salvo que ése no fue nunca el cuadro completo. Ahora sabemos que esta leyenda ignora convenientemente la labor de esposas, aprendices y asistentes, así como las fuerzas estructurales y particularidades institucionales que encumbran una obra y consagran a ciertos individuos. Es común que en el centro de las referencias literarias a la adicción hallemos a un sujeto, el adicto, en un solitario viaje épico a la salvación o en caída libre a la muerte. Pero ¿por qué tendría que vérsele en aislamiento? ¿Por qué no reconocemos por sistema que detrás de cada narcodependiente existe una auténtica sinfonía de energías ocultas? ¿Y a cuenta de qué esas energías no habrían de interesarnos?

Este libro emergió del deseo de cuestionar las ideas en las que se basa la codependencia y reanimar un intercambio acerca de lo que este mal significa para quienes dependen de sustancias. Quise escribir sobre el modo en que convivir con la adicción nos habitúa al caos y al miedo, nos induce a permanecer en una perpetua condición de víctimas y orienta nuestras decisiones en una dirección autodestructiva. Quise comprender mejor cómo se formuló originalmente este problema, quién lo hizo y para quién. Antes de que se nos permitiera tener propiedades, ejercer empleos remunerados o votar, las mujeres éramos sin duda las personas sobre las que el alcoholismo tenía más impacto. ¿Fuimos nosotras quienes ideamos el esquema de la codependencia con objeto de describir nuestra realidad o, como en el caso de tantas otras afecciones nuestras, ésta fue identificada y elaborada por un sistema psicológico predominantemente masculino? ¿Es cierto que esta dolencia existe? ¿En verdad es posible que se le trate, controle y cure? ¿Esto debe hacerse? ¿Hay algo liberador en la elección de aplicar esta lente a nuestra vida o sencillamente reproducimos gastadas ideas sobre el género, la familia, las relaciones y el amor, para no mencionar la adicción?

Este libro no sólo trata de mi vida. Trata por igual de la historia de las estadunidenses del siglo XIX que durante un largo periodo se sintieron impotentes mientras veían que sus compañeros sucumbían al alcoholismo y que al final lucharon para desterrarlo. Trata de las mujeres que, una vez que sus esposos se integraron a Alcohólicos Anónimos (AA) a principios del siglo XX, descubrieron que tenían mucho en común y formaron la tertulia que más tarde sería Al-Anon. Trata de los hombres y mujeres que en las décadas de 1980 y 1990 propiciaron el auge de los libros de autoayuda, y del modo en que extendieron más allá del alcoholismo las nociones de la codependencia entonces vigentes.

Nuestra visión del amor y de la dependencia es compleja, moldeada como está por nuestra historia familiar y experiencias personales, y determinada por la cultura en la que vivimos. Tal como se le expresa en las relaciones sentimentales, la codependencia es muy similar a las representaciones del "amor verdadero" que vemos en la literatura y el cine (y que muchas mujeres como yo devoramos de niñas). La tarea de separar los hilos que componen nuestras relaciones amorosas a fin de explorar qué las mueve y qué las vuelve tóxicas es intimidatoria y apasionante. Me pregunto qué sería de nosotras si pudiéramos dar fe de otra manera del extremo dolor que la adicción causa en la vida de la gente y del modo en que intentamos cuadrar ese dolor con el amor.

Capítulo dos

"Éste es un amor como el de nuestros abuelos", le dije a K un buen día y la frase se volvió un lema de nuestra relación, que él me repitió muchas veces cuando me veía con un vestido nuevo o intentaba calmarme tras una discusión. Pienso que también la repetía para que recordara que no debía esperar mucho de él; después de todo, el nuestro no era un amor de terapia, neutralidad de género o entre iguales evolucionados, sino un romance a la antigua, ruidoso y vivaz, que rugía con una violenta incertidumbre, en el que algunas lágrimas y mentiras eran inevitables y en el que ciertos objetos estaban destinados a ser lanzados al otro extremo de la sala. Ése era el precio de un cariño tan grande, de las notas de amor que K lograba deslizar en los libros que yo leía, del placer que él sentía cuando me regalaba flores y me compraba discos, me asustaba hasta hacerme desfallecer y besaba vorazmente mi cuello mientras yo lavaba los trastes. La Nuca del Arrumaco, la llamábamos.

Young girls, they do get weary, wearing that same old shaggy dress, cantaba Otis Redding en "Try a Little Tenderness". *Looo-ooo-ooove is their only happiness.*

Antes de K me hastié en tiempo récord de un matrimonio que debía haberme animado, que quizá pudo haberlo hecho. Me había casado años atrás bajo el débil sol de North Bay en una modesta ceremonia que se realizó en el jardín de la hermana de mi novio, ocasión para la cual, en los bíceps y antebrazos de los invitados, se estamparon tatuajes lavables en forma de un corazón envuelto en una banda con nuestros

nombres. Mi madre y mi suegra se retrataron juntas, sonrieron con orgullo, juntaron sus brazos y presumieron sus tatuajes idénticos. *No puedo creer que desde hoy seré tu esposa*, dije
en mis votos, con la vista fija en los grandes ojos aguamarina de
mi prometido y tragando saliva para contener las lágrimas. En
momentos así no me bastaba con un sollozo recatado; tenía
que llorar en toda forma, aun si esto me producía una sensación de abatimiento. Esa noche sopló una brisa fresca. Mi esposo y yo nos dimos de comer en la boca un par de trozos de
un pastel blanco de varios pisos adornado con flores, crema
y fresas. También nuestro hijo tenía el tamaño de una fresa:
crecía bajo mi vestido y una tanga ordinaria de encaje, mi única prenda azul, que decía la palabra NOVIA.

Pese a que aquél fue un inicio tan promisorio como cualquier otro, no pasó mucho tiempo antes de que me sintiera
emocionalmente sola y extrañara una variante del amor más
desesperada, algo más desenfrenado que me hiciera sentir
viva. Poco después de que K volvió a mí, reventé mi joven matrimonio a cambio de la oportunidad de compartir mi existencia con él. Tenía un hijo de dos años y una bebé de dos meses;
en otras palabras, estaba loca.

K se mantenía sobrio entonces pero eso no duró. Tuvo
una sobredosis y estuvo a punto de morir el mismo día en
que empezamos a vivir juntos, en un minúsculo departamento subarrendado que yo había encontrado, apartado y pagado
por adelantado. Tras inyectarse *speedballs* con su amigo Will,
un adicto empedernido al que yo terminaría por conocer muy
bien, éste tuvo la prudencia de llamar al 911 (proeza no menor para alguien cuya vida entera era ilegal). Los paramédicos
llegaron, revivieron al paralizado K con un desfibrilador y me
lo entregaron, con los chupones de los electrodos todavía adheridos al pecho. El departamento estaba lleno de cajas por

desempacar. Esa noche nos acostamos en silencio; mientras yo amamantaba a la bebé, él le alisaba los pálidos mechones.

Resultó que la sobriedad no era algo que podía esperar de K. Lo que sí *podía* esperar (quizá lo único, por desgracia) era lo que más me importaba: protección, diversión, risa, sexo extraordinario. Beber juntos Slurpees en una esquina cualquiera dentro de mi auto era regocijo puro. Las embrutecedoras diligencias que antes habían definido mis días —ir de compras al súper, a la tintorería— con él eran extravagantemente divertidas.

Como si nos resistiéramos a la amenaza de su muerte siempre al acecho, creamos un amor de otra época. Él era guapo y yo bonita. Aprendí a preparar las recetas de su madre. Decorábamos el árbol de Navidad, cambiábamos pañales, hacíamos fiestas, teníamos noches para los dos solos y las de los miércoles sacábamos la basura a la calle. Las tradiciones que inventamos o adoptamos nos resguardaban como un bastión contra el caos en que vivíamos. Y por largos periodos nos las arreglamos sin dinero, sin dormir, sin la aprobación de nadie, únicamente con amor. Lo único que existía para nosotros era ese amor inadecuado, estúpido y ciego, un sistema solar con sólo dos planetas que confería un mito y significado a nuestra vida.

"Te amo como se aman ciertas cosas oscuras, secretamente", escribió Neruda.

Cada vez que podíamos, dedicábamos todo el día a coger, en cada permutación concebible de ese acto, y más tarde en un apacible misionero durante el cual él me cubría con su cuerpo como si fuéramos compañeros de armas y estuviéramos tendidos junto a una granada. Al principio era verano y el sexo con K era sexo de verano, nutrido por el sol, seco y sucio. Olíamos a cadena de bicicleta, a lo industrial, metálico y dulce que pasaba entre nosotros cuando mordíamos nuestros labios, a jugo de piña y heroína. Me encantaba que él fuera rudo, su expresión cuando yo ponía ojos de Bambi y me congelaba de miedo. Me sentía querida y me portaba como un venadito. Luego me dormía bajo su musculoso brazo, como atada por una cuerda muy tensa.

Las noches de entre semana me mostraba complaciente y, cubierta con un fondo vintage color durazno, llegaba una y otra vez de puntitas hasta el congelador, donde refrescaba con hielo nuestras bebidas y servía un par de dedos más. Bailábamos despacio bajo las sombras mientras los niños roncaban en sus camas y la lavadora de trastes se bamboleaba. La lujuria aligeraba el trajín del día. ¿No es éste el sueño de toda madre joven?

En ocasiones nos dopábamos, veíamos retransmisiones de *Chopped*, el programa de concursos para chefs, y él me hacía reír tanto que me orinaba. Nuestras carcajadas habrían convencido a cualquiera de que no hacíamos otra cosa que travesuras.

Quince años antes de que su sangre salpicara las paredes de nuestro baño, nos conocimos el día de Acción de Gracias de 1997 en el Tower Records de San Francisco, en la esquina de Market y Castro, en cuyo turno de salida yo trabajaba de las cuatro de la tarde a la una de la mañana en compañía de una variopinta cuadrilla de descontentos que ganaban el salario mínimo. Pasábamos el tiempo gastándonos bromas o usando el rotulador o fragmentos de hule espuma del departamento de diseño, con los que hacíamos divertidos letreros y pequeñas obras de arte. Del titular de una de las revistas porno que vendíamos, recorté las palabras *Barely Legal* y las pegué en lugar de mi nombre en el gafete de plástico amarillo que colgaba de mi cuello, simbólica muestra de rebeldía que lo dice todo acerca de mi adolescencia. Deseaba a los hombres, pero más todavía que ellos me desearan a mí. Me aplicaba cremosos labiales de colores malvas, borgoñas y rojos subidos, peinaba mi negra melena en una alta cola de caballo y practicaba a diario mi manera de andar, el firme y malicioso vaivén de mi trasero en forma de corazón mientras subía las escaleras a la oficina. Lo del gafete era un acto de interpolación, un modo de insistir en que cada desconocido que llegaba me viera de cierta manera. *¡Bienvenido, estoy lista para que me cojas!* Pero no todo era promoción. *Barely Legal* era cierto en un sentido literal: dos semanas antes había cumplido dieciocho años.

Las jornadas de trabajo en Tower se interrumpían con los recesos para fumar, cuando me recargaba en el pasamanos rojo afuera de la tienda a fumar Mediums de Marlboro cuya ceniza arrojaba en una maceta gigante. En ocasiones avanzaba por Market hasta la librería, donde le hacía ojitos al empleado, o hasta Sweet Nothings para comprar un café y una rebanada de pastel de manzana que picaba durante el resto de mi jornada. Aunque en el trabajo era sociable, una vez sola y afuera me sentía tímida, incómoda, desprotegida. Me sentía joven. Hacía frío. En California me helaba siempre. Usaba mallas y botas y bajaba las mangas de mi suéter hasta las manos, de forma que oprimía las teclas de la caja registradora con las puntas expuestas de mis congelados dedos al tiempo que me mecía sobre las puntas de los pies, a causa del frío y la ansiedad. Fue así como me encontró.

K iba peinado con un negro y abundante copete italiano, vuelto hacia atrás con brillantina Tres Flores —tan grasienta como la vaselina— que dejaba a su paso una fastidiosa estela de geranio y petróleo. Alto, delgado, pulcro y bello, tatuado por todas partes con sagrados corazones y la letra de canciones de los Smiths, entró a la tienda y compró el CD *Dirt* de Alice in Chains. Los ojos se me incendiaron en cuanto lo vi.

Mi ropa o mi actitud, la displicencia clásica de las empleadas de las tiendas de discos, le hizo saber que reprobaría su elección; me esmeraba en proyectar la apariencia de alguien con un visible interés en cosas más profundas. Caminó hasta la caja con la defensa ya lista. *Atravesé la ciudad para que nadie me reconociera cuando comprara esto*, sonrió mientras le cobraba. Yo también sonreí y lo miré con escepticismo.

Voy a visitar a mi mamá, continuó, *y necesitaba algo para oír en el camino, pero ahora siento vergüenza.*

No es para menos, le dije. *Este disco es espantoso.* Reímos y me encogí de hombros, como si diera a entender que yo no fijaba las reglas.

Sacó su cartera y completé nerviosamente la transacción, bajo el ardoroso reflector del deseo repentino. Supe que él notaba mi torpeza. Metí el disco y la nota en una bolsita amarilla de plástico que casi le arrojé y levanté las cejas en un anticipado gesto de despedida.

¿Trabajaste el día de Acción de Gracias?, preguntó en tanto se abría el chaquetón de marinero y guardaba el disco en un enorme bolsillo interior. *¡Qué mal!*

Afuera, el gris se cernía sobre la avenida. Por Market pasaban autos a toda velocidad. La puerta tintineó cuando llegó otro cliente. Sentí ganas de enroscarme en ese cálido bolsillo y que él me cargara por toda esa ciudad que aún no conocía.

No, está bien, repliqué. *No tengo dónde más estar.*

Di vueltas una y otra vez a ese intercambio por el resto del día, hasta que relumbró como un tesoro, con la ilusión de que significara más de la cuenta. Compartí un cigarro de clavo de olor con Winter, la compañera gótica que siempre olía a esencia de vainilla y peinaba sus rastas en altas colitas de un rojo llameante, y le conté del hombre guapo al que había atendido. *¡Ay, por favor!*, dijo sin inmutarse. No era inusual que un señor apuesto llegara a la tienda.

Tampoco era cierto que yo no haya tenido dónde pasar la velada. Al día siguiente, de asueto para todas, embadurné de mantequilla el relleno de Stove Top con ejotes y lo compartí, junto con un salteado de tofu a la teriyaki y un *six pack*, con Rachel y Kat, mis mejores amigas. Llenas a reventar, más tarde nos echamos sobre la alfombra fucsia de nuestro departamento en la Fourteenth Street, drogadas, eufóricas y risueñas bajo el parpadeo de unos rosados foquitos navideños y a casi cinco mil kilómetros del hogar, lo que hacía que nos sintiéramos en el otro lado del mundo. Tres meses antes habíamos viajado en coche desde Nueva Jersey, después de que la preparatoria afortunadamente llegó a su fin. A bordo de un moribundo Honda hatchback, recorrimos la I-80 en línea recta, con algunas desviaciones zigzagueantes, para iniciar un autoimpuesto exilio de los suburbios. Habíamos trazado nuestra ruta en un atlas del tamaño de una laptop: de Nueva Jersey a Michigan, Illinois, Colorado, Utah, Nevada y California, trayecto durante el cual pusimos con insistencia el mismo surtido de casetes mezclados. Con diecisiete años y el cabello azotado por el viento de la autopista, lo único que quería era sentir la libertad del asiento del pasajero, mirarme en el espejo lateral y verme viéndome. ¿Todas las jóvenes son iguales? Contemplaba el cuadrante inferior de mi rostro, un objeto en el espejo, más cercano de lo que parecía, y que era todo piel rechoncha, brillo de labios y popotes de refresco. El palo de una paleta —*Lo. Lee. Ta.*— sobresalía entre mis dientes. Escribíamos postales a casa desde cafeterías que abrían toda la noche y el auto se descompuso a las afueras de Chicago, así que tuvimos que rodar en punto muerto hasta una salida que nos condujo a un taller donde Rachel coqueteó con el mecánico. La llevó a dar una vuelta en su motocicleta mientras sus ayudantes se ocupaban del coche y yo sentí una viva y extraña combinación de celos y pánico, porque ya había oscurecido. Tenía la sensación de que había hombres en cada esquina que querían hacernos cumplidos, regalarnos cosas, permitirnos la entrada pese a que fuéramos menores de edad, a lo que restaban importancia como si se tratara de una molestia, una insignificancia, nada. Nuevos mundos salían a la luz, nuevas constelaciones titilaban ya en los cielos nocturnos de nuestra mente.

Cuando cuatro meses después volví a ver a K, me hallaba en mi otro empleo, en una tienda de regalos en el distrito de Mission. *¡La chica de Tower Records!*, soltó en cuanto me vio. Lo acompañaban dos amigos, igual de guapos, arreglados y tatuados, aunque de aspecto más hosco. No brillaban como él, K me parecía luminoso. Corretearon por la tienda al tiempo que hacían bromas, llamaban la atención discretamente y flirteaban conmigo sin que voltearan a mirarme. En ese momento se escuchaba en la radio "Sitting On the Dock of the Bay", y en la sección donde Otis se pone a silbar, K alzó un dedo en señal de advertencia, miró a su alrededor y dijo: *Nadie mejor para hacer la trillada parte del silbido*, lo que me hizo reír. Se marcharon unos minutos después, aunque un poco más tarde él regresó y caminó hasta el mostrador.

¿Es cierto entonces?, preguntó.

¿Qué cosa?, sonreí.

Que no sales con quienes compran ese disco de Alice in Chains.

Lamenté informarle que eso era totalmente cierto, pero que en este caso haría una excepción. *Sólo por esta vez*, le dije y anoté mi número telefónico en una de las tarjetas doradas de la tienda.

Adoptó la costumbre de llamarme cuando salía de trabajar, a media noche. En la mesa de madera clara de la cocina, yo esperaba despierta el agudo y sonoro timbrazo del teléfono empotrado en la pared. Después hacía rodar la ceniza del cigarro por el perímetro de un cenicero de Las Vegas, donde formaba un cono gris y reluciente en el extremo encendido. Luego de fumar un poco, me acostaba junto al calefactor en el pasillo, estirando al máximo el cable del teléfono, y hablábamos dos, tres, cuatro horas. Mis gatitos subían y bajaban por mi espalda mientras yo hacía todo lo que podía para hechizarlo.

Nuestra relación fue breve e intensa. K era apuesto, inescrutable y divertido, extremadamente divertido y algo perverso. Su cabellera parecía de los años cincuenta, ¿o era de los cuarenta? A veces era de los veinte, cuando no la había lustrado aún ni convertido en una mata oscura, revuelta y radiante digna de un poeta libertino de la margen izquierda del Sena. ¿Es posible enamorarse de un perfil del cuero cabelludo? Algunos son irregulares o poco halagüeños, pero el suyo se tendía a la perfección y se curvaba con tal exactitud de un extremo a otro de la frente que semejaba un cable que contuviera su voluminoso cabello graso y lacio. Yo quería con desesperación que me amara y sabía que no podía ser la única. Algunas personas poseen un magnetismo así. Percibía una corriente dirigida a él, casi sentía los cuerpos que se retorcían en la ciudad, la energía de tantas otras mujeres en otros departamentos que alimentaban la esperanza de que les llamara. Las imaginaba y ardía en celos, con la mandíbula tensa, aunque sabía que le gustaba. K era difícil de atrapar, pero cuando me plantaba frente a él, me miraba como a una copa de helado.

Desaparecía unos días y llamaba, todo desenfado y determinación.

¿Qué haces?, preguntaba.

¿Qué le iba a decir? ¿Que horneaba un pastel, escribía una canción, me preparaba para salir? Cualquier cosa menos "nada".

Nada, respondía. *¿Y tú?*, nunca se me ocurría algo más ingenioso.

Voy a salir contigo, contestaba. *Pasaré a recogerte en veinte minutos.*

La suya era el tipo de atención que sentía que debía tomar como viniera, porque era demasiado tímida y joven o porque él era intimidante, mayor y más experimentado, ¿o no? Jamás tuve el valor de preguntarle dónde había estado, por qué no me llamaba, qué quería de mí, cuántas como yo había. Ese día lo esperé afuera del departamento con una falda color vino. También me puse una sudadera negra desteñida, que decía JENN con letras de fieltro blanco en el pecho, y la chamarra de mezclilla de Rachel, con broches negros en las bolsas y que olía al humo del departamento. En la calle había trozos de aguacates caídos de un árbol, que componían manchones de un verde lima y amarillo mate en el suelo. El sol brillaba y los pájaros cantaban como símbolos de ingenuidad y felicidad en una caricatura. Viajé Potrero arriba en el asiento trasero de su motocicleta a la par que la ciudad se difuminaba junto a mí, y cuando nos detuvimos en una señal de alto en la cumbre de la colina, nos imaginé desde arriba, una vista panorámica de ambos desde un poste de teléfono. Éramos el cartel de una película tendido contra el cielo.

K operaba con calma. En el piso de su cuarto en Oak Street, nos manoseábamos bajo la luz de cintas VHS, películas japonesas ultraviolentas, videos musicales de Morrissey, *El padrino*. En mi trayecto colina abajo desde Tower, una vez que terminaba mi turno, iba a coquetear con él en el bar cuya puerta controlaba, y en una ocasión resolvió un altercado frente a mí con el recurso de subir a un taxi a un universitario ebrio y agresivo. *¡Tranquilo, muchacho!*, le dijo mientras le torcía el brazo en la espalda y llamaba al taxi. *¡Vete a la mierda!*, le gritó el chico al otro lado de la ventanilla. K sonrió, sereno como un gángster de garito clandestino, le dijo: *Te pondrás bien, amigo*, y golpeó con un nudillo el toldo del coche antes de que partiera.

Todos en su órbita tenían un sobrenombre. El mío era Pimiento; no recuerdo su origen, sólo que fue pronto la única forma en que me llamaba, y a pesar de que era una palabra fea para un embutido indigerible, no sonaba mal. Íbamos a tomar café a North Beach y a comer sushi al Sunset y él me hacía reír a carcajadas, con un sonido alegre, chirriante y jovial que yo apenas reconocía. Un día me dijo que me acompañaría a Nueva York cuando iniciaran mis cursos universitarios en otoño, e inventamos una historia de cómo sería nuestra vida allá. Tendríamos plantas en el alféizar de un departamento en East Village y un perrito.

Una ocasión en que veíamos el modo en que las secadoras de la lavandería hacían girar mi ropa, me dijo que había tenido cáncer, y un buen día lo llevé a St. Mary's y aguardé a que lo examinaran para que supiéramos si había recaído. En una silla de plástico de la sala de espera me puse a hojear nerviosamente un libro y percibí de pronto la conocida carga de la responsabilidad. Sentir que sufría y se me necesitaba, que *debía cumplir* algo, tuvo en mí un efecto narcótico. Si estaba enfermo, lo cuidaría para que recuperara la salud. Disfruté la idea. Al final resultó que el cáncer no había regresado pero lo haría en poco tiempo; K experimentaría entonces su primera dosis de opiáceos, que alterarían el curso de su vida.

Ansiaba dejar mi hogar y marcharme a California. Mis padres se estaban divorciando y ya habían iniciado nuevas relaciones, él —en un pequeño y avejentado departamento que tenía un colchón en el suelo y un tenedor— con un repertorio rotativo de mamás locales; ella, con Jim, un chico muy joven que conoció en el trabajo y del que sorprendentemente se había enamorado. Mi hermana menor, Anya, envuelta a menudo en el humo de marihuana de su cuarto, se las arreglaba para obtener buenas calificaciones. Iba y venía de las casas de sus amigas y los entrenamientos de hockey sobre césped con una gruesa trenza que le llegaba casi a la cintura y con sus largas piernas e inquietante aptitud para todo; parecía aparte y por encima del drama familiar. Mi hermana mayor, Lucia, había transitado de su afición a los raves de fin de semana, pródigos en drogas, a la cocaína y de ahí a una declarada adicción a la heroína; en tanto que yo, culpable, enfadada y exhausta, cargaba sus secretos como una mochila llena de órganos. Durante mi adolescencia en casa aprendí el detectivesco trabajo de la codependencia, ya que, junto con mis atemorizados padres, alimentaba la ilusión de que si dábamos con las evidencias, detendríamos a mi hermana, la salvaríamos y descubriríamos la verdad. Esto llevaba así varios años. *Entra a ver si encuentras algo*, murmuraba mi madre en tono de conspiración cada vez que Lucia salía o se distraía, y yo me colaba en su recámara, tan furtiva y sudorosa como un miembro de las fuerzas especiales, y hurgaba sus pertenencias en busca de una prueba de que las cosas eran como las imaginábamos y no estábamos locos. ¡No, sí *teníamos razón*! Minutos después regresaba con su credencial de intercambio de agujas, frascos de pastillas, pedazos doblados de papel aluminio extraídos del fondo de su bolsa y bolsitas de plástico grabadas con calaveras que contenían el fantasmal residuo del polvo blanco, todo lo

cual entregaba como un perro fiel para que mi madre me re-
compensara con su amor. Por más que eso dejó de agradarme
a la larga, me sentía muy viva y apreciada cuando se me pedía
que cumpliera esa importante labor, que fuera la socia de mi
madre en la resolución del delito. Siempre estuve a la altura
del desafío de deducir y controlar la vida de mi hermana, de
invadir su privacidad. Era un propósito justificado, una batalla de la luz con la oscuridad, del bien contra el mal. Acorra-
lados por la heroína, sentíamos que no teníamos otra opción.
Si no seguíamos la pista de los movimientos de mi hermana,
nos arriesgaríamos a perderla. Su supervivencia se volvió una
especie de tortuosa victoria, que creímos haber instrumenta-
do con audacia.

Lucia pareció desde siempre demasiado grande para
nuestra ciudad. Aun de niña, estaba llamada al estrellato. Le
fascinaba actuar, tanto como la emoción de todos los requisi-
tos: ensayar, desde luego —lo que hacía con una concentración digna de Bob Fosse—, pero también reclutar y coordinar
la energía de otros, reunir al público, apagar las luces y correr
una sábana por telón. Cabecilla nata, hacía los programas de
nuestras representaciones en la sala y los menús para nuestra
cafetería en la mesa de la cocina, y una vez iniciado el espectáculo no soltaba al personaje. *¿Les traigo algo más o ya quieren la
cuenta?*, les preguntó un día a nuestros padres mientras retira-
ba los platos del "restaurante" y Anya y yo reíamos tras bastidores. *¿Desean conocer a nuestras chefs? Son hermanas, ¿saben?*

Una tarde en que nuestra abuela tomaba una siesta, nos
convenció de que nos pusiéramos su ropa e hiciéramos junto
a su cama una suerte de ritual fúnebre, consistente en que nos
acercáramos una por una y depositáramos joyas y otras ofren-
das caseras en su cuerpo dormido. Nos dirigió en silencio; hizo
señas para que nos encamináramos a la cama y asintió cuando

colocamos un peine y una pulsera en el pecho de mi abuelita, el cual subía y bajaba muy despacio. Se tomaba a orgullo que fuera capaz de imponer solemnidad en una sala y mantenernos como en un hechizo. Montada en la mesa del jardín con un guante de encaje y pulseras de hule que le llegaban hasta el codo, comandaba un ejército de primos y vecinos que realizaban interpretaciones fonomímicas de Madonna y Debbie Gibson. Una vez se hizo pasar por científica y encerró a Anya en la jaula de nuestro perro para estudiarla. Cuando ésta dijo que tenía hambre, le deslizó por los barrotes los pedazos de una rosca. *¡Déjala salir!*, protesté. *¡No, me gusta!*, repuso Anya desde su jaula.

En cierto sentido, Anya se adecuaba mejor que yo a la intensidad de Lucia. Una habichuela con una desbordante y enredada melena misteriosamente rubia, desde muy chica reveló poseer una vehemencia desmedida. Emergía a través de un berrinche, por medio de sus besos taladrantes, en momentos en los que me prendía y no me soltaba o bajo la forma de un baile frenético. Durante un tiempo, cuando tenía cinco o seis años, cargaba con una casetera por toda la casa. Una vez, en que una amiga se quedó a dormir, irrumpió en mi cuarto y nos despertó a las seis de la mañana con una versión de "A Tisket, A Tasket", de Ella Fitzgerald.

A mis hermanas les fascinaba el espectáculo, y ser su comparsa, aprendiz o suplente resultaba apasionante. Lucia en particular despertaba el deseo de estar a su lado. Yo no era precisamente tímida, pero tampoco sacaba beneficio alguno de ser el centro de la atención. Me apartaba con un libro si sus juegos se complicaban demasiado. Cuando entonaban a voz en cuello canciones de teatro musical, que a sus siete y doce años armonizaban a la perfección, yo no sabía dónde cabía mi débil voz, que a menudo se perdía entre las de ellas. Serás el hombre, decía Lucia. *No puedes ser Cosette, así que serás Jean Valjean.*

Naturalmente, cuanto más crecíamos, más peligroso se volvía el espectáculo. Empezamos a asistir a conciertos de punk rock en City Gardens, en Trenton, y yo veía que ella se dejaba llevar por la sudorosa multitud, que la lanzaba de un lado a otro con sus ondulaciones, y que se hundía en el *mosh pit*. Era el mismo arrojo y abandono que exhibía cuando nadaba en el mar. Una vez se rio mientras me confiaba que ese día había viajado en ácido durante la clase de matemáticas, y el alegre tintineo de su risa me espantó: ¿era una confesión o una provocación? ¿Ignoraba que eso me asustaría? Me di cuenta de que solía estar dopada cuando nos llevaba y traía de la escuela en el viejo Saab plateado de mamá, pero como no quería meterla en problemas le pedí que me enseñara a conducir. La distancia era corta, de apenas un par de kilómetros, y yo estaba cerca de cumplir los quince.

Lucia era glamorosa. Se hizo muy buena amiga de una chica británica igualmente glamorosa cuyo padre era profesor visitante en Princeton y se divertían más que nadie en la escuela. Veían episodios de *Absolutely Fabulous* y teñían su cabello con los mismos colores que Patsy y Edina. Compraban cigarros a un metalero que rellenaba de cajetillas el estuche de una guitarra y fumaban donde lo hacían los chicos sofisticados, en el área que llamábamos Varsity Smoking. Lucia contrajo mononucleosis una primavera y permaneció en casa un mes, lapso que aprovechó para broncearse en la azotea y oír a St. Etienne en una radiocasetera enorme.

En la única ocasión en que nuestros padres nos dejaron solas de noche, dio una fiesta en el jardín. Era verano y mis papás habían ido al norte a recoger a Anya de su primer campamento fuera de casa. Durante esa fiesta improvisada, los asistentes se multiplicaron como una nube de insectos —¿de dónde salieron tantas personas que yo no había visto nunca?—, mi novio y yo pasamos en medio del humo que envolvía a la gente y subimos a contemplar el libertinaje desde la ventana de una de las habitaciones.

Cuidarán la casa y serán responsables, ¿verdad, preciosas?, había dicho mi madre esa mañana y Lucia asintió tan convincentemente que incluso ladeó la cabeza para cuestionar esa pregunta. *¡Claro que sí, madre!*, respondió con acento santurrón. Ahora la veía en una silla del jardín rodeada de admiradores y encaramada en las piernas de un patinador.

¿Eres hermana de Lucia?, me preguntó un chico poco después de esa fiesta con una expresión que resumía todo lo que eso significaba para él. ¿Qué significaba? ¿Que yo era increíble, que era una chica fácil o que al fin había ya una casa para las fiestas?

Sí, contesté.

Levantó las cejas y sonrió.

A pesar de la incertidumbre y el temor que provocaba, Lucia era lista y brillaba con una astucia envidiable, así que cuando se trataba de que hiciera algo o de que obtuviese una buena calificación, lo lograba siempre a última hora. Hacía que las cosas parecieran fáciles. A menudo se sentaba ya tarde a la mesa del comedor, cuando la casa estaba en silencio, para tomarse la molestia de hacer sus tareas, y era tan lista que las terminaba en quince minutos. Una vez despertamos y descubrimos que durante la noche había horneado dos charolas grandes de magdalenas perfectas. *¿Qué es eso?*, le pregunté. *Es para la clase de francés*, respondió con indiferencia. *Tengo que hacer una presentación.* Cuando llegó el momento de que ingresara a la universidad, puso todo su empeño en que se le admitiera en Tisch, la competitiva escuela de teatro de la New

York University. La noche anterior a su audición no durmió, para aprenderse el monólogo de Ofelia en *Hamlet* —*¡Oh, Señor, Señor, era tanto el miedo que sentía!*, exclamaba en la cocina mientras yo guardaba mi almuerzo— y fue aceptada, claro está. Cuanto más se sumergía en la adicción, menos comunes eran episodios como éste, a pesar de que nunca perdió del todo su magia. Esto formaba parte de lo que mantenía viva la esperanza en nuestra familia.

Capítulo tres

Cuando tenía cinco o seis años, le pregunté a mi madre acerca de la religión. Me intrigaban las iglesias de la ciudad, a cuyo alrededor los fines de semana se aglomeraran adinerados feligreses de cabello rubio vestidos con prendas de lino o de color gris. *¿Qué es la iglesia?*, dije y me contestó que era un lugar donde iba la gente a practicar su religión. *¿Y qué es la religión?*, insistí, lo que volvió necesario que hiciera una pausa.

Un montón de hermosas imágenes e historias, respondió por fin. *Algunas de ellas son horribles. La gente las ha contemplado desde hace mucho, para darle sentido al mundo.*

¿Son verdad?, pregunté.

No, respondió sin pestañear.

Años más tarde cambió de piel y dejó la vida doméstica para regresar a la escuela y hacer un posgrado en historia del arte. Algo se agitaba en su interior. Meses atrás había arrancado de una revista una reproducción de una piscina de David Hockney —de un azul monocromático, más lavanda que aguamarina—, que fijó con un imán en el refrigerador debajo de un recorte de periódico que decía: "Hay otros mundos".

Mientras ella leía o consultaba libros, mis hermanas y yo jugábamos a las escondidas entre los pupitres de la biblioteca de Rutgers, hacíamos excursiones al bebedero en el pasillo y en el trayecto arrastrábamos sobre la alfombra nuestros zapatos deportivos con velcro para producir estática y administrarnos pequeñas descargas eléctricas. Mamá nos lanzaba una mirada severa si hacíamos demasiado ruido, y en respuesta nos

callábamos unas a otras. Después de cenar, a veces nos reclu-
taba para que la interrogáramos para sus exámenes, con base
en una enorme pila de tarjetas en las que, con su eficiente y
hermosa caligrafía, había escrito nombres de pintores, y al reverso, los de sus cuadros. En mi memoria, ese cúmulo de tarjetas me llegaba a las rodillas, pero es imposible que haya sido tan
alto. Algunas imágenes de sus libros —todas esas bellas imágenes e historias de ángeles, pechos y fuego— eran las mismas
a las que había aludido aquel día que hablamos de religión.

Escribió su tesis sobre la forma en que las mujeres fueron representadas durante la expansión al Viejo Oeste, y por
un semestre hubo regados por toda la casa o amontonados en
la mesa del comedor libros que retrataban a esas almas ago-
biadas. Las luchas y los sueños de las mujeres eran un tema
incesante en nuestra casa. Ahí estábamos las tres hijas —pati-
tos que daban sus primeros pasos en fila— y nuestra madre y
sus tarjetas, y todas teníamos un gran anhelo de eso. En su tesis de maestría, rescatada de una caja en una de sus mudanzas
posteriores a su divorcio, ella intentó reconocer la profunda
vida interior de mujeres que habían sido pintadas sin consideración alguna de su complejidad y humanidad. La valerosa familia pionera fue el principal agente "civilizador" en el centro
de la violenta doctrina racista del Destino Manifiesto, pese a
lo cual las mujeres al timón fueron retratadas (por hombres)
como desprovistas de capacidad para actuar. Muchas de ellas
eran pequeñas y periféricas, meras pizcas de feminidad que
representaban algo que nunca llegaban a ser. Los pintores de
la frontera se valieron de la iconografía cristiana, y mi madre catalogó sus figuras femeninas como "Madonnas fronte-
rizas", "paridoras felices" y "cautivas". A continuación usó la
información vertida en los diarios de las pioneras para demostrar que sus experiencias habían sido intensas y difíciles. A sus

desdibujados rostros y faldas azotadas por el viento añadió los detalles de su cansancio, determinación, esperanza y temor. Afirmó que poseían tanta destreza como sus intrépidos esposos cazadores, a quienes, junto con sus caballos, se les representaba siempre en acción: erguidos, dinámicos, fuertes. La tesis de mamá fue un admirable acto de recuperación.

Crecí sobre la base de que el león no es como lo pintan. Se me educó para que viera con interés la historia de las mujeres, y en particular los espacios en los que todo indicaba que *debía* haber una historia de mujeres pero no había ninguna. Supongo que mi madre me preparó para que recordara que hay otros mundos; para que cuando viera a la mujer inmóvil en la ventana, me preguntara sin falta cómo había sido su vida. Crecí embelesada por anécdotas de mujeres, y en todas partes se me aparecían las manifestaciones de su esfuerzo, aun si los hombres fingían que su existencia no dependía de ese andamiaje. Sin embargo, lo que más me impresionaba era su furia.

A los trece años, mis amigas y yo nos volvimos *riot grrrls*. Nos movían nuestras hormonas, nos cocinábamos en nuevas vergüenzas corporales, asimilábamos las experiencias de agresión sexual que ya habíamos tenido a montones. Emprendimos un ambicioso régimen de perforarnos, decolorar nuestro cabello y raparnos en casa. Yo leía de noche un viejo ejemplar de *Sisterhood Is Powerful* que me dejó pasmada. Más tarde hice un pedido del primer LP de Bikini Kill en el sello Kill Rock Stars, que oímos en la tornamesa de mis padres echadas en el futón del cuarto de estar, y nuestra vida cambió para siempre.

Radicalizadas por correo, nos salieron diminutas garras. Hacíamos revistas electrónicas que intercambiábamos con chicas de todo el país, quienes pasaron a ser nuestras amigas por correspondencia. En relucientes sobres hechos en casa nos enviábamos dulces, juguetes, calcomanías y largas cartas

donde compartíamos nuestros secretos y con las que intentábamos formar un movimiento. Pegábamos con engrudo en
toda la ciudad volantes con mensajes que asombraban a nuestros padres. ("Hola, sólo quería avisarte que no voy a sonreír,
callar, fingir, mentir, ocultar mi cuerpo ni guardar silencio por
ti", decía el que escribió la *riot grrrl* de Omaha, Ann Carroll,
el cual pegamos por doquier. "No permitiré que me ridiculi-
ces, acoses, utilices ni violes una vez más. ¡Porque soy mujer
y mis amigas y yo no te tememos!") Íbamos a conciertos de
punk rock, y al final armamos nuestra propia banda rebelde
de tres. Conseguimos que otras bandas dieran conciertos en el
consejo de las artes o en el sótano de la iglesia unitaria. Cuando la primera de nosotras adquirió su licencia para conducir,
fuimos en coche a conciertos de house en Nueva York y Filadelfia, y a visitar restaurantes vegetarianos chinos por el solo
gusto de salir a dar la vuelta. Dejábamos que nos creciera vello
en las piernas. Esto fue antes de que se supiera que el azúcar
era tóxica, antes de que cualquier persona pensara en evitar el
gluten. Los alimentos chatarra eran una rebelión. *Las* riot *no
hacemos dieta*, garabateé en el espejo de los vestidores con un
marcador color lavanda. Nos quedábamos a dormir en casa de
amigas cuyos padres fueran tolerantes, y al tiempo que conversábamos y oíamos música nos atiborrábamos de caramelos,
refrescos y papas fritas, agrupábamos las gomitas por colores y
hacíamos popotes con los caramelos Twizzlers para tomar un
Dr Pepper. Entre las dos y las tres de la mañana nos escabullía-
mos bajo la penumbra y paseábamos por la ciudad, robábamos
una probada de libertad, oíamos a los chicos en sus patinetas,
veíamos nuestras sombras proyectadas por los faroles y cuando nos contemplábamos descubríamos que, gracias a nuestra
fuerza numérica, nuestra figura se había vuelto repentinamente alta e imponente. Éramos una auténtica pandilla femenil.

Nos volvimos combatientes de un feminismo que, como el de mi madre, comenzó con el impulso de reinsertar en nuestra visión del mundo la realidad de las mujeres, específicamente su dolor. Las *riot grrrls* eran blancas y suburbanas —no sin razón se les criticaba que fueran una caja de resonancia de mujeres como nosotras—, pero yo apreciaba ése ambiente porque me ofrecía un nuevo lenguaje y un propósito. Las *riot grrrls* prosiguieron con la labor de concientización de la Segunda Ola feminista y pusieron en el candelero la narración en primera persona, que creíamos dotada de un potencial enorme, y reformularon la historia humana como un transcurso atravesado por el incesto, la violación y otros abusos de poder. Este movimiento reconocía continuamente sus propias complicaciones y las de la condición femenina —en particular la sexualidad— y daba validez a nuestra creciente impresión de que el patriarcado era no sólo algo que nos habían impuesto, sino también un sistema vivo y supurante del que paradójicamente éramos cómplices.

Mientras abrazaba el feminismo radical, sin embargo, mis relaciones con mi familia, mis amigas y los chicos se volvían cada vez más enredadas. La amistad y el noviazgo eran absorbentes y obsesivos. Me sentía perseguida y atrapada por la intensidad de lo que los hombres sentían por mí. Y aunque aprendía de experimentos políticos colectivos, sabía que el principal proyecto feminista consistía en cultivar la autonomía, lo cual parecía inimaginable. Mi responsabilidad con mi familia excluía toda posibilidad de independencia. Había un desfase entre mi feminismo naciente y las exigencias de mis relaciones. Me descubrí totalmente incapaz de poner en práctica mis nuevos principios en mi vida personal.

En mi adolescencia pasé horas enteras entre los altos y sobrepoblados libreros de pino de la librería de viejo de nuestra ciudad, en persecución de un título escrito por alguien que se pareciera a mí. Alguien que hubiera buscado drogas en el bolso de su hermana, en el grado de abertura de sus pupilas. Alguien cuyos padres se hubiesen visto gravemente aquejados por la preocupación. En otros siglos habían vivido muchas mujeres como nosotras, junto al azote de la adicción, atormentadas tanto por sus predecibles aflicciones como por el espectro de la muerte, su fin imprevisible y amenazante. Pensaba que debía haber una mujer madura que hubiera escrito algo sabio y conmovedor, una mujer que se hubiera sentido así en el pasado y aprendido a manejar sus circunstancias. Tropecé con un par de pésimos libros de autoayuda y compendios de una página diaria de supuesta "sabiduría". Los muy gastados ejemplares que mencionaban la codependencia eran demasiado simples y complacientes, colecciones de quejas cuyos capítulos tenían títulos como "Cindy" o "Jessica". ¿Esta jerga terapéutica era el motivo de que mi padre se hubiese mostrado tan escéptico de las reuniones de Al-Anon? Quizá yo no era mejor que él.

Encontré sobre todo el *yo, yo, yo* del adicto, un librero tras otro de sus exuberantes, preciosos y narcisistas volúmenes. El canon de la reflexión personal y cultural sobre este mal producido por alcohólicos y adictos es enorme, variado y a menudo brillante. Me volví fanática de la bibliografía sobre la adicción. Leí *Junky*; *The Basketball Diaries* (*Diario de un rebelde*); *Jesus' Son* (*El hijo de Jesús*); *Bright Lights, Big City*; *Confessions of an English Opium-Eater* (*Confesiones de un opiómano inglés*); *Drinking: A Love Story*; *Postcards from the Edge* (*Recuerdos de Hollywood*); *Trainspotting*, y más tarde *Lit, Tweak, Cherry* (*Lit, Tweak, Cherry: la primera vez*), *Blackout, Permanent Midnight* (*Medianoche permanente*), *The Night of the Gun, Running with Scissors* (*Recortes de mi vida*), *A Million Little Pieces* (*En mil pedazos*), *How to Murder Your Life, Portrait of an Addict as a Young Man, Drunk Mom* y muchos títulos más. Al final me enfadó que hubiera tantos libros y películas para "ellos" (los adictos) y ninguno para "nosotras" (las codependientes).

No hallé lo que buscaba. Había mujeres alcohólicas, en efecto, pero ¿dónde estaban las que vivían con alcohólicos? ¿Las que cocinaban y aseaban para ellos, las que criaban a sus hijos? ¿Dónde se encontraban las madres que veían crecer a sus hijos sólo para asistir más tarde a su caída en las drogas, como le había sucedido a la mía? ¿Estaban demasiado agotadas para escribir nada, demasiado ocupadas en la comisión de sus propios errores?

Las particulares tormentas emocionales de este cuadro fueron reunidas y llamadas *codependencia*, pero quienes las bautizaron así no respondieron satisfactoriamente a las únicas preguntas que a mí me importaban: ¿por qué era tan grato y tan doloroso cuidar a otras personas? ¿Por qué yo era capaz de adoptar una firme política feminista pero incapaz de vivir de acuerdo con su mensaje básico, el de que yo era una persona como cualquier otra?

Mis padres calaron con renuencia las aguas de Al-Anon a fines de la década de 1990, cuando la adicción de mi hermana se agudizaba. La sugerencia que recibieron ahí fue en todo momento la de que "se apartaran con amor", mostraran por Lucia un "amor exigente" y no la libraran de las consecuencias de su adicción. Después de todo, exentarla del precio de sus acciones era una forma de permisividad.

Ninguna de estas ideas fue de su agrado. Mi padre ni siquiera ponía interés en las reuniones. Se resistía a escuchar los testimonios de personas tan diferentes con distintas maneras de entender un problema común. Deseaba un recurso de eficacia comprobada. *Me gustaría un grupo para padres con educación universitaria de hijas adictas a la heroína*, me dijo cuando le pedí su opinión sobre Al-Anon.

Tal vez tú deberías iniciar uno, le dije secamente, pero era poco probable que lo hiciera. Para comenzar, la recuperación de los Doce Pasos no opera de esa forma. Se basa en la idea de resolver los desacuerdos, escuchar las experiencias de los demás y creer que, como en una iglesia, el apoyo y la salvación están al alcance de todos, sean cuales fueran su pasado o los detalles de su situación. Mis padres, además, sentían vergüenza. Si el grupo de apoyo perfecto hubiera llegado hasta ellos, llamado a su puerta y prometido no alertar a la comunidad sobre la adicción de mi hermana, quizás habrían cobrado interés. Pero no estaban preparados para presentarse como padres de una drogadicta frente a una sala repleta de desconocidos, en especial si resultaba que uno de ellos no lo era en absoluto. Vivíamos en los suburbios, ellos eran normales y respetados y nos habían educado bien. De conformidad con esta lógica —que ha estigmatizado tanto tiempo a la adicción—, el problema de Lucia nunca debió ocurrir. Su salida a la luz pública habría condenado en particular a mi madre, o al menos se habría sentido de ese modo, porque la discordia en el hogar suele interpretarse como reflejo de la incompetencia de la esposa/madre. Dado que mis padres preferían no hablar de esto fuera de la familia, decírselo a mis amigos o incluso a la orientadora escolar habría semejado una impertinencia, una pequeña traición que infligiría un grave daño a nuestro clan aun si éste no se enteraba de ella.

Al-Anon mereció el rechazo de mis padres debido también a que su mensaje, sobre todo en esa época, era que los parientes de alcohólicos y adictos debían concentrarse en ellos mismos e impedir que su vida dependiera de los altibajos de la adicción de su familiar. Debían abandonar todo intento de manejar las decisiones y enfermedad de este último y dejar de protegerse de las repercusiones de sus actos. No obstante, era imposible que mi madre se convenciera de que debía cambiar la forma en que nos trataba y dejara de prestarle apoyo, tiempo o dinero a mi hermana. En ocasiones me irritaba que ella se agotara tanto y quería que dejara de pensar en Lucia, decirle por una vez que ya bastaba. En ciertos casos, este impulso era bienintencionado: por un tiempo creí ingenuamente que la indigencia o la cárcel harían que mi hermana reconociera la severidad de su problema y la persuadirían de desintoxicarse y mantenerse así. En otros, me movía el resentimiento: si mis padres la marginaban, yo recibiría un poco más de atención. En cualquier caso, mi madre no estuvo de acuerdo.

En su libro *The Too-Good Wife: Alcohol, Codependency, and the Politics of Nurturance in Postwar Japan* (2005), la antropóloga Amy Borovoy, quien estudió a grupos de apoyo de mujeres codependientes, escribió que el "amor exigente" ejerce escasa influencia en ese contexto. "El discurso estadunidense del abuso de sustancias se basa en el lenguaje de los derechos y la autonomía", apuntó. "Los discursos japoneses sobre la familia y la maternidad no enfatizan, en cambio, la independencia de los hijos respecto a los padres ni otorgan a éstos derechos que les permitan desentenderse de las necesidades de aquéllos". Las mujeres que ella observó y entrevistó consideraban la maternidad como algo decisivo para su identidad, y su papel de madres incompatible con el enfoque en el individualismo de Al-Anon. En el contexto de "idiosincrasias estadunidenses obsesionadas con los derechos individuales", añadió, "existe poco margen para conceptualizar las necesarias concesiones de autodeterminación que la naturaleza social supone". Las relaciones que amenazan o comprometen los derechos individuales y la autonomía "se juzgan abusivas o explotadoras". Sólo "el desprecio a uno mismo, la compulsión incontrolable o un pasado familiar turbulento" podía explicar que un individuo entablara relaciones de ese tipo. Mi madre era una mujer judeo-estadunidense que había pasado casi toda su vida en la costa este de Estados Unidos y tenía mucho en común con esas madres japonesas. Practicaba el arte de la maternidad de un modo que celebraba nuestras profundas dependencias. La idea de que debía reclamar sus derechos y renunciar a la responsabilidad sobre el mal de su hija no era de su agrado y fue una de las razones de que no haya permanecido mucho tiempo en Al-Anon.

También yo hice la prueba en este grupo. Tenía dieciséis años. Un día después de que mi profesor de matemáticas me devolvió un examen con una sola respuesta correcta y la palabra "¡Despierta!" escrita en tinta roja, un mensaje de la orientadora apareció en mi casillero. No me invitaba a que fuera a verla; me citaba a un encuentro ya programado, ante el que mi única opción era presentarme. Para entonces ya había visitado alguna vez a la enfermera de la escuela, quien exhibía en su oficina un plato lleno de muñequitos de plástico con los que prevenía contra el aborto a las adolescentes. En comparación, la orientadora me pareció muy normal, y a petición suya le describí el "ambiente en casa". Mis padres se separaban ya en aquellos días, mi hermana era adicta a la heroína y yo estaba en medio. Había sido preciso que escuchara, absorbiera, mediara, ayudara y mitigara las cosas. Según la consejera, yo desempeñaba el papel de la "hija heroína", alistada para reparar el maltrecho barco de nuestro hogar y resuelta a no quejarse y ser una muchacha aceptable a fin de no llamar la atención de sus padres. Madre de una de mis compañeras, me invitó amablemente a que me refugiara en su oficina cuando fuera necesario y me sugirió que probara un grupo de apoyo.

Pese a la diversidad de la urbe en que vivía y mi ingenuidad de pensar que la adicción era un problema juvenil, el grupo al que ingresé, reunido en el salón de juegos de la iglesia, con piso de linóleo y paredes de madera, estaba integrado principalmente por señoras de edad avanzada (había muy pocos hombres). Muchas de ellas aparentaban hastío, como si hubieran pasado un siglo de inviernos en el Medio Oeste. Se presentaron una por una para dar inicio a la reunión, con nombres como Doris y Shirley. *¡Desde luego que no puedes suponer que permaneceré aquí, Shirley!*, reí para mis adentros mientras estudiaba el panorama. Algunas vestían suéteres de lana y fibras sintéticas evidentemente tejidos a mano, y al menos dos de ellas sacaron de su bolsa voluminosos tejidos de los que se ocuparon durante el resto de la sesión. La sala olía a encerrado y a lubricación reciente con Old English, un aroma a cítricos químicos que permaneció en mi nariz y hacía que la arrugara al tiempo que veía a mi alrededor, con intención de percibirlo todo y una inocente sonrisa de curiosidad por si acaso alguna de esas damas me miraba.

Tras la lectura de unos textos introductorios estándar, aquellas señoras levantaron la mano —interrumpiendo en ocasiones un incómodo silencio de decenas de segundos durante los cuales sólo se oía el chirrido ocasional de una silla— y se turnaron para hablar unos minutos de cosas que no guardaban ninguna relación con el alcohol y las drogas. Las asistentes, casi todas blancas, se referían a decisiones tan nimias como no devolver una llamada de inmediato, rechazar una invitación a comer o contener la lengua para no ofrecer a un hijo adulto una observación no solicitada sobre su boda. *¿Qué diablos tiene que ver todo esto con el tema de la reunión?*, me preguntaba. La orientadora escolar me había dicho que en las juntas de Al-Anon la gente comentaba en qué consiste convivir con un alcohólico o adicto, pero yo no sabía cuál era el hilo conductor en esa sala. Si se podía agrupar en un tema lo que estas señoras señalaban, ¿cabía suponer que era la autoestima? Parecían sentirse a gusto haciendo su voluntad en vidas aparentemente monótonas e informando al grupo de tales sucesos, algo que juzgué muy dulce de su parte. Con la flagrante gerontofobia de una joven, imaginé que no tenían nada más en que ocupar su tiempo. De seguro no tenían otra cosa que hacer, así que les divertía juntarse a conversar. ¿Estaban casadas con un alcohólico? ¿Eran madres, hermanas o hijas de una persona alcohólica? Apenas mencionaban lo que las calificaba para estar ahí, a los sujetos cuya afición a la bebida las había llevado a ese sitio. En cambio, seguían un ciclo inagotable de "participaciones" sobre una inmensa constelación de conductas ordinarias, nada graves. Al final de la sesión, temerosa de que alguna de ellas me abordara, me encaminé directamente a la puerta.

El "ambiente en casa" era mucho más dramático que cualquier cosa por la que esas damas atravesaran. Era impensable que hubieran pasado por experiencias angustiosas y que gracias a sus esfuerzos habrían terminado así de bien, con esa calma tan peculiar. Casi sin falta, cada vez que una de ellas hablaba decía algo que despertaba una oleada de risas tranquilas, y en ocasiones de genuinas carcajadas y entusiastas inclinaciones de cabeza. Al-Anon me ahuyentó pese a que asistí a algunas juntas más; dada la singularidad de cada una, se sugiere a los aspirantes que participen en al menos seis de ellas antes de que decidan si el programa les convence o no. Yo era demasiado joven, y las cosas en mi hogar muy complicadas. ¿Cómo podía alzar la mano y pronunciar el término *heroína* o *crack*? Esas tejedoras de suaves modales se habrían caído de sus sillas.

Años más tarde, deseé haber sido inspirada por palabras de sabiduría dichas ahí, que hubiese hallado a alguien con quien me identificara o un libro apasionante que leer. En contraste, me aparté porque no creí que tuviera sentido continuar en el grupo y porque me parecía imposible trazar una línea desde la afición de un ser querido a la bebida hasta los disparates en los que esas beatas se entretenían. En esa época me interesaban la literatura, la música y la política. Era una adolescente que afinaba su sensibilidad intelectual y repudiaba el lenguaje simple, los lemas y respuestas fáciles de ese programa. De hecho, cada vez que entré en contacto con lo que entonces consideraba el complejo industrial de la autoayuda, me sentí atraída y repelida a un tiempo. Siempre había algo con lo cual identificarse en los materiales impresos, por lo común descripciones del caos emocional que acaba por normalizarse en la familia de un alcohólico, pero gran parte de ese material era tan general que al final carecía de sentido. En esos días, además, no era difícil que algo me decepcionara. En las noches leía sobre levantamientos anarquistas e instalaciones feministas, así como las letras de los iracundos discos punk que adoraba, opuestos a la guerra, el capitalismo y la televisión. En plena adolescencia, era escéptica de todo lo que se dirigía al público de masas, y en especial de algo tan ligero como la autoayuda.

Capítulo cuatro

A causa del derrumbe de su matrimonio, de las ocupaciones, indiferencia o depresión de mi padre, o de que yo había dependido desde niña del alud de emociones que experimentaba cuando me preocupaba y entrometía junto con mi madre, solía desempeñar el papel de un padre más en nuestra saga familiar en curso. Aún acudía a la preparatoria cuando ya me sentaba con mamá en las dos sillas acojinadas frente a la terapeuta de mi hermana para que habláramos de su caso y su plan de recuperación. Por terrible que haya sido ese periodo, río siempre que recuerdo aquella sucedánea unidad parental que aparecía sin explicación en lugares como ése. Aunque es indudable que yo parecía una niña disfrazada de adulta, eso tenía sentido en mi mundo familiar. La terapeuta, una especie de Marisa Tomei de mirada comprensiva y con la actitud pragmática de Nueva Jersey, nos miró de reojo en lo que me preguntaba: "¿No te parece raro que estés aquí en reemplazo de tu padre?". No lo creía.

"La codependencia tiene su origen en la inclinación, muy frecuente entre hijas de familias 'disfuncionales', a compensar en exceso las insuficiencias de los padres mediante la adopción de su papel y el desarrollo de una sensibilidad desmedida a las necesidades ajenas", escribió la psicóloga clínica Janice Haaken en un artículo de 1990 titulado "A Critical Analysis of the Co-Dependent Construct". Lo que esta autora no explicitó es que las hijas de familias disfuncionales suelen compensar en exceso las insuficiencias de uno de sus progenitores en particular: el padre. Hasta donde sé, ésta es una dinámica común entre las mujeres que han tenido que lidiar con la adicción de un hermano. Incapaz de igualar el grado de preocupación de su esposa, papá abandona (aún más) el cuadro y una hija ocupa su lugar. Los cuidados requeridos por la adicción tienen un componente de género, y en consecuencia no están debidamente reconocidos.

Asumí el papel de mi padre. Esto semejaba una extensión natural de algo que yo ya era, una sensible hija intermedia a la que le entusiasmaba invariablemente que se le diera acceso a las complejidades de los dramas humanos y se le invitara a explayarse en estrategias de pacificación. Al parecer, esto era útil —de hecho crucial— para mi familia. La incesante repetición del ciclo dramático de la adicción me concedió suficiente experiencia para que viese mi conducta de otro modo y percibiera que podía ser dañina o autodestructiva. En ocasiones reparaba al instante en que hacía algo sin sentido; sabía, por ejemplo, que era vano y hasta cruel que acusara a mi hermana de drogarse o que le dijera que causaba un dolor enorme a nuestros padres, pero ignoraba cómo corregirme.

La depresión anidó en mi mente. Creía que esto les sucedía a todos —¿acaso no todas las adolescentes lloran a diario?— cuando obviamente no era así. El intenso temor de que mi hermana muriera pronto, parte de una caótica serie de ansiedades entrelazadas, empezó a prevalecer en mi vida emocional. Describía como un *nido de serpientes* una sensación que ahora reconozco como el principio de un ataque de pánico. Era una espantosa combinación de náusea, envidia, furia y miedo, la fusión de todo lo malo que había visto y lo que únicamente podía imaginar. Ese nido de serpientes era trauma y hormigueo: drogas, sexo y muerte, un espacio mental en el que veía las cosas en patrones para notar después que el patrón se movía y se develaba como una celosía de abejas, gusanos o anguilas que se arrastran en la oscuridad.

Años más tarde, cuando mi primogénito entró al jardín de niños, confié a mi madre que me dolía imaginarlo en el mundo, donde experimentaría el tedio y las humillaciones de la vida. *No es grato amar tanto a alguien*, le dije. Aunque ella conocía el sentimiento que describí, me alentó a disfrutar esta inocente reiteración de ese fenómeno. *Verlos crecer es doloroso, pero también estupendo. Éste es el momento más bello de su vida; gózalo mientras es chico.*

Tienes razón, le dije.

Cuando los hijos son pequeños, sus problemas lo son por igual. Crecen juntos, agregó, en un modo entre despreocupado y ominoso que utiliza cada vez que imparte sabiduría imperecedera.

Para el momento en que concluí la preparatoria, nuestros problemas eran enormes, de adultos. Aún veía a mis padres como un par de jóvenes enamorados —en ellos había habido siempre algo apacible y desenvuelto— y el final de su historia de amor cayó sobre mí con un peso aplastante. La casa se vendió. La pobre de Anya tuvo que vivir sola durante el resto de la preparatoria, a salto de mata entre los departamentos de nuestros padres. Perdida en las drogas, Lucia vivía en Brooklyn con Lorenzo, su novio, un joven encantador y apuesto que era también lo peor que puede haber: un drogadicto con dinero. Quizá la adolescencia es así y punto. La fantasía de nuestra infancia había sido una quimera, y la denuncia de su artificio, de las numerosas falsificaciones que entrañó, constituía un desengaño, el estallar de una burbuja, un alfiler en un cúmulo de globos de helio que flotaban absurdamente en el aire y que contenían las convicciones de mi niñez sobre la bondad esencial del mundo. *Pum. Pum. Pum.*

Quería correr. Lo hacía en la cancha de futbol hasta que las piernas me temblaban y me sentía desfallecer, y bajo el fresco crepúsculo posterior al entrenamiento una compañera de último año con licencia para conducir me llevaba a casa, donde devoraba todo lo que se me ponía enfrente. *Si deseas sentirte bien, haz ejercicio*, me decía mi depresivo padre, quien había practicado ese deporte en su juventud. Me animaba desde un costado de la cancha y le satisfacía visiblemente que jugara bien. En mi último año fui la capitana del equipo. Aunque era sociable y cordial, la tristeza me embargaba muy a menudo. Quería mucho a mi familia —era mi hogar, mi corazón—, pero la casi perversa cercanía de nuestra tribu, uno de los factores de nuestro optimista encanto durante mi infancia, había acabado por sofocarme. Cuando terminé la preparatoria, soñaba con espacios reducidos y menos radiantes que me pertenecieran por completo, cuanto más llenos de libros y semejantes a búnkeres, mejor. No me gustaba que me vieran. Lo único que quería era un silencio acogedor: una fantasía de distancia de las redes de responsabilidad en las que ya me sentía perturbadoramente atrapada. Me repetía que si lograba huir y echaba a andar mi propia vida, me sentiría bien. Así, enrollé una docena de camisetas, las metí en la vieja maleta azul pastel de la tienda de descuento de la Route 73 y me marché.

La oscuridad de San Francisco era muy distinta a la de la costa este que yo conocía, quizá porque mi costa este siempre había estado muy circunscrita, conforme al designio de mis padres. Era una jovencita de los suburbios que viajaba periódicamente a la ciudad con propósitos edificantes. Cuando íbamos a Nueva York o Filadelfia, atravesábamos los barrios bajos, aunque sólo de camino a las colonias elegantes, donde comíamos, visitábamos a la familia o veíamos obras de arte. O bien mi padre, quien era periodista y conocía cada centímetro cuadrado de Nueva Jersey, nos llevaba a viajes de ida y vuelta al Ironbound de Newark para que comiéramos paella, o a las bodegas del mercado oriental en Paterson donde se conseguía el mejor hummus. En la costa este te enteras, si es el caso, de que estás en una mala situación o en un barrio terrible. En un sitio así, las cosas son diferentes, se sienten de otro modo. La gente te mira distinto. Alguien podría preguntarte sin rodeos qué haces ahí, si te perdiste. En California, en cambio, todo era demasiado bello, el cielo más grande. Los parques industriales proyectaban un aspecto funcional, no echado al olvido como en Elizabeth, Linden o los muelles de Brooklyn. Aun el deterioro poseía una belleza matizada, y el sol del atardecer derramaba una luz caramelo sobre las casas azul pastel y rosa malteada. El peligro era entonces indiscernible para mí, no podía descifrar las calles. Y la amenaza que moraba en ellas se sentía menos criminal, más psicótica. En la década de 1990, San Francisco tenía una vibración estilo Manson peculiarmente siniestra, la prolongada resaca de los distantes y asquerosos hippies, quienes se habían metido demasiado ácido y estaban reducidos ahora a un ejército desaliñado con prendas de apagados tonos del arcoíris, ojos desvaídos y caras curtidas. La paz y el amor se habían avinagrado. San Francisco, Oakland, Berkeley y hasta Marin eran lugares en los que podías conocer a alguien, sumergirte en una conversación y no darte cuenta durante veinte minutos de que estaba más loco que una cabra. La completa demencia de una persona era una revelación que emergía de manera lenta e informal, lo que la volvía más estremecedora aún.

La ciudad parecía asimismo recién devastada por el sida, el terror que agitaría mi juventud. Por todos lados había rostros con la sombra del dolor y la enfermedad, y en muchos sitios prevalecía una sensación de trauma. La calle Castro, donde yo pasaba casi todo el tiempo, era una suerte de cementerio, asediada como estaba por vidas que se habían extinguido rápida, dolorosa y absurdamente. Yo trabajaba entre jóvenes que habían perdido a su grupo de amigos.

Cuando Rachel, Kat y yo llegamos a San Francisco, fuimos recibidas por una querida amiga de mis padres, quien nos instaló en la sala de su casa, en las neblinosas Avenidas. En una calle donde predominaban las residencias pintorescas estilo Doelger de colores pasteles, la suya —pintada de negro con molduras rojas— era un oasis gótico, el lugar perfecto en el cual caer. En las mañanas estudiábamos los anuncios clasificados en la cocina, de un vivo color salmón, hacíamos llamadas telefónicas y después viajábamos por la ciudad en busca de un departamento, y nos volvíamos fugazmente presentables para brillar y sonreír en entrevistas de trabajo de veinte minutos en pos de un empleo en servicios o ventas. Desdoblábamos y volvíamos a doblar nuestro mapa hasta una docena de veces al día. Al final hallamos un departamento de tres recámaras en Fourteenth Street, entre Guerrero y Valencia, que nos costaría al mes cuatrocientos dólares por persona, y cada una consiguió aparte dos empleos.

En ese tiempo no había aplicaciones para meditar ni aguas de carbón activado. Para que nos sintiéramos sanas y llenas de vida, comíamos ensaladas repletas de germinados, alubias y aguacate, bebíamos smoothies de frutas dulces y hacíamos largas caminatas, durante las que examinábamos las diferencias culturales entre este espacio y nuestro lugar de origen, algunas de ellas menudas y discutibles y otras lo bastante llamativas para ser explicadas en detalle a lo largo de varias manzanas. La música punk de la costa este se había vuelto más ingeniosa y estilizada y se inclinaba a lo gótico; todos sus seguidores vestían de negro. Aquí, en contraste, el estilo de los punks tenía un toque circense. En el efervescente barrio de Mission, de colores como de confitería, la apariencia de las chicas era especial. Vestían viejas faldas de tubo que no les ajustaban bien, sudaderas muy grandes y botas vaqueras que les llegaban a media pantorrilla y dejaban ver la mitad de sus velludas piernas. Su cabello magenta estaba permanentemente enredado. Algunas mujeres usaban camisetas deportivas y bigote y te invitaban un trago si recorrías Lexington con el aspecto de que llevaras incrustado en el hombro un chip de tu ciudad natal, alguna porquería interesante que ofrecer. Escribían poesía y tocaban punk folk. Nosotras vivíamos a apenas unas puertas de Red Dora's Bearded Lady, y yo me enamoré de las chicas hombrunas y los chicos trans igual de presuntuosos que los idiotas que con frecuencia me atraían. LICOR POR DELANTE, PÓKER POR DETRÁS era el rótulo en la camiseta de esa cafetería, complementada con los iconos de la cultura del tatuaje de los noventa: flamas, dados y bailarinas.

Me enamoraba con vehemencia. Quería que una de esas mujeres barbadas me salvara, e incluso que me rompiera el corazón. Pensaba: *¿Qué tal si estuviera con un chico fuerte y atractivo cuyo delicado núcleo emocional —cuyo corazón—, cuando lo mordiera, fuera de mujer? ¿Qué tal si jugara a ser la cuidadora estrella de un macho vestido de camiseta blanca que no lamentara el bagaje de haber nacido hombre?* Esto no sucedió nunca, supongo que por miedo de mi parte. Todo indica, sin embargo, que ya sabía que la masculinidad que me subyugaba no pasaba de ser una actuación endeble, cualquiera que fuera el género de la persona. Pese a todo, tenías que reforzarla, actuar como si fuera auténtica, para que pudieras desempeñar tu papel y cumplir tu propósito.

Aprendía de igual modo acerca del sexo casual, de la informalidad en general. Que si querías que se te juzgara sofisticada, tenías que actuar como una persona sofisticada, en el sentido de ser indiferente e imperturbable. Practicaba esto con los hombres que buscaban mi atención, como Miguel, un muchacho guapo con el que trabajaba en la tienda de discos, quien flirteaba conmigo en la oficina y una vez metió en la bolsa de mi chamarra un mensaje garabateado en una nota de la caja registradora que decía, con letras mayúsculas de escuela de diseño, SI ME HACES CASO, VERÁS. Yo me hacía la tonta, ni siquiera le dije que había recibido su recado, el cual pegué de todas formas en una página de mi diario con un trozo grueso y brillante de cinta canela. Aún fingía demencia ante él, pese a que nos rondábamos uno a otro, y en un par de semanas la tensión creció al punto de que una noche el timbre del departamento sonó a las dos de la mañana. Fue tal el escándalo que Kat despertó también, y emergió de su recámara con ojos somnolientos; entraba a trabajar a las seis a la cafetería del Sunset. Rachel salió igualmente de su cuarto, aunque estaba bien despierta, llevaba puestos unos diminutos shorts de terciopelo color durazno y sostenía una plumilla. *¿No te has dormido?*, le pregunté, por más que solía desvelarse y levantarse tarde. Trabajaba algunas noches en It's Tops, un restaurante que daba servicio todo el día y donde usaba un uniforme rosa y negro que llevaba bordado en el pecho el nombre de BONNIE, su identidad como mesera. *Estoy dibujando un ave. ¿Quién será?*, dirigió el mentón a la puerta y entrecerró un ojo. *Creo que me buscan*, enfilé hacia las escaleras. *Si no vuelvo en cinco minutos, bajen*. Rachel me había protegido desde que nos conocimos en cuarto grado, así que nada más resopló, dijo: *No te preocupes*, y se retiró a su recámara. El edificio donde vivíamos estaba apartado de la calle, y si deseábamos que alguien entrara teníamos que atravesar un largo callejón para abrir la reja. Ni siquiera me había puesto unas sandalias, pero por un momento agradecí que se me hubiese ocurrido acostarme con un bonito camisón amarillo y crucé descalza el callejón, haciendo ruido con los pies en el concreto. Un carnoso golpeteo resonó en las paredes del estrecho pasaje. Abrí la puerta y ahí estaba Miguel, quien sonreía a fuerzas, como si se disculpara por la hora o por su estado; se tambaleaba al tiempo que hacía todo lo posible por quedarse quieto y me miraba con ojos vidriosos. Dejé que me siguiera. Sabía a cigarros y tequila y me cogió como un tren de carga en el colchón sin sábanas de mi cuarto, tan reducido como un armario, mientras me susurraba al oído palabras en español. Más tarde tomamos grandes tragos de agua de la llave, en vasos de medio litro.

Al día siguiente, todo transcurrió con naturalidad entre nosotros. Él posaba ocasionalmente una larga y pícara mirada en mí, o me guiñaba un ojo cuando pasaba a mi lado en los angostos pasillos de los discos compactos, pero en general actuamos como si nada hubiera ocurrido. Yo saboreé la sensación de tener un secreto, y de saber que ese secreto era de sexo. ¡Qué bien nos habíamos entendido en la cama! Además, el sexo revelaba ser un espacio en mi mente donde podía esconder las imágenes de noches como ésa, llenas de intriga, ruidos, matas de cabello y humedades, momentos de mirar, ansiar y liberarse. Cargadas de oscuridad. De un sinfín de lunares y orificios, de minúsculos sonidos. El acto mismo había sido de lo mejor, creo que lo disfruté en verdad. Pero saboreé más todavía el rollo estelar que repasé en mi mente todo el día. Era como el dolor en mi cuerpo: la secuela, el recuerdo, la parte de la experiencia que me pertenecía sólo a mí. Algo desconocido, ingobernable, a lo que tenía derecho. Sentí que me lo había ganado. Esto era lo que recibías a cambio de tus horas insomnes al amanecer cuando descubrías que, acostado junto a ti, estaba alguien que habrías preferido no ver en tu cama.

A pesar de que Miguel fue por un tiempo un buen amante, no congeniamos. Yo tenía otros encuentros menos apasionados, menos compartidos, así que de manera simultánea aprendía qué se sentía permitir que sucediera algo que no querías o avergonzarte horriblemente de alguien con quien habías pasado la noche. Había sesiones desangeladas con desconocidos, chicos con los que mis amigas y yo tropezábamos cuando íbamos a desayunar a la Sixteenth Street, y de quienes nos reíamos después de un insufrible y balbuceante intercambio de bromas insulsas. Esto solía ocurrir luego de una borrachera, y cada noche había una. La desmesurada y expuesta sensación de hormigueo en la piel de una mala resaca se agravaba como nunca con uno de esos encuentros a la hora del almuerzo, como aquél con el chico al que llamamos Ballet Steve, un bailarín amigo de un amigo de un conocido con quien yo había compartido copiosamente en el Kilowatt una sidra que sabía a refresco de pera sin gas. A la implacable luz del día, parecía mucho más bajo de estatura y sonaba mucho más canadiense. Aun cuando sonreí por mero instinto cuando nos vio, eso causó que se acercara y permaneciera demasiado tiempo en nuestra mesa, donde no supo qué decir tan pronto como hicimos las observaciones de rigor sobre el clima. ¿Sentía que me debía una conversación extensa porque nos habíamos acostado a principios de esa semana? Kat y yo nos empeñábamos en ser amables, mientras que Rachel era franca y no soportaba a los idiotas.

Fue un gusto verte, Steve, le dijo cuando la mesera le llevó la miel de maple extra que había pedido, *pero continuaremos con nuestro almuerzo. ¡Gracias por detenerte a platicar!*, no pude contener la risa en el tarro de mi primera cerveza del día.

¡Qué tipo más pesado!, exclamé con incredulidad una vez que se alejó lo suficiente.

Es el chico que llevaste la otra noche a casa, dijo Kat.

Se veía más guapo entonces, dije añorante. Esta parte de crecer resultaba incomprensible. ¡Qué extraño era que dos personas se acostaran y tuviesen que fingir interés y saludarse si se encontraban en la calle o en un restaurante! Pero aunque éste era el lado opuesto del poder que yo había sentido con Miguel, también había energía en los Ballet Steves. Todo esto me hacía sentir la arquitecta de mi destino amoroso. Quizá cometía errores, pero el afecto, el deseo y el sexo estaban ahí, eran fuerzas que fluían en mi interior. El asunto se reducía a elegir una pareja que valiera la pena.

Trabajaba medio día en la tienda de regalos del barrio de Mission, un lugar abarrotado de veladoras para novenarios, calcomanías, tontos obsequios de temporada y figurillas del Día de Muertos. La dueña era una mujer extraña de cuarenta y tantos años que decidió contratarme cuando le dije que su nombre era un anagrama del mío. En San Francisco, este tipo de cosas son signo seguro... de qué, no lo sé aún. La dama del anagrama tenía también un servicio de sexo por teléfono al fondo del local, cuyos operadores no se regían por ningún horario. Aparte de mí, atendían la tienda otros dos empleados, amables bichos raros y drogadictos de corazón en sus veinte, treinta o cuarenta —me daba igual— con quienes me dividía la semana en partes iguales. Cuando alguno de ellos me relevaba al final del turno, me trataba con una ternura irritante; yo no entendía que era una niña para ellos. En mis días de labores, salvo por los chillidos de los gatos y el gimoteo y ronroneo de los responsables del servicio telefónico, a quienes oía en ocasiones cuando iba al baño o a prepararme una taza de té, la tienda era tranquila y estaba bajo mi mando. Tener a mi cargo un pequeño y oscuro establecimiento, semejante a lo que mis padres llamaban una "tienda formal", era divino. Leía, escribía cartas a mis amigos de la costa este y entradas de mi diario y me recargaba largas horas en la vitrina, que contenía la burda y pesada joyería de plata que no atraía a góticos ni a hippies. Lo importante era que controlaba el estéreo y ponía música acorde con mi estado de ánimo. En la preparatoria había cultivado una presunción musical de alarde casi machista que se acentuó cuando entré a trabajar a Tower, de donde robaba un montón de álbumes de soul, blues y rock alternativo para ponerlos al día siguiente en el reproductor de CD de la tienda de regalos. Encendía incienso y dejaba que los sonidos me envolvieran mientras satisfacía mis humores pasajeros. Jamás supe si el hombre pálido de cabello teñido de negro al que veía conseguir droga en la esquina de la Sixteenth y Guerrero *era* Elliott Smith o si yo quería que lo fuera porque ponía su disco *Either/Or* casi a diario y sentía que mi corazón se contorsionaba de acuerdo con las profundidades de la angustia y el tormento que oía en él. Pensar que compraba drogas a unos metros de mí cuando fumaba un Parliament en la puerta, protegida de la sesgada y estrepitosa lluvia, era demasiado. Tomé esto como tomaba todo: como una confirmación de la tristeza del mundo, una señal de que estaba hecha más que nada para la melancolía.

Ese año El Niño asoló la zona de la bahía de San Francisco y llevó consigo inesperados torrentes, avalanchas de lodo y largos, sombríos y monocromáticos días de lluvia. Cuando pienso en ese año, recuerdo la losa gris oscuro del cielo como el techo demasiado bajo de un departamento horrible. Llovía a cántaros, con gotas enormes que alternaban con una interminable llovizna ambiental, así que la neblina enredaba mi cabello hasta que lo rizaba y exponía la verdad de mi condición judía y mis caireles. Detestaba ese clima por eso. La penumbra se adaptaba perfecto a mi infelicidad. Era apropiadamente agotador que tuviera que arrastrarme de un empleo a otro con pantalones negros ajustados bajo la lluvia fría y tintineante que amenazaba a mi delineador de ojos y mi peinado fijo con pasadores. Durante cuarenta y tres días no paró de llover. Como no salíamos a la calle, nos aburríamos. Miriam, hermana de Rachel, llegó de visita, y con ella hacíamos tarjetas de san Valentín en el piso de la cocina. Otra de nuestras mejores amigas, Miranda, vino de la costa este y, atrapadas en casa, jugábamos con el maquillaje, nos probábamos los vestidos de gala que Kat había hurtado de la tienda de ropa antigua en la que trabajaba —rígidos cilindros de crinolina similares a tubos, de un lavanda pálido, verde pistache y azul celeste— y nos tomábamos fotos con una Polaroid. En eso consistía el ocio para nosotras: en que nos recostáramos sobre el sillón, lleno de pelos de gato, con elegantes vestidos robados de segunda mano y bebiéramos con labios de rubí de altas latas de cerveza o, mejor todavía, de envases de más de un litro. Miranda ofrecía el aspecto de una muñeca regordeta de mejillas sonrosadas. Tenía sangre griega e irlandesa pero parecía asiática y angelical y se peinaba con dos chongos altos al estilo de Björk. Nos dejó *pasmadas* cuando se probó el vestido strapless blanco con una aplicación de flores azul turquesa que semejaban puntos de merengue. En tanto la lluvia torrencial perforaba el tejado, la fotografié al teléfono mientras ordenaba chow mein para comer en casa.

Pero entonces, como la gran revelación luego de un cambio de escena en una película, llegó un día soleado. Fue así como nos enteramos de que lo increíble de San Francisco está en esas ocasiones de brillo redentor, los días en que la niebla "se quema", como dicen, y da paso a un sol penetrante, casi

perversamente jubiloso. Los neoyorquinos afirman en broma que sostienen una relación abusiva con su ciudad. En San
Francisco entendí eso. Golpeadas sin cesar por las nubes y la
lluvia, un sol fulgurante se disculpaba de súbito con nosotras.
Esto es lo que esa ciudad hace mejor: tras una borrascosa serie de días helados y de un gris plomizo, te convences de que
la vida es un desastre, y cuando menos te lo esperas y más lo
necesitas, el cielo se abre de golpe y revela un fulgor cristalino
con una luz casi sonora, que se refleja en todo y seca al aire los
pálidos edificios empapados. Este truco de magia me maravilla-
ba siempre. El gris no cedía su lugar al sol hasta mediodía, y en
el distrito de Mission la ciudad —las partes que nos importaban, donde estaban los jóvenes— volvía a la vida. Los punks de
las cafeterías salían de sus hogares y los cantineros exprimían
limones en jarras de bloody mary. En nuestros días libres nos
enroscábamos en los preciosos tramos de luz que entraban a
raudales por las ventanas del cuarto de Rachel, sobre la colcha
que aún olía a su casa de Nueva Jersey. Pese a que nunca hacía
verdadero calor, cuando el sol salía poníamos hielo en nuestro
café y fumábamos cigarros en la ventana, y después íbamos a
Dolores Park a patear una pelota.

K era un maestro del arte de la seducción por medio de cintas mezcladas, y un par de semanas después de que iniciamos
nuestro noviazgo me hizo una que permaneció en constante
rotación hasta que la perdí. Pero conservé el estuche, adornado con fotos adhesivas en las que un diminuto K aparecía
suspendido en una galaxia lustrosa y oscura. Una tarde gris
hizo sonar las campanas de la tienda cuando llegó a visitar-
me y su repentina presencia cambió de inmediato la energía
del pequeño lugar, e incluso la estructura de las células de mi

cuerpo. Todo adoptó la posición de firmes. Faltaba una hora para que mi turno terminara y a continuación haría un largo receso antes de entrar a Tower. Si él me esperaba, quizá saldría el sol y, doblando la esquina, podríamos ir a comprar un vaso de agua fresca de sandía. *Muy bien*, dijo, rodeó la vitrina, invadió mi pequeño espacio exclusivo para empleados y me besó con resolución. *¿Qué debíamos hacer hasta entonces?*, me besó de nuevo, esta vez con más firmeza aún. Esto era lo que se entiende por "mariposas", como una película de John Hughes. Muy despacio, consciente de mi dorso, mi trasero y mi falda, caminé hasta la puerta, la cerré con llave, di la vuelta al letrerito de ABIERTO y guie a K a la bodega del fondo, donde tuvimos un rápido y jadeante encuentro sexual sobre una pila de cajas llenas de sujetalibros de cerámica envueltos en papel de seda y que, en forma de manos unidas en oración, yo desempacaría sonriendo al día siguiente.

Tal como deben hacerlo los jóvenes, yo coleccionaba experiencias, las examinaba de revés, las superponía unas con otras, las comparaba. Y entonces llegó esto. La sensación de mi cuerpo al tensarse mientras la inmensa mano tatuada de un hombre (¡una mano tatuada!, eso no era muy común en los años noventa), su calor animal, se posaba en mi cintura y con un suave movimiento de dedos me empujaba para besarme. Mi vida empezaba al fin.

Es difícil recordar la clase de placer que sentía durante un episodio sexual. Cuando era joven, siempre se me complicaba saber si disfrutaba de la experiencia o nada más me sentía deseada, lo que en ese tiempo era casi todo. Como las demás actividades atrevidas de mi existencia, el sexo producía una intensificación vaga, una excitación que era puro nerviosismo, el escalofrío del miedo y la incertidumbre. Era la misma estremecedora sensación de riesgo que me procuraba el punk rock, cuando veía tocar en vivo a ciertas bandas o cuando, en octavo grado, compré un casete de la banda Dayglo Abortions titulado *Feed Us a Fetus* y en cuya portada Nancy y Ronald Reagan sonreían frente a un platón con un bebé ensangrentado. Me gustaba que mi corazón se acelerara, esos simbólicos y privados actos de romper moldes, momentos en los que pensaba: *¿Tengo autorización para hacer esto?* Me sentía levemente enferma cuando, sorprendida, me daba cuenta de que sí podía hacerlo, de que en realidad podía hacer lo que quisiera. Estar con K tuvo siempre esta cualidad salvaje. La ciudad la tenía. Quizá mis amigas y yo sólo teníamos dieciocho años y tiempo de sobra, y cuando salíamos de trabajar no había nada que nos reclamara, ni tareas ni entrenamientos de futbol ni padres. Esas horas de libertad eran como dinero extra que nos quemaba las manos. Ansiábamos tener dificultades, nuestra inminente edad adulta era un resfriado que deberíamos cuidar. Ahí vertíamos caramelos, cocteles, chicos, viajes a la playa y recorridos cortos en los que rogábamos que el pequeño Honda subiera las pendientes empinadas y sin barras de contención. Nos encariñamos con los sabores peculiares del mal arte del área de la bahía que se exhibían por doquier con aires de seriedad e íbamos a los grandes museos y veíamos buen arte, y al cine Roxie cuando salió *Kurt & Courtney*, y a las *drag queens* que serpenteaban por los acordonados accesos enfundadas en baby dolls y lápiz labial de ponche de frutas. Fumábamos hierba de la costa oeste, ofrecida en frescos y húmedos racimos de los que podías arrancar una pieza como si desprendieras un trozo de un pan. Igual que la flora y los productos del campo de California, parecía más verde, más viva que la de casa, y el viaje era tan fuerte que a veces yo tenía que encerrarme en el baño y verme al espejo, sentir mi cara, admirarme de la grasosa magnificencia de mi fealdad en tercera dimensión y pensar: *Aguanta, aguanta,* CÁLMATE, *esta sensación pasará.* También pensaba: *¿Esto es grato? ¿Me divierto?* Las cosas tenían entonces una apariencia ilegal, como si te estuviera vedado llamar para pedir ayuda. Había un entusiasmo quimérico y cierto temor en esa expectación, en ese no saber. El tiempo y la oscuridad eran de otra clase, ¿no? Sin teléfonos celulares, mensajes de texto ni mapas, salíamos a la noche con la esperanza de encontrarnos con lo mejor.

A pesar de todo su afecto, en mi relación con K había también un componente agresivo. El lado opuesto de su caballerosidad —con la que me hacía sentir especial y elevada, una dama de otro tiempo— era su machismo. Mantenía la creencia de que hombres y mujeres pertenecen a equipos contrarios y están condenados a no entenderse nunca y lastimarse entretanto. Esto no era algo inarticulado que yo dedujera de nuestra dinámica; lo proclamaba a los cuatro vientos, era un principio esencial de su visión del mundo. Cuando un amigo le llamó en una ocasión a altas horas de la noche para contarle que su novia lo había engañado, respondió escuetamente: *Bueno, eso es lo que sacas por confiar en una mujer,* frase que resonó con crueldad en mis adolescentes oídos y que me dejó atónita por más que ya supiera que los hombres hablaban así de nosotras, como si fuéramos agentes dobles o una fuerza invasora por repeler. Estaba acostada en su colchón y veía su espalda en lo que él oía los infortunios de su amigo. Un par de minutos más tarde volteó a verme, me hizo señas de que se aburría y entornó los ojos para indicar que la conversación era fastidiosa, intentaría concluirla y en breve estaría conmigo, una joven que no era de fiar. *Veámonos mañana para que te compre un helado,* le dijo, e imaginé que, sentados en una banca, ambos reirían y

se compadecerían de tener que lidiar con las mujeres y su maquinaciones, mientras cada uno lamía su cuchara y reducía
módicamente su contenido a una masa redondeada y tensa,
como los hombres acostumbran hacer. Sentí celos de su amigo, que atrajera su atención y oyera su franca cantaleta sobre
las relaciones, algo que yo jamás escucharía de él. Sentí igual
los celos indefinidos que con frecuencia experimentaba por los
hombres por el solo hecho de que lo fueran, que no tuvieran
una voz cadenciosa ni plagada de signos de interrogación y vi-
vieran tan quitados de la pena.

Pero también sentí pena por K: no era culpa suya. Lo habían educado de ese modo. Cargaba las heridas de una niñez
en la que su madre lo adoraba y su padre lo alentaba a ser fuerte. Su papá era un italiano de primera generación que creció
en Filadelfia durante la Gran Depresión, jugó en las ligas menores de beisbol y tocó el corno francés en la Sinfónica de San
Francisco, con lo que logró combinar casi a la perfección el
deporte y el refinamiento cultural, aun cuando K fue el primero en recordarme que los músicos sinfónicos son como
cualquier otro y no se distinguen precisamente por su finu-
ra. Era alto, amable y bien parecido y tenía una marcada vena
malévola que su familia hacía lo posible por evitar. Sus esta-
llidos de cólera aterraban a todos. K era su preferido, el hermoso primogénito de católicos italianos —básicamente un
semidiós— en quien el padre había puesto todas sus esperanzas. Esto significaba que lo presionó para que adoptara ideas
muy estrictas sobre la hombría. Lo animó a que cultivara la
fuerza física por medio del deporte. Cuando cursaba la educación primaria, en una ocasión no fue capaz de derrotar a un
compañero abusivo; su papá le había advertido que no se mo-
lestara en volver a casa a menos que el director llamara para
reportar su altercado, pero lo único que consiguió fue golpear

al chico con su lonchera de *Land of the Lost*. Su padre lo llevó a un gimnasio de los bajos fondos y lo lanzó al cuadrilátero para que aprendiera a pelear. Aunque ese día lo molieron a palos, no abandonó su adiestramiento hasta que él fuera quien molía a los demás.

Al final de una cita en una pastelería italiana, me contó que sus padres se quedaron perplejos cuando descubrió el heavy metal y el punk rock en los años ochenta. Rio mientras describía el horror en el rostro de su padre cuando vio la huella de una bota en su espalda después de un concierto. Su papá ya rebasaba los sesenta cuando K era un adolescente, así que ignoraba los rituales de un *mosh pit*. "¿Qué clase de películas ves?", le gritó. La brecha generacional entre ambos se intensificó a medida que K se hacía hombre y su padre perdía el control sobre él.

Al cabo llegué a ese momento que todos los chicos tienen cuando creen que pueden darle una paliza a su papá, sonrió mientras se zampaba nuestros cannoli y lamía el azúcar en las puntas de sus dedos.

¿Todos pasan por ese momento?, inquirí incrédula. Asintió y masticó.

Sí, ¿cuando estás harto de que abusen de ti y piensas que por fin eres lo bastante grande para enfrentar a tu viejo? Todos lo tienen.

¡Ah!, dije. ¿Yo qué podía saber? Era una joven aficionada al estudio que no tenía hermanos varones. *¿Y qué ocurrió cuando hiciste eso?*, pregunté.

Me le eché encima y me rompió la nariz de un puñetazo, se tocó el tabique por instinto y pasó el índice y pulgar sobre el punto donde se le había torcido.

Retrocedí indignada. *¿Tu padre te rompió la nariz? Perdóname pero eso es abuso de menores*, sacudí la cabeza. *¡Qué horror!*

No, se encogió de hombros. *Yo me lo busqué.*

Siguió con sus prácticas de box y después encontró empleos como portero de discotecas en los que continuó peleando, aunque sólo como último recurso, me dijo, cuando las palabras no eran suficientes. Más que pelear le gustaba la estrategia implicada en evaluar a los otros, establecer la gravedad de su amenaza y controlar sus arrebatos, y únicamente les asestaba un golpe en casos extremos. Era muy bueno para eso. Aplicaba esa evaluación dondequiera que íbamos y hacía que me sintiera segura, como si tendiese ante mí una alfombra roja de protección. Tras una adolescencia en la que, en medio de un gran embrollo, había sorteado las turbias aguas de la atención masculina, esto era como tener mi propio servicio secreto.

Me enamoré de K debido en parte a la leyenda sobre su origen, el cuento de un chico sensible a quien, a fuerza de golpes, se le inculcó cierta predilección por la violencia. No había nacido así, continuaba este relato, lo que me permitía creer que muy en el fondo había un alma buena. El cuento del bribón cariñoso encandila a muchas mujeres. Él había cultivado una estilizada masculinidad de *Raging Bull* (*Toro Salvaje*) que juzgaba romántico el estallido de un temperamento explosivo y la apasionada disculpa subsecuente. Todo esto, sin embargo, estaba reservado para alguien especial, aunque lo cierto es que él se la pasaba de flor en flor. Las mujeres eran para K trofeos de colección. Y debía saber cómo librarse de las demasiado pedigüeñas, empalagosas, locas o regaladas: era una mentalidad de "Péscalas antes de que ellas te pesquen a ti". Insistía en que buscaba a la "elegida", pero creo que ésta era su forma de no dar tregua a las mujeres, para que compitieran por ocupar ese puesto.

Aun así, la abrumadora sensación que yo tenía de K era que me comprendía, que lo entendía todo. Parecía muy experimentado. Quizás esto se debía a que era mayor, o a que se mostraba más seguro que yo o cualquiera de los chicos que trataba, aunque también a que él era en cierto modo terreno conocido para mí. Percibía cierta continuidad en su naturaleza: había muchas semejanzas entre su sociabilidad, su humor de "Haría cualquier cosa por conseguir una carcajada", y la actitud bulliciosa del lado materno de mi familia, lo cual me agradaba. En mis lluviosos años noventa de descontenta música grunge, él había aparecido con sus pantalones caquis y una radiante camiseta blanca, como salido de la costa este en la época de *A Bronx Tale*. Yo pensaba en cómo hacerlo reír, cómo referirle los sucesos del día. Cada canción tenía que ver con él. En un disco que compré a precio rebajado escribí *Fifteen minutes with you / oh I wouldn't say no*, cita de una canción de los Smiths, y se lo regalé como tarjeta de cumpleaños.

Justo en ese periodo de nuestra relación llegó de visita mi hermana Anya. Con sus largas trenzas rubias y su cara de niña, se veía demasiado joven para que la dejaran entrar a los bares, así que bebíamos alcohol y fumábamos marihuana en casa y salíamos a pasear y comer burritos. Nos echábamos en la sala a platicar y llorar por el divorcio de nuestros padres y los dramas de la adicción de Lucia, y le confié que estaba muy enamorada. También lloramos por eso: por el amor, la sola idea de él, que yo hubiera crecido tanto para encontrarlo. ¿Había algo más preciado en este mundo? *Sé que parece una locura*, gimoteé, *pero siento que mi vida ha cambiado.*

Cuatro meses después de que me enamoré de K —ocho desde que me mudé a California con mis amigas—, el teléfono de la cocina sonó a medianoche. Era Anya, que castañeteaba notoriamente los dientes.

¿Dónde estás?, pregunté.

En casa, le temblaba la voz. *Yo...*

¿Qué sucede?, insistí. *¡Lucia!*, pensé, con respiración entrecortada. *¿Qué es, Anya? ¡Dímelo!*

Lorenzo murió anoche, respondió. De sobredosis. No estaba con Lucia, no estaba en casa, pero ella está alteradísima. Mamá y papá acaban de marcharse a la ciudad para traerla.

Una punzada de temor me sobrecogió y dobló mi cintura. Lucia y Lorenzo vivían juntos. Estaban locos el uno por el otro. Tenían planeado casarse el mes siguiente. Parpadeé y lo imaginé azul, tieso. No como lo vi la última vez, descalzo y sin camisa, bronceado y feliz, mientras le daba una larga chupada a un cigarro en el departamento de la Tenth Avenue al que acababan de mudarse. Tenía veintiún años.

Había escuchado en demasiadas ocasiones que mis padres reprendían o imploraban a Lucia para recordarle que bastaba con un solo tropiezo, que esto era cuestión de vida o muerte. Ahora había sido de muerte, la cual se había anunciado sola y nos advertía, en forma abrupta e irrevocable, que era mucho lo que estaba en juego.

Mi padre pasó a recoger a mamá en la miniván Nissan negra que aún tenía, el auto familiar al que llamábamos el "coche de caballos", y ambos iban de camino a Brooklyn. Mi madre temía que Lucia se quitara la vida en el ínterin. Miró a Anya a los ojos antes de que partiera con mi padre, le pasó el auricular y le dijo con tono solemne: *No cuelgues este teléfono hasta que oigas mi voz al otro lado.*

¿Así que hablaste con Lucia todo este tiempo?, pregunté.

Sólo lloraba, dijo. *Lloró tanto que no le entendí nada.*

¿Estás sola ahora? ¿Te encuentras bien?

Rebecca se iba a quedar a dormir, contestó. De repente le llamó a su mamá para que viniera a recogerla.

¿Querías que se quedara?, proseguí.

Todo era demasiado raro... calló. *No sé. Seguro se habría quedado, pero pronto regresarían con Lu, y ella está destrozada.*

Su sangre fría era inquietante. ¿O se trataba de insensibilidad? Quizás estaba en shock. Protegida contra los peores problemas de la familia, era probable que no habría visto venir esto. Aun así, hasta entonces no conocíamos a nadie que hubiera muerto joven. ¿Cómo podía estar sola en casa y pensar en el cadáver fresco del querido Lorenzo de Lucia sin sentir un temor que le calara los huesos? Pensé varias veces en esa conversación de mis hermanas, una pequeña burbuja en un trauma muy doloroso, aquellos cuarenta minutos entre las dos, a cinco mil kilómetros de mí. Una joven de dieciséis años que buscaba palabras para curar la herida de la pena más reciente de su hermana mayor.

Volaré a casa, le dije. *Voy para allá. Empacaré ahora mismo y estaré ahí lo más pronto posible. Pero no me cuelgues ahora. Te acompañaré hasta que lleguen a casa.*

No es necesario, dijo con un hilo de voz, cargada de firmeza pese a todo. *Estoy bien. Acá nos vemos.*

En el departamento de San Francisco, me sumergí estupefacta en un baño de agua tibia bajo el reflejo deslumbrante de la débil luz del techo en las molduras nuevas. Rachel y Kat se sentaron en el suelo junto a la tina y no cesaban de mirarme. Mis padres llamaron cuando volvieron a casa, y luego él compró para mí un boleto de emergencia y llamó otra vez para darme los detalles. Las chicas me llevaron al aeropuerto y me despidieron con un fuerte abrazo. *Llama cuanto quieras*, dijo Kat y me apretó las manos por última ocasión. *Llama todo el tiempo.* Rachel tomó mi cara entre sus manos y me besó en la boca. *Te quiero y sé que eres valiente*, me dijo. A tan temprana hora, todo se movía en el aeropuerto. Un aroma a café ordinario llenaba el amplio y largo espacio. Compré un periódico y traté de resolver el crucigrama. Escribí en mi diario sobre la heroína, que ahora me sujetaba con su zarpa al otro lado del país y me reclamaba en casa. Mi idilio —la fantasía de distancia constituida por California— me había sido arrebatado por ella. Antes de salir, le llamé a K desde un teléfono público y le dije que no sabía cuándo regresaría ni si lo haría.

parte 2

Capítulo cinco

En casa, mis padres habían perdido el juicio. El miedo, la zo-
zobra y el dolor se combinaron para componer una demencia
pasajera que los volvía vulnerables, ultra-presentes y muy dis-
traídos al mismo tiempo. Papá no había regresado a casa pero
tampoco se había marchado del todo. No recuerdo dónde estaba el novio de mamá; ¿ella le había pedido que se ausentara?
Es muy probable. Nuestra familia era de las que apartan a los
extraños y cierran filas cuando se presenta una emergencia. Los
cinco miembros originales pasamos varias semanas juntos.
Mis padres se instalaron en el teléfono, donde echaron mano
de la red de médicos, directores de programas e instituciones
y otras personas en poder de compartir con nosotros su capital cultural, relaciones y saberes. Nunca faltaba el conocido
del conocido de un conocido... En tiempos de crisis, los judíos
montan un espectáculo impresionante. Pero aunque teníamos varias cosas a nuestro favor —piel blanca, acceso a préstamos, doctores a los cuales recurrir—, las drogas nos habían
demostrado que no discriminan a nadie. Operábamos como si
fueran a llevarse a mi hermana de un momento a otro.

En una casa distante, la familia de Lorenzo se ocupaba de
sus propias llamadas telefónicas, salvo que ella buscaba flores,
un ataúd, a un sacerdote. No le quedaba por quién preocupar-
se, nadie —ningún cuerpo— que salvar, y la culpa de esta dis-
paridad, de la retorcida y estrecha bifurcación del destino que
había dictado que fuese el hijo de otros quien comprara el lote
fatal, contribuía asimismo a la locura de mis padres.

Era abril y tuve que soportar el completo reemplazo de la flora de San Francisco, a la que ya me había acostumbrado: las rosas y amapolas silvestres de la California en tecnicolor, las enredaderas con flores de un naranja subido, fucsia y rojo carmín que ascendían por agrietadas paredes de estuco color durazno. En Nueva Jersey todo ofrecía la apariencia de un foro de *Los Soprano* y se sentía igual que en la infancia. Cemento. Cielos cargados de nubes que no cesaban de avanzar o giraban como un carrusel. De manera intermitente, azafranes o narcisos tímidos y dispersos coqueteaban encantadoramente con la naciente primavera. Cada calle y patrón me resultaban conocidos, como el papel tapiz memorizado en la cuna. Así acontecía con las palaciegas residencias de la colina y al pie las modestas viviendas como cajas, de aluminio y ladrillo, dispuestas en una variedad limitada de tonos apagados propios del desayuno: avena, mantequilla, café con crema.

Pedíamos comida preparada y llorábamos. Íbamos en parejas a Watchung Plaza por cafés con avellana de medio litro, que aclarábamos con leche descremada, y por bagels con ajonjolí y queso crema. A la farmacia cvs en Valley Road a comprar pañuelos desechables, Tampax y Visine. Y después regresábamos al redil y éramos de nuevo los cinco en el búnker de la que en otro tiempo fue nuestra residencia familiar. Cada habitación había sido embellecida conforme a las especificaciones del elevado estilo rústico de mi madre, y yo lo saboreaba en tanto las recorría sin maquillaje, con una camiseta vieja y en pantalones de pijama. Había vivido ocho meses en el húmedo y extraño paraíso del norte de California bajo un clima en cambio permanente que volvía loco mi termostato interno y al que no me había adaptado aún. Ningún ritmo diario había sido establecido ni por error en una ciudad verde en la que Rachel, Kat y yo éramos completamente libres, nos valíamos por nosotras mismas y compartíamos todo lo que ganábamos y robábamos en nuestros seis empleos.

En casa, recordé qué se sentía que no tuviese que hacerme responsable de mí. Había echado de menos esta seguridad suburbana. Una sobria pila de toallas limpias me aguardaba en el armario de la ropa blanca, y en el refrigerador una inagotable provisión de queso de hebra y yogur libre de grasa. Grandes cajas de pretzels de masa fermentada hacían guardia en la alacena. Incluso bajo el manto del dolor, todo era abundante, pagado por otros. Me avergonzó que pudiese disfrutar de la especial e infalible comodidad de estas trágicas circunstancias atenuantes. Momentos así debían ser lo contrario de los días de asueto, pero se asemejaban demasiado a ellos. Me gustaba la cercanía forzosa, el confiable ascenso de una planeación sentida y susurrada, la alteración producida por ese brusco giro hacia la intimidad. Me agradaba encontrarme entre mi gente, en una especie de "huida a los colchones". Ésta era una vieja frase de la mafia que mi madre nos enseñó de niñas, procedente quizá de *El padrino*. Era lo que los líderes hacían cuando declaraban la guerra a una familia rival y tenían que perderse de vista y vigilarse entre sí. Se acostaban entonces en algún lado y hacían planes. Me gustaba la anacrónica domesticidad de arreglárselas como fuera que esa frase evocaba, una unión familiar nacida de la urgencia e imbuida de un súbito propósito. Y si bien nosotros no iríamos a la guerra, nuestra congregación en un momento traumático tenía ese aspecto. Hacía que te sintieras acurrucado en una mano.

Recordé cuando años atrás —antes de la fiesta que organizó en ausencia de mis padres— Lucia fue con unos amigos a ver una banda en Pennsylvania (bajo la estricta orden de que debía estar de vuelta a las doce) y no llegó a casa. Yo cursaba en esos días el octavo grado y Lucia segundo de preparatoria.

Cuando desperté a la mañana siguiente, mis padres estaban desesperados; mamá se veía angustiada y demacrada tras una noche sin dormir y papá hablaba por teléfono con la policía. Ya habían llamado en vano a los hospitales de dos estados, lo cual era bueno y malo al mismo tiempo. Hasta los platos del desayuno parecían distintos. Me senté a la mesa, me sumé al sobresalto y le dije a mi madre que todo iba a estar bien. *¡Cómo lo sabes!*, levantó las cejas con exagerada desazón. Quise decir que Lucia reaparecería, tal como ocurrió. Había pasado con sus amigas una noche de fiesta en un motel, y el consuelo de no hallarla en la fosa proverbial venció el enojo de mis padres, pese a que más tarde la castigaron. Esa mañana, la sensación en casa fue de presagio. Habíamos sido niñas buenas hasta entonces.

Mi hermana estaba ahora en una especie de luto catatónico, y a largos periodos de silencio les seguían gimoteos en la tina, ataques de llanto durante los cuales ella se sacudía y agitaba en shock debido a su congoja, síndrome de abstinencia y el pánico del fin de una época. A su juicio, Lorenzo había sido su salvación y alma gemela: *Encontré a mi media naranja*, me dijo sonriendo cuando me enseñó por primera vez su foto. Parecía un cantante de rock, recostado en una silla con anteojos de aviador y una camiseta descolorida y gastada, con agujeros en el cuello. Ambos se habían arrojado al amor con apasionamiento y urgencia, se divertían juntos, vivían juntos y se comprometieron en matrimonio cuando tenían apenas poco más de un año de conocerse. Así era nuestra familia. Y ahora él estaba muerto.

La desequilibrada expresión de mis padres, provocada por su falta de sueño, era inconfundiblemente propia de su edad. Se turnaban para dar muestras de locura y sensatez. A instancias de un médico, a unos días de que volví a casa Lucia fue trasladada a un centro de rehabilitación donde se desintoxicaría y sería monitoreada por profesionales. No obstante, la metieron a una celda de aislamiento o a una muy vigilada unidad destinada a personas que podían atentar contra su vida, y cuando cuarenta y ocho horas después consiguió llamar, rogó entre lágrimas que la sacáramos de ahí.

Regresó a casa, en un gesto un tanto desafiante. Nosotros mismos nos haríamos cargo de ella, la sanaríamos con amor, la mantendríamos viva sin presiones. *Creo que tiene intención de matarse*, me dijo mamá, *así que mientras no la internemos en otro centro de tratamiento, tendremos que vigilarla sin parar.* Yo velaba durante la noche, escribía mi diario en lo que ella dormía. La espléndida luz de la luna bañaba la sala y confería a la calle una suavidad de terciopelo. Levemente húmedo, el olor a hogar era un consuelo sedentario: la amenaza de lluvia, pintura nueva sobre madera antigua, la costa este en primavera. *En abril, aguas mil.* Yo comía pretzels, hacía guardia. Si mi hermana se quitaba la vida no sería porque yo me hubiera distraído. Permanecía en la misma habitación que ella o la espiaba y rastreaba. La seguía a todos lados, como antes, cuando yo había sido la desvalida. Tratar con esta versión suya era una paradoja. En tanto la cuidaba como parte del equipo de triaje encabezado por mis padres, me sentía la hermana mayor; pero bastaba con que me dirigiera una mirada fulminante o entornara los ojos para que me sintiese de nuevo pequeña y superflua, como si le estorbara, demasiado joven para comprender. *¡Vete de aquí!*, protestaba cuando se sentaba a orinar y cerraba la puerta del baño para dejarme afuera. Yo me escabullía dentro de todas formas, me paraba junto al lavabo y esperaba. *¡No es posible!*, disparaba ella. *¿Acaso no puedes respetar mi privacidad?* Negaba ligeramente con la cabeza, en señal de que me mantenía firme y ofrecía una disculpa al mismo tiempo. Me quedaba hasta que el chorro de la orina se reducía a un goteo tintineante y ella rezongaba de fastidio en lo que se limpiaba. *¡Mamá me pidió que hiciera esto!*, decía a la defensiva, como si tuviera cinco años, y ella volvía tan fresca a la cama. Estos momentos no dejaban de ser humillantes. Yo era una guardiana reticente; no estaba en mi naturaleza ser una aguafiestas ni una soplona. Deseaba que mi hermana me quisiera, que me considerara una buena persona, no que muriera, y menos aún durante mi estancia en casa.

Tras el fallecimiento de Lorenzo, la enfermedad de Lucia se dejó sentir en toda su fuerza. Ahora parecía impredecible y más maligna, y mi familia adoptó la sencilla idea de que mi hermana ignoraba lo que era mejor para ella mientras los demás sabíamos cómo curarla. Mi madre dirigía este empeño; yo era su ayudante más leal y me limitaba a seguir sus órdenes.

Mi docilidad ocultaba resentimiento. Arranques de rabia contra mis padres habían sido un rasgo frecuente en mis últimos años en casa, y los creía trastornos hormonales comunes, a los que se agregaban las presiones de nuestra situación. Me irritaba que se hubieran divorciado y que sólo prestaran atención a Lucia o a sí mismos. Me molestaba en particular algo que no podía exponer todavía: que me hubieran confiado todo, permitido que participara en todo y alistada forzosamente en sus filas y ahora esperaran que cumpliera mis deberes con la ecuanimidad, responsabilidad y escrúpulos de un adulto. Me molestaba ser tan sensible, que me hubieran inculcado una empatía tan áspera, desoladora y judía, que mi visión de la familia fuera tan sólida que no pudiera enojarme como cualquier adolescente. Me inclinaba tanto a la empatía y comprensión que ni siquiera sabía ya cuáles eran mis *verdaderos sentimientos*, sea cual fuera el significado de este término. Lo veía todo desde la perspectiva de los demás y me sentía mal y triste por todos.

Pese a ello, me gustaba que se me considerara adulta y defendía la decisión de mis padres de tratarme como tal. Después de todo, era precoz, y esto me enorgullecía. Cuando un terapeuta me dijo que el hecho de que mis papás fueran tan comunicativos y contaran conmigo representaba una forma de "incesto emocional", me sentí enferma. *Esa frase es deleznable y no la usaré*, dije.

Hallé nuevos títulos en el librero de la sala de mis padres en Nueva Jersey: *Courage to Change* y *The Language of Letting Go*, dos volúmenes de meditaciones diarias sobre la codependencia.

¿Estás leyendo esto?, le pregunté a mamá.

Intento cultivarme, respondió.

¿Te han servido de algo?, añadí.

Ignoro cómo es posible que haya gente capaz de desentenderse de sus hijos cuando están en dificultades, dijo. *Esto jamás tendrá sentido para mí.*

Una vez que leí esos libros, me percaté de que estaban repletos de buenas intenciones, descripciones pavorosamente simples de la vida familiar de un alcohólico combinadas con una dosis del material aparentemente aleatorio que tanta repulsión me había causado en aquel primer encuentro con las abuelas, insustanciales analogías de resistencia y rendición que involucraban a un perro o a una larga caminata en la playa. A cada entrada le seguía una cita de una celebridad extinta, escritor, estrella de cine o presidente. Aunque estos títulos fueron para mí sedantes y enfadosos en partes iguales, al menos me alivió ver por escrito la afirmación de que mi furia intermitente era normal. "Es importante que sintamos —aceptemos— nuestra ira contra algunos miembros de nuestra familia sin que proyectemos culpa o vergüenza en nosotros. [...] Ayúdame, Señor, a aceptar las intensas emociones que es probable que sienta por algunos miembros de mi familia", leí en *The Language of Letting Go*. "Ayúdame a agradecer las lecciones que ellos me imparten."

Capítulo seis

A pesar de que tanto papá como mamá actuaban como si huyéramos de algo, la incoherencia de él no era tan extrema como la de ella. Su energía había sido siempre más firme, y su voz grave y tranquilizadora. En cambio, daba la impresión de que de tiempo en tiempo caía presa del pánico, algo que de todas formas no dejaba de explicar con su tono razonable de costumbre; el pánico iba oculto en sus palabras. Un día después de que mi hermana regresó de la unidad de psiquiatría, él coincidió conmigo en la cocina mientras me servía un vaso de limonada y me tendió una bolsa de plástico que parecía estar llena de utensilios de gran tamaño. *Entierra esto en el jardín*, me dijo sin rodeos en lo que yo tomaba mi bebida tonificante. Lo miré a los ojos, confundida e intrigada por el sinsentido de su solicitud. *¿Cómo dices?*, le pregunté.

Que hagas algo con esto, sacudió la cabeza. *No sé, entiérralo en el jardín. Son objetos filosos. Se supone que no deben estar dentro de la casa.*

De acuerdo, dije. Tomé la bolsa y palpé su contenido, que provocaba tensión en el endeble plástico. Las asas chocaron en mis manos. *¿De verdad crees que Lucía va a quitarse la vida con unas pinzas?*, lo interrogué. En vez de sonreír, me lanzó una mirada de resignación, como si dijera "Fue una orden del médico", "Tu madre me obligó a hacerlo" o "No sé qué diablos estoy haciendo". Su gesto delataba la misma confusión que yo sentía de que viviéramos una realidad como ésta —en nuestro mundo, pero puesto de cabeza por entero—, un sitio en el que se daba por sentado que alguien podía perjudicarse a propósito con un cuchillo de cocina. Todo era ilógico. He olvidado qué hice con aquella bolsa, no su peso en mis manos. ¿Con qué íbamos a cortar cosas en lo sucesivo? ¿O es que acaso todos íbamos a vivir como enfermos, y picaríamos con desgana sopas y budines? ¿Era cierto además que teníamos tantas tijeras y cuchillos? Aunque sentía la forma de sus hojas a través del plástico, el paquete incluía también cucharones y utensilios para ensaladas. Me pregunté si contendría por igual todos los cortaúñas de la casa, o el viejo trinche con mango de madera con el que papá pinchaba nuestros filetes en el verano.

Entre la muerte y el sepelio de Lorenzo transcurrió una semana. En Macy's se adquirió un atuendo de luto: un ajustado vestido de viuda arrancado de un exhibidor circular con prendas de lana y fibras sintéticas, medias de un negro muy opaco y zapatillas. Mis padres fueron a Brooklyn a vaciar el departamento de los novios, viaje que alteró tanto a mamá que yo la reemplacé en la segunda ronda. ¿Qué había resultado tan terrible como para que evitara volver? Su encuentro frontal con cosas que sólo había visto en películas: agujas, orificios de cigarro en el colchón, sangre en las paredes, una inquilina que la miró a los ojos y le dijo respecto a mi hermana, con un tono que combinaba la condena y la compasión, "Ella está muy mal", como si Lucia fuera un personaje menor de un episodio de *Law & Order*, un caso perdido que pronto se extinguiría a causa de una sobredosis.

Así pues, fui con papá a terminar de vaciar el departamento, y recobré con agrado la suave calidez del asiento delantero de su miniván. En los últimos años, había pasado muchas horas en ese automóvil, de camino a partidos de futbol, actos escolares, fiestas y citas amorosas, reconfortada por la apacible fortaleza de las manos de mi padre y los resecos

nudillos de sus largos dedos sujetos al volante. Él conocía todas las calles, todas las arterias y venas del estado, y maneja-
ba con aplomo; conversaba a ratos con la radio encendida y la
apagaba después para que procediera a entrevistarme a dis-
creción. En ese asiento le conté muchos secretos, me quejé de
mi madre o de mis novios. Lloré doblada sobre mí y él posó su
mano áspera y enorme en mi rodilla. Cuando éramos chicas,
papá tenía una vagoneta Volkswagen azul que nos parecía tan
grande como un aeroplano, y tras bajar la ventanilla del conductor seguía con la mano izquierda el ritmo del andrógino
rocanrol de fines de los años setenta, de manera que con su
anillo de bodas producía un golpeteo acompasado. Siempre
me sentía segura en su coche cuando escuchaba ese sonoro
recordatorio de su matrimonio, que en aquel entonces era incuestionable aún, fijo como las estrellas en el cielo.

Lucia nos acompañó a Brooklyn esta vez. Se acomodó
sin decir palabra en el asiento trasero, envuelta en uno de los
grandes suéteres tejidos de mamá mientras papá avanzaba
pausadamente en el tráfico, a fuerza de meter los frenos y el
acelerador. En un mundo distinto, enclavado en un ordinario
y anónimo reducto de la ciudad, recogimos la ropa de Lorenzo
en la escalofriante vacuidad de su recámara. Las pertenencias
de un muerto son al mismo tiempo dignas de atención y ca-
rentes de significado. Metí sus zapatos en una bolsa de basura
—donde adquirieron un peso absurdo y aparatoso, similar al
de un cadáver— y la arrastré escaleras abajo.

En el lúgubre viaje de vuelta, del asiento trasero emergió de repente una débil voz. Lucia dijo sin la menor emotivi-
dad: *Quiero una Coca-Cola en lata y un Snickers*. Como papá no
había oído bien, le pidió que hablara más fuerte y ella emitió
su solicitud por segunda ocasión. *Quiero una Coca*, dijo con
voz monótona y volumen desusadamente alto. *Y un Snickers*.

Anómalo y extraño, su deseo quedó suspendido en el aire. El hermético silencio dentro del coche se volvió más profundo cuando mi padre abandonó la autopista para hacer alto en una gasolinera. Cerré los ojos mientras él entraba a la tienda y en cuanto regresó proseguimos la marcha, con las ventanas subidas, así que fue inevitable que oyéramos el crujido de la envoltura y el chasquido y burbujeo de la lata. Imaginé que mientras mi hermana tiraba del anillo del refresco se le desprendía de la uña un frágil esmalte. Cuando se escuchó el tenue rumor del líquido que pasaba por su garganta, papá y yo nos miramos en reconocimiento de ese acto —¡una señal de vida!— y yo percibí un brillo húmedo en sus ojos. *¿Qué ocurre?*, le pregunté.

¿Qué ocurre, papá?, repitió mi hermana atrás, de modo automático.

Es la primera vez que dices que quieres algo desde que Lorenzo murió, respondió con rostro pálido. Ya estábamos habituadas a las ocasionales lágrimas de mamá —yo sentía que su reserva a llorar frente a mí había menguado hasta casi desaparecer—; en cambio, ver que el rostro de papá se tambaleaba en el precipicio de la emoción y la pérdida de control nos paralizó un instante. Aunque provenía de una larga estirpe de cultoras del llanto, yo no lo había visto llorar casi nunca, ni siquiera cuando su madre —sentimental a toda prueba, titular a pulso del Ministerio de las Lágrimas— murió tras una larga batalla con el cáncer. Me pregunté qué pasaría si se soltara de verdad, empezara a sollozar y emitiera un lamento como de león marino desde lo más profundo de su ser. Me pregunté por los casos de personas que habían visto llorar a su padre, qué tenía que suceder para que un papá llorara de esa manera.

En un par de ocasiones le llamé a K desde la cocina color mostaza del hogar de mis padres. Jalaba el teléfono hacia la escalera de la esquina, hasta la recámara de mamá, y me sentaba en un peldaño alfombrado mientras dejaba que la señal sonara varias veces, pero nunca lo localicé. En California oscurecía cuando ya era de noche en Nueva Jersey, y supuse que se preparaba para irse a trabajar. Imaginé que arreglaba su cabello de estrella de cine en el rectángulo semiesmerilado de estilo *art déco* del espejo de su recámara y que levantaba maliciosamente una ceja al tiempo que buscaba su mirada en el reflejo. ¿Veía el destello despiadado en sus ojos? Un año antes ni siquiera existía para mí. La propia California no había sido nada entonces, tan sólo una palmera en mi mente, un centenar de videos musicales: la franja lisa y descolorida de la autopista que despedía un brillo trémulo bajo el sol. Ahora era un lugar real, mi lugar, y ahí, en algún lado, estaba una pila de mis prendas, ropa interior usada aún metida en medias que me había quitado de prisa, libros a medio leer debajo de un vaso con agua manchado con mi ADN. Ahí estaba la cajetilla de cigarros, con cerillos sujetos en el celofán, que busqué cuando bajé del avión pero que había olvidado en el cenicero verde de cristal encima de la chimenea. En alguna parte, haciendo chistes, se hallaba un chico cuyo aroma —a goma de mascar de menta, desodorante y una brillantina empalagosamente floral— delataba que estaba siempre listo para una cita. El dolor que experimentaba en casa con mi familia no significaba nada si K no lo conocía, si no era refractado a través de él, de una especie de "nosotros". Sin esto, yo sólo formaba parte del "nosotros" de mi familia. ¿Debía soportarla sola?

Pese a que nuestra relación había empezado apenas cuatro meses atrás, lo echaba demasiado de menos. En la mesa de la cocina le escribí una carta en la que hice acopio de mi mejor caligrafía y mi tono más audaz de chica de amplio criterio, con apoyo en el reducido almacén de bromas íntimas que habíamos acumulado ya. No me contestó, pero llamó por fin. Se me fue el aliento cuando oí que mi madre decía *Nina, te llama K*, como si fuera lo más normal del mundo, algo aun levemente exasperante en su normalidad, como si él llamara todo el tiempo. Me encantó que mamá tratara este asunto como una molestia habitual. K y yo hablamos en varias ocasiones durante las semanas siguientes, conversaciones que en mi diario califiqué como "un poco tensas". Era la primera vez que, en un contexto sentimental, tenía una impresión que más tarde sabría que era parte común de la vida: la de sentir que te evaporas en la mente de un hombre cuando no ocupas físicamente el espacio ante él. Aunque K no fue antipático en el teléfono, la delicadeza que solía mostrarme brilló por su ausencia. Pensé que al tiempo que hablaba conmigo, veía una película sin audio, o incluso con algo de volumen. Recordé la forma vagamente animal en que su rostro se encendía cuando estábamos juntos, y con absoluta impotencia comprendí que era imposible que reprodujera esa química e incitara ese interés, ese deseo. A cinco mil kilómetros de él, toda esperanza de que retuviera su atención era algo absurdo. No lo conseguiría con relatos de mi drama familiar ni con bromas. No estaba *a su lado*, no era una de las chicas que fumaban y reían afuera del bar cuya puerta él supervisaba, no era alguien de carne y hueso cuyos dientes chispearan bajo los faroles, cuyo nervioso bamboleo fuera una invitación evidente a que terminaran en la cama.

Me resultó evidente de pronto que otra —muchas otras, con toda probabilidad— ocupaba ese espacio en su vida. ¿Quién creía que era yo para que esperara un trato especial? ¿Quién era sino una adolescente triste que lo único que podía ofrecerle eran libros usados? Estaba enferma de amor. Nunca antes me había sentido así. Cada vez que colgábamos, caía en una avalancha de recriminaciones. Ni siquiera nos habíamos propuesto exclusividad. Él tenía más de veinte años y yo era sólo una niña, mis mejillas se sonrojaban e inflamaban aún con la inseguridad de la juventud. Era indudable que, en mi ausencia, él salía con otras chicas, e incluso llevaba a cenar a una Adulta Genuina con un Empleo de Verdad, una mujer segura y glamorosa que dejaba colgar la cabeza sobre su propia espalda cuando lo montaba. "A horcajadas" era la expresión que me venía en mente cuando imaginaba a una mujer arriba de él. Echaba atrás la cabeza mientras se sentaba *a horcajadas* en K y experimentaba decidida el placer sexual al que sabía que tenía derecho.

        ¿Qué esperaba yo de él? Que llamara —a la joven que le envió esa carta ridícula, no a *la chica que se fue* sino a *una cualquiera que se esfumó* por tiempo indefinido y que debía ser borrada entonces del registro, de su bitácora de baile como él mismo lo habría dicho— daba la idea de que tachara nombres de una lista mental, si es que en su desenfadado reino de hombre ardiente atenido a la ley del menor esfuerzo hacía alguna vez listas de esa clase.

Regresé a San Francisco un par de meses más tarde y recuperé mi puesto en la tienda de regalos. Tower Records había llegado a su fin, Lucia estaba internada en un centro de tratamiento y enviaba cartas, Rachel y Kat habían permanecido en estrecho contacto conmigo durante mi ausencia y nuestro reencuentro transcurrió entre risas y lágrimas. No obstante, me costó mucho trabajo retornar a la vida que había dejado en pausa en San Francisco. No tenía experiencia en esto y me era casi imposible distraerme del dolor y la preocupación que traía de casa. K me recogió en el aeropuerto y pasamos juntos la primera noche, pero se mostró muy evasivo. Había sido difícil atraparlo durante el tiempo que estuve fuera, y cuando conseguía hablar con él jamás me dio la impresión de que le importara lo que me ocurría. Pasaba de lo afectuoso a una indiferencia casi glacial. Ahora estaba helado del todo y conversaba por obligación, como si yo fuera una estudiante de intercambio que él hospedara a regañadientes en su casa. Aun su cuarto transmitía una sensación distinta. Dormí mal, nuestro reencuentro no me brindó consuelo alguno y esto me deprimió. En cama en Nueva Jersey, había dedicado semanas enteras a imaginar lo que sería reposar otra vez entre sus brazos, y ahora que estaba ahí, con su camiseta puesta bajo una gris oscuridad mientras veía un video en su televisión, no sentía nada. ¿Adónde había ido a parar lo nuestro? ¿Había sido suficiente un poco de tiempo y distancia para que nuestro vínculo se extinguiera? Esto me desconcertó; estaba enamorada. Igualmente doloroso fue su inocultable desinterés en la experiencia por la que había pasado en las últimas semanas. ¿Esta persona decía que me quería, pero no deseaba enterarse de lo que acababa de ocurrir en mi vida? ¿Del llanto de Lucia, la ofuscación de mis padres, el departamento, los zapatos de Lorenzo, cómo se sentía la primavera al otro lado del país, en mi ciudad natal?

Cuando de nuevo se desconectó una semana, me resentí y dejé de llamarle también. Haraganeaba en el departamento cuando no trabajaba; bebía Old Grand-Dad directo de la botella, por el mareo y porque se sentía genial, y escuchaba las bandas que había conocido en la cinta que K mezcló para mí. Tenía mucho miedo. Al final nos vimos para tomar una taza de café en un restaurante de crepas, aunque él no tomó café, y mientras yo roía la punta de un agitador de plástico me dijo muy caballeroso que había vuelto con Tammy, su ex. Yo había

visto en su cuarto un montón de fotografías de ambos, tomadas en una cabina; ella se veía hermosa bajo el contraste del
flash. En cuanto me dijo que habían regresado, me pregunté si
Tammy había salido de la escena alguna vez. Tuvieron una relación importante. Ella era de su edad. ¿Era la mujer madura
que yo imaginaba, el motivo de que en ocasiones su atención
decayese por completo? La visualicé como aparecía en las imágenes en blanco y negro de la caseta: una carita de duende, un
lápiz labial impecable y de aspecto casi negro que enmarcaba
una colección de blancos dientes perfectamente brillantes y
alineados. ¿Cómo era posible que él conociera tantas mujeres
bonitas, todas ellas de cabello lustroso y oscuro, flecos lacios y
maquillaje intachable, rostros animados de la revista *Seven-
teen*? Era como si viviera en una ciudad diferente, infestada de
Bettie Pages.

    No dijo: "Lo siento". Para llenar el silencio dijo: *Esto no
significa que no vayamos a hablarnos de nuevo nunca más. Estoy
seguro de que nos volveremos a ver algún día.*

    ¡Sí, claro!, repuse. *¿Así que esto es todo, en verdad?* Una me-
sera retiró de la mesa contigua un par de platos con trozos de
crepas y ensalada seca y me atemorizó sentirme tan expuesta en una mesa grasosa a la vista del lento carnaval de Haight
Street.

    ¿Qué pensaste que sucedería?, preguntó. *Seguro tú también
tienes otras cosas en camino. ¿No era eso lo que querías? ¿Ser un
poco más descarada, una devorahombres?*

    ¿Era cierto esto? Tal vez. Mi intención de mostrarme des-
deñosa, de no ser vulnerable con el fin de que no me hicieran
sufrir, ¿le había hecho creer que no me importaba nada?

    No salgo con nadie. Quiero estar contigo, le dije.

    No seguiré ese camino para salir lastimado, replicó. *Acépta-
lo, tienes todavía muchas presas que cazar, Pimiento.*

¿Muchas presas que cazar?, repetí despacio. *¿Qué diablos significa eso?*

Más corazones que romper. Tienes mucho que aprender aún, nena. Y sé que por ahora te preocupan tus cosas de familia. Pero —se enderezó un poco para soltar el inesperado remate— *también sé que algún día serás una mujer extraordinaria.* Era su último cumplido, tan condescendiente. Sesgué los ojos de dolor, incredulidad y rabia. ¡Así que ni siquiera era una mujer todavía! O lo era lo bastante para que él se acostara conmigo, no para que me tomara en serio. Mis "cosas de familia" y yo éramos demasiado complicadas, pero quizás *algún día* se nos pasaría.

No me sentí a gusto en California después de eso. Las lluvias amainaron y el verano estaba cerca. Esto era lo que el sol indicaba, aunque rara vez el clima estaba templado, nunca hacía calor y el frío aún se arrastraba hacia las puntas de mis dedos desde el momento en que salía del lecho cada mañana, así que empecé a hacerlo menos. Cuando lo hacía, llevaba puesto un suéter tejido dondequiera que fuese, otro guardado en una bolsa y una chamarra con borrega colgada del brazo. Hubo más chicos, más fiestas, más excursiones, más noches fuera, pero me sentía triste, distante e intratable. Había dejado mi corazón en Nueva Jersey.

Durante un par de meses llamé todos los días a casa y mamá me ponía al corriente. Esta llamada era una base de control por la que debía pasar para que continuara con mis actividades. Ella lo necesitaba, pero yo también. Cuando le preguntaba "¿Cómo va todo?", respondía con un informe sobre Lucia o su novio, Jim, en recuperación intermitente igual que ella. *No, cómo estás tú, habría querido decirle*, pero supuse que no captaría la distinción.

La congoja que sentí a causa de mi separación de K fue de las que no sanan nunca; moldean, instruyen, determinan el resto de tu vida amorosa. Él asumió la importancia simbólica que perdura y proyectó su sombra en mis relaciones subsecuentes. Era el original, el esténcil que se reproduce en el mimeógrafo. De la serie de hombres que siguieron, Rachel y Kat solían decir que eran aspirantes a K, jóvenes con tatuajes y cabello oscuro y brilloso peinado hacia atrás. Fui fiel a esta plantilla mucho tiempo.

Poco después ya no pensaba tan a menudo en el K real, aunque entre mis artículos de tocador siempre mantenía un frasco de brillantina Tres Flores, que usaba a veces para tensar mi cola de caballo. En esos días, el fuerte y anticuado aroma floral de K persistía en mí y la nostalgia me hacía desfallecer. Encender una vela en su memoria de este modo secreto era algo muy romántico para mí.

Si bien el plan original había sido que retornaríamos juntas a la costa este para nuestro ingreso a la universidad, no permanecí con Kat y Rachel para llevar el U-Haul desde California; sentía el llamado de casa, extrañaba demasiado a mi familia. Así, volé a Newark y mi papá me recogió en su miniván.

Capítulo siete

Después de treinta días de rehabilitación como paciente interna, Lucia fue trasladada a una residencia de transición a la que mi madre y yo íbamos a visitarla los fines de semana, luego de un viaje en automóvil de tres horas de duración. Había un sabor a fuga en estas misiones. Yo iba al volante del coche de mamá, y cuando tomaba las curvas de la costa este pasábamos junto a paredes rocosas que derramaban gotas de agua entre vetas de un color pardo. Ella ocupaba el asiento del pasajero, donde administraba nuestros neuróticos bocadillos hippies —galletas de arroz, pasitas, manzanas Granny Smith— y ajustaba los controles de la temperatura y el volumen. Cuando hacíamos una escala, compraba caramelos Twizzlers, los abría y los partía con sus uñas cortas y chatas para que los compartiéramos mientras conversábamos horas enteras dentro de la cápsula del coche sin que nadie nos viera. Ésa era nuestra droga privada. No se parecía a las entrevistas que mi padre realizaba con curiosa pasividad en el asiento del conductor. Esta otra charla era un ejercicio de unión madre-hija judías, una animada conversación, un debate en el que casi perdíamos el aliento entre una frase y otra. Sacábamos a la luz cada posible razón de lo que había acontecido, cada fragmento de la historia familiar que pudiera haberlo determinado, y retrocedíamos sobre el par de generaciones que conocíamos. Nos enfrascábamos un rato en estas habladurías genealógicas —¿por qué mi padre era como era? A causa de sus padres, y de los padres de sus padres— y entonces dejábamos a la familia y pasábamos a los amigos: las relaciones de todos, las decisiones cuestionables de todos. Mi madre era graciosa; reíamos mucho. Nos deteníamos en cada personaje y lo diseccionábamos como si avanzáramos por un directorio telefónico. Ninguna piedra quedaba sin ser vuelta, ninguna vida permanecía sin examen. Igual que unas antropólogas de café, salvo que en un coche.

La residencia de transición se ubicaba en una ciudad del oeste de Pennsylvania que nadaba en heroína. En las noticias nos enteramos de que tiempo atrás hubo ahí una redada policiaca. Todo lo relativo a la adicción parece muy cuesta arriba, pero esto rayaba en el absurdo. Recaer resulta lo más fácil del mundo. Para hacerlo te bastaría con salir a la calle, si acaso debes llegar tan lejos. El interior estaba raído, alfombrado y decorado con el estilo especialmente triste que podríamos denominar Esperanza Femenina del Mercado Masivo. Sobre maltrechos sillones de un rosa apagado se acomodaban cojines de satén y diseños florales con flecos tan excesivos como los extravagantes holanes de ciertas aletas de pescado. En el muro se leían los Doce Pasos —con una apariencia terrible y deprimente, impresos en tipografía muy negra sobre grandes pergaminos blancos— y carteles inspiracionales. Varias mujeres se aglomeraban en la cocina, donde de inmensas hogazas obtenían rebanadas de pan blanco procesado que untaban con crema de cacahuate y mermelada industrial de color púrpura. Por mi hermana sabíamos que una de ellas había matado a su esposo con una escopeta recortada, hecho en absoluto divertido pero cuya ridiculez provocó que yo soltara una aguda carcajada cuando lo supe. No, la bebé de mamá no tenía nada que hacer ahí, o al menos eso era lo que mi madre daba indicios de pensar. Vi que registraba cada detalle, que se removía un poco en sus zapatos frente a los mensajes de amor propio dispuestos en bastidores bordados y rústicamente enmarcados. Pero ahí estábamos. Firmamos el alta de Lucia y fuimos a un Cheesecake Factory, donde picamos los fideos fritos de unas ensaladas de pollo chinas y bebimos Diet Cokes sin que nos quitáramos en ningún momento nuestros lentes oscuros. *Te ves muy bien*, le dijo mamá a mi hermana y apretó su mano al otro lado de la mesa, a la par que una ronda de lágrimas serpenteaba por nuestras mejillas detrás de nuestros inmensos armazones negros. *Lo estás logrando*, añadió. *Veo tu gran esfuerzo. Estoy muy orgullosa de ti*. Era una observación (Lucia tenía una preciosa mirada de ojos claros, una mirada de curación) pero también una orden (*Tienes que conseguirlo*). Había sólo tres resultados posibles: la sobriedad, una vida perdida en la adicción y una muerte prematura. No aceptaríamos el segundo ni el tercero.

Mi madre afirma que nunca pasó por los momentos de resignación que yo experimentaría más tarde con K y que ella misma vivió cuando su novio desaparecía. ¿Pensó alguna vez en echar a mi hermana, cambiar las cerraduras, "distanciarse con amor" como se nos aconsejaba en Al-Anon? *Es distinto cuando se trata de una hija*, responde cuando le llamo y se lo pregunto. Se lo he oído decir un millón de veces.

¿Jamás hubo un momento en el que perdieras la esperanza?, insisto.

No, contesta. *Cada día era una nueva oportunidad de que la situación mejorara. Recuerdo que cuando ella y yo salíamos a pasear por el vecindario en compañía de papá y Sadie —nuestro pesado labrador—, pensaba: "Quiero que viva. Quiero que experimente la vida". No había otra opción. Cuando eres padre*, dice, *te enteras de casos de hijos que mueren, o quizá les prestas más atención. En cada ciudad o escuela hay tragedias de este tipo y yo sólo sabía que mi historia no podía ser una de ellas*. Me contó que cuando la adicción de Lucia puso en peligro su vida, oía esas historias y pensaba: *No puedo ser una madre así. Que lo sean las demás, porque yo no puedo, no puedo.*

La única opción era continuar en la lucha, probarlo todo. Cada día, ella enviaba este mensaje afuera, arriba, como una desesperada oración secular. Se aferró a esa desmedida esperanza, esa fe ciega, esa fortaleza. Fue esto lo que la movió a comprar un par de pijamas Gap con borrega de color palo de rosa que envió junto con mi hermana a su rehabilitación. Esas prendas eran tan mullidas y de un color tan estereotipado que semejaban el atuendo de una bebé. ¿Mamá se percató de eso? Probablemente. Pero eran también un símbolo de una nueva vida, de la posibilidad de que naciera un nuevo ser, alguien capaz de brotar de las secuelas de esta tragedia. Y eran por igual un símbolo del incansable espíritu de mi madre, quien metía cosas confortables de contrabando incluso en áreas de acceso restringido. Obligó a mi padre a que le llevara al hospital abundantes ensaladas griegas después de que daba a luz, detalle al que me aferré siempre porque contenía una lección, una parte de los valores de mi familia: la de que el bienestar personal es más importante que las reglas institucionales.

Capítulo ocho

Desesperada, regresé a Al-Anon cuando ya había ingresado a la universidad. Mis hermanas y yo vivíamos entonces en Nueva York. Anya y yo nos reuníamos en Washington Square, comíamos hongos shiitake salteados, algas marinadas y calabaza japonesa al vapor en una diminuta cafetería macrobiótica en University y caminábamos hasta el lugar donde se congregaba un grupo de esa organización. Lucia, quien ya era en ese tiempo una especie de viuda, pasaba bien algunas temporadas, lo que para los estándares de nuestra familia significaba que consultaba a un terapeuta y tenía una suerte de empleo de medio tiempo. Pero de repente sucedía algo que nos llevaba a cuestionar si en efecto estaba bien. Tardaba varios días en devolver nuestras llamadas o quedábamos en que nos veíamos en algún sitio y no se presentaba. Una vez organizó una fiesta y Anya y yo hallamos en su recámara una pipa para fumar crack. Después de eso, asistimos al menos cuatro o cinco veces seguidas a la reunión semanal de Al-Anon. ¿Participábamos en esas reuniones? No parábamos de hablar en nuestro encuentro previo en la cafetería, y concluida la junta dedicábamos un largo rato a conversar en la calle, incapaces de separarnos. En aquellos días no había mensajes de texto y usábamos el correo electrónico principalmente para la escuela. No permanecíamos en contacto todo el día, así que cuando nos veíamos estábamos rebosantes. Hablábamos con frases escuetas, como detectives, para comentar nuestras teorías sobre si Lucia se encontraba sana, si estaba bien, quién había sido la última de nosotras que la había visto o hablado con ella. Nos animaba compartir nuestra inquietud y reír malévolamente de nuestros padres, en especial de mamá, cuya vida giraba en torno al dolor de mi hermana. Enumerábamos sus esfuerzos por involucrarse, informarse y encajar, todo lo cual parecía inútil y ocasionalmente patético. El enigma y la pena de la adicción habían cambiado a nuestros padres y, sobre todo, los distrajeron durante años. Anya conocía como nadie el agravio de ser pasada por alto.

La "recuperación" no duraba: perseguirla resultaba absurdo, puesto que no era yo la que necesitaba ayuda. Ésta es una cantaleta que he escuchado muchas veces desde entonces: *Si pudiera sacar de mi vida a estos alcohólicos, todo se arreglaría.* Y mi vida era demasiado agitada como para que me ocupara de mí. ¡Yo era demasiado interesante! Había mucho que hacer. No pensaba que ninguna de mis conductas tuviera nada que ver con la codependencia: ni mi automedicación diaria con el alcohol, ni mi imposibilidad de dormir, comer o cuidar de mi cuerpo en cualquier otra forma, ni mi tendencia a mantener a flote media docena de relaciones simultáneas con hombres, ni mi decisión de añadir a mis largas horas de transporte a Columbia, en el norte de la ciudad, un empleo como niñera en el East Village, un turno en el centro de asesoría académica, una participación como promotora voluntaria de un club de lectura para mujeres indigentes en Midtown y una extensa variedad de obligaciones sociales y familiares. Coleccionaba personas y en todas partes encontraba gente deseosa —necesitada— de que la coleccionara, la arrastrara a mi corriente, la adorara y me adorara y aceptara mis jadeantes disculpas por no darle más, no permitirle un acceso irrestricto a mí el día entero; desde luego que eso no era mucho pedir, no lo es en absoluto, pero todo era *taaaaan agitado*. La palabra *no* estaba ausente de mi vocabulario. No así "Lo siento", y a menudo lo decía en serio, aunque sobre todo sentía lástima de mí. Mis libretas y agendas eran un catálogo de perfeccionismo. Mi letra pequeñita daba la impresión de pertenecer a un nervioso ratón académico. Me presentaba puntualmente en todo lugar y siempre estaba de buen humor. Pero mi ansiedad era desmesurada, mi recámara siempre estaba revuelta y yo desbordaba temor, vergüenza, culpa y secretos tóxicos. Permitía con facilidad que mis planes del día se trastocaran si alguien quería hablar conmigo. Las personas en recuperación de la codependencia usan todo el tiempo la palabra *demente*. *Me sentía demente, estaba demente, hoy regresó la antigua demencia.* "Las cosas que yo hacía para que la gente 'viera la luz' eran dementes", escribe Melody Beattie en la *Codependents' Guide to the Twelve Steps*. Esto resulta dramático en ocasiones. Después de todo, ¿no todos ofrecemos una cara (falsa) al mundo y reservamos nuestro verdadero ser para los momentos que pasamos en privado? Pero esto se experimenta como demencia.

Desde el principio me intrigó cómo había surgido eso. ¿Qué era esta enfermedad del amor mal encaminado, un trastorno de abuelas tejedoras que en mi hogar se había dejado sentir como un tsunami? Tomaba cursos de historia, literatura y filosofía y empezaba a entender que nada es estático, monolítico. Cada institución es formada y reformada por personas y está sujeta a las movedizas fuerzas de la cultura. Alcohólicos Anónimos —lo mismo que la religión, el gobierno y la universidad— era producto de energías humanas, había sido forjado como una idea y era perfeccionado como una serie de realidades en momentos y lugares particulares. Quería entender qué fuerzas lo habían producido y por qué parecían incongruentes con nuestro caos, con mi vida.

En su calidad de guardianas de la llamada esfera privada, las estadunidenses han participado desde hace mucho tiempo en cruzadas de reforma moral. Durante el siglo XIX, en el periodo del renacimiento protestante a gran escala conocido como Segundo Gran Despertar, las preocupaciones sobre cómo mejorar las condiciones sociales y el carácter de la sociedad pasaron a primer plano. Las mujeres se apasionaron en particular con la sobriedad.

El consumo de bebidas alcohólicas era socialmente inaceptable para las mujeres, quienes en ese tiempo dependían más que ahora de medicinas de patente y otros remedios (precursores del "pequeño ayudante de mamá") para aliviar los dolores físicos y emocionales a menudo desdeñosamente agrupados como "afecciones femeninas". En cambio, la afición de los varones a la bebida estaba fuera de control. Imágenes de la primera mitad del siglo XIX muestran a hombres que beben licor con entusiasmo en oscuras tabernas de madera, así como cuerpos tirados en la calle mientras dormían. Las mujeres dependían de los varones para su sustento, lo que explica por qué, cuando el alcoholismo aumentó, ellas se enconaron... y fastidiaron. En esa época, el consumo de alcohol era muy alto, y llegó a su cúspide en 1830 con un impresionante promedio anual de 27 litros por persona. Dependientes de los hombres para su supervivencia, las mujeres se veían sumamente afectadas por los hábitos alcohólicos de aquéllos. No les era fácil protegerse de esposos abusivos o en estado de ebriedad. Muchas se decían insatisfechas con una cultura moralmente laxa y anómala respecto al alcoholismo, aunque su preocupación específica era la ley. La estructura legal limitaba su participación en los negocios y la industria, la familia y la ciudad. El combate del alcoholismo era una cruzada moral, pero también una exigencia de mayor igualdad bajo la ley.

Ellas aprendieron a hacer campaña a favor de la extensión de derechos y protecciones mediante el recurso de familiarizarse con el sistema legal, pero hablando en términos comprensibles para un amplio sector de la población.

Como argumenta la historiadora Carol Mattingly en su libro *Well-Tempered Women: Nineteenth-Century Temperance Rhetoric* (1998), esas mujeres calibraron minuciosamente su mensaje para no exponerse al rechazo público. La mención de la gran plataforma de los derechos de las mujeres solía insertarse de manera informal, incidental e inofensiva. A través de la "cautelosa presentación de su causa como un esfuerzo desinteresado por acabar con el sufrimiento de mujeres y niños" y el escrupuloso apoyo del *statu quo*, irrumpieron en forma estratégica en los principales periódicos y salas del poder masculino. Las oradoras contra el alcoholismo aludían con frecuencia a una "nueva mujer", aunque, explica Mattingly, ésta no era una heroína radical. "Veneraban el lazo femenino con la maternidad y el hogar y valoraban sus asociaciones religiosas; al mismo tiempo, abogaban por la reforma del vestido, su derecho a ganarse el sustento e independencia de los hombres y su derecho a la igualdad en general". La "nueva mujer" que las militantes antialcohólicas propugnaban perseguía el cambio en el marco de la feminidad tradicional. Aun así, fue una importante precursora de la progresista Nueva Mujer que aparecería a fines de siglo.

Las contribuciones de las militantes a favor de la templanza son relevantes en la historia general de las mujeres, pero se ven opacadas por la radical labor de las sufragistas. El movimiento a favor del sufragio se concibe como el desafío en el que mujeres interesadas en la política perfeccionaron sus habilidades para la oratoria, el liderazgo y la protesta. De hecho, la superposición de los movimientos contra el alcohol y sufragista fue compleja y significativa. Mattingly afirma que en vista de que muchas activistas a favor de la templanza eran rurales, religiosas y pobres, su movimiento se ha retratado como conservador, sobre todo en comparación con el sufragista. Pero, agrega, el hecho de que las mujeres en pro de la moderación "presentaran nociones no tradicionales en una forma ideada para atraer a un público muy diverso" no vuelve conservadoras sus propuestas. Es probable que simplemente hayan sido pragmáticas con el fin de conseguir el mayor número posible de partidarios.

En un discurso pronunciado en 1852 en la New York State Women's Temperance Conference, Clarina Howard Nichols se refirió a la angustia de las mujeres y dijo: "La mujer es la que más padece la intemperancia. [...] Si ésta, muy a nuestro pesar, no invadiera y destruyera nuestros hogares; si no nos arrebatara la ropa, el pan y los medios para nuestro desarrollo y la educación de nuestros hijos en la respetabilidad y la utilidad; si no nos arrebatara del seno a nuestros pequeños, yo no estaría aquí". Estas palabras fueron recibidas con un resonante aplauso.

Algunas oradoras promovían el divorcio. Elizabeth Cady Stanton dijo: "Ninguna mujer debe permanecer como esposa de un ebrio confirmado. Ningún ebrio habrá de ser el padre de sus hijos". Sabía que los alcohólicos eran astutos para ofrecer disculpas pero, aconsejó a las mujeres, "no se dejen engañar por sus juramentos, decisiones, promesas, plegarias o lágrimas. No pueden confiar en la palabra de un hombre que es o ha sido víctima de un apetito tan arrollador". El tono de la promoción del divorcio brinda cierto contexto histórico a la noción de "amor exigente" que se recomienda para tratar el abuso de sustancias. "La embriaguez es argumento válido de divorcio", aseguró por su parte Amelia Bloomer, "y toda mujer ligada a un ebrio confirmado ha de romper esos lazos; de no hacerlo, la ley debería obligarla a ello, en especial si tiene hijos".

Bloomer era sufragista, activista a favor de la templanza y editora del primer periódico para mujeres, *The Lily*, y formuló el tema en asociación con la autonomía. En 1853 aseveró que "la individualidad" femenina "debe reconocerse para que los males de la intemperancia dejen de existir. ¡Qué absurda y degradante es la idea de que antes del matrimonio la mujer puede gozar de libertad de pensamiento, pero después tiene que respaldar las opiniones de su esposo, sean buenas o malas! ¿Esto no es acaso esclavitud?".

La templanza no era una preocupación exclusiva de las mujeres. También los hombres iniciaron organizaciones como la Washingtonian Total Temperance Society, fundada por seis alcohólicos y una de las primeras sociedades dedicadas a tratar a individuos de ese tipo. Un modelo aún no debidamente reconocido de grupos como éste fueron las sociedades de ayuda mutua de los indios norteamericanos, que desde al menos un siglo antes ya trataban el alcoholismo. Las mujeres emprendieron las Martha Washingtonians, uno de los primeros intentos por hacer una distinción entre los apuros de esposas, madres, hermanas, tías e hijas de alcohólicos y los bebedores mismos. Y en las décadas iniciales del movimiento en pro de la moderación, las mujeres empezaron a articular de manera contundente una respuesta distintivamente femenina al azote del alcohol.

En la retórica de la templanza era común que se describiera a las mujeres como "angelicales", víctimas indefensas de esposos alcohólicos. Desde el principio, el discurso de los cruzados de la sobriedad "confirmó el virtuoso linaje" de todas las mujeres y todas las madres. Esto operaba en el contexto de un discurso nacional que feminizaba la nación y veía la capacidad procreadora de las mujeres como una fuente de fuerza nacional, en bien del crecimiento y fortificación de la república. Las tempranas promotoras de la templanza no eran tan imprudentes como para poner su ira de manifiesto, pero es probable que hayan formulado ya algunos de los recursos tácticos de los que más tarde se valdrían las mujeres para encontrar formas de convivir con la enfermedad del alcoholismo.

Aunque sus preocupaciones se expresaban sobre todo con el tono del pesar y el sufrimiento innecesario, hay indicios de una desesperación optimista, una actitud de probarlo todo, que a los codependientes les resultará conocida. Algunas mujeres se apoyaban en su poder sexual, al estilo de Lisístrata: una famosa fotografía tomada en el apogeo de la era de la templanza muestra a un grupo de atractivas mujeres con una pancarta que dice LOS LABIOS QUE TOQUEN EL LICOR NO TOCARÁN LOS NUESTROS. Las promesas de abstinencia eran entonces una táctica frecuente. Algunas las preparaban las mujeres y eran firmadas por los miembros de la familia. Otras se firmaban en asambleas públicas; había cuadernos enteros llenos de rúbricas. Una "Family Temperance Pledge" de 1887, conservada en la Biblioteca del Congreso, reza así: "Los abajo firmantes, miembros de la familia _____, hemos acordado que no compraremos, venderemos ni consumiremos bebidas embriagantes y que empeñaremos nuestros mejores esfuerzos para reducir y prevenir la venta y consumo de las mismas por otras personas".

Mucho antes de que yo conociera este fenómeno, también hice para K una promesa de abstinencia. No le pedí que la firmara en un periodo en que se hallaba bajo la influencia de las drogas, sino cuando ya estaba sobrio y lleno de remordimientos y pensé que sería susceptible a la idea. Me paré junto a la impresora de la oficina, de planta abierta, y jugueteé con una pluma a la vista de todos como si esperara a que terminara de imprimirse una carta u otro documento oficial. Nadie tenía por qué saber que usaba tiempo de la compañía para poner por escrito esa oración desesperada, un párrafo corto seguido por dos espacios en blanco para nuestras firmas. *Yo, K_____ S_____, juro solemnemente que no consumiré sustancias de ninguna clase.* Más adelante incluía promesas de que no tomaría mi dinero ni "abusaría de mi confianza".

¿De veras pensé que si lo sorprendía de un humor abnegado contaría con su motivación como si la hubiera metido en un frasco? ¿Creía que eso iba a durar?

La firmó esa misma noche después de la cena y yo sonreí mientras la firmaba y pretendía legalizarla con un golpe en la hoja —*Gracias, caballero, creo que se acostumbra sellar este acuerdo con un beso*— y el deseo de que se hiciera realidad.

Capítulo nueve

A mi llegada de San Francisco, inicié mis cursos universitarios en Nueva York. Rachel y Kat hicieron lo mismo, y el largo tiempo que pasábamos juntas lo dedicábamos a añorar California, las palmeras y los burritos, bares y chicos de Mission. Cuando mi compañera de cuarto se marchó, Rachel compartió conmigo el departamento, cuya sala pintamos de color carmesí. El amor reapareció durante un partido de softball de verano al término de mi primer año en la universidad. Iba de shorts, calcetas hasta las rodillas y trenzas: estaba a la caza. Se llamaba Randy y tenía el aspecto de un motociclista tatuado, muy parecido a K salvo que éste sí me quería. Rachel y yo fuimos juntas a ese partido. Era una reunión informal animada con cervezas que había sido organizada por unos roqueros punk de Filadelfia y a la que le siguió una fiesta casera. Al final de esa noche yo estaba enamorada de Randy, y su mejor amigo, de Rachel. No regresamos a Nueva York en una semana. En cambio nos convertimos en un cuarteto. Nos alojamos en el caluroso departamento de ellos, situado en el último piso del edificio en la esquina de Eleventh y Fitzwater, e íbamos a comprar cosas para cenar mientras esperábamos que llegaran a casa luego de haber trabajado como mensajeros en motocicleta todo el día. Engullíamos nuestro peso en cerveza barata y nos oíamos fornicar una a otra; a la mañana siguiente aparecíamos tambaleantes, con cara arrugada y desvergonzada, en busca de unos huevos fritos y curas para la resaca. Cuando por fin retornamos a Nueva York, lo hicimos con los chicos a remolque. Vagabundeaban por la ciudad mientras nosotras íbamos a clases. En las entrañas de nuestra pequeña sala roja hacíamos circular una botella de Jack Daniel's, comíamos grandes trozos de una sandía roja adquirida en una tienda de abarrotes y hablábamos de lo que haríamos cuando concluyera el verano. Rachel opinaba que debíamos abandonar la universidad y mudarnos a Filadelfia para que estuviéramos con los muchachos; mis padres no compartían ese parecer.

Consideré la opción de desertar —todo por amor— pero después concebí una idea más brillante. Podía hacer ambas cosas, tenerlo todo, vivir en el tercer piso de la inmensa y ruinosa casa en el oeste de Filadelfia, similar a una mansión, e ir a la universidad, a tres horas de distancia. Dejamos el departamento carmesí y nos mudamos a Filadelfia; los chicos nos ayudaron. Organicé mi horario de tal forma que sólo tomaba clases martes, miércoles y jueves.

Puesto que sin el apartamento carmesí no tenía dónde quedarme en Nueva York, Lucia me ofreció el suyo. Ese año, mi segundo en la universidad, cada noche de lunes abordaba un autobús Greyhound a Port Authority, desde donde viajaba en el tren A hacia West Fourth Street y arrastraba mi bolsa de lona y una mochila llena de libros hasta la puerta de Lucia. Ella vivía en Thompson y Houston, en un departamento oscuro y acogedor con un solo dormitorio encajado en una planta baja.

Pasar con mi hermana esas tres noches a la semana me ponía nerviosa. Ella misma lo había propuesto con extrema frescura y cordialidad, como si no percibiera ningún problema, y por agradecida que yo estuviese de su ofrecimiento sabía que me vería atrapada entre el propósito de respetar su privacidad y el deseo (o la exigencia de terceros) de que fungiera como informante. Además, mi amor por ella se había vuelto complejo, salpicado de ansiedad. Nuestra dinámica de hermanas mayor/menor había cambiado por entero y me resistía a aceptarle cualquier cosa, a depender de ella aun en lo básico. Pese a todo, le tomé la palabra e intenté ser una buena huésped.

Esta experiencia me brindó un mirador a su vida íntima; descubrí que su complejidad, opacidad e independencia todavía me amedrentaban. Ella iba y venía por el departamento cubierta únicamente con una tanga de encaje, y en ocasiones también con un quimono abierto, con el desenfado de chica urbana tragi-glamorosa. Su pequeño refrigerador contenía Gatorade en todo momento, que tragaba de pie a media noche, complementado a veces con queso o paté. Dormíamos juntas en su cama matrimonial con el calefactor encendido, el cual emitía un ardiente calor tropical entre silbidos y repiqueteos. En el invierno subíamos la pesada ventana y la manteníamos abierta con un diccionario para que el aire abrasador de adentro se templara con el viento glacial de afuera. Esta combinación, la mezcla de esas dos temperaturas, poseía el efecto que solía tener cuando, de vuelta a casa tras las cenas familiares con mi abuela en Cranbury, Nueva Jersey, abríamos las ventanas corredizas del asiento trasero de la vagoneta Volkswagen y nos acurrucábamos bajo una cobija a la vez que éramos transportadas por la hábil conducción de mi padre y la tranquilizadora dinámica de la voz de mi madre de regreso a casa y a nuestros lechos.

Yo sabía que Lucia trabajaba en un club de desnudistas —había tacones de vinilo y lencería de hilo en el armario— pero no hablábamos mucho de eso. Tampoco de las drogas. Aunque en ocasiones semejaba estar sobria, lo más común era que estuviese ligeramente ebria. A pesar de todas las reuniones de Doce Pasos en las que había participado durante su rehabilitación y en la residencia de transición, el programa no arraigó en ella. Le disgustaban la insistencia en Dios y la idea de la abstinencia total.

Durante mi periodo como huésped de Lucia, mi padre llegaba en ocasiones a la ciudad, Anya se nos unía e íbamos a cenar todos juntos piccata de ternera y tazones de gnocchi frescos al pequeño restaurante italiano al otro lado de la calle. Más tarde nos dábamos un toque en la sala de Lucia, quien nos hacía reír hasta las lágrimas con su fantástica personificación del formal y bigotudo mesero. Había tomado un curso teatral de acentos y dialectos e imitaba cualquier habla a la perfección. Ver que divertía a papá era además muy gratificante, sobre todo si él estaba dopado y reía tanto que empezaba a toser. En momentos así yo sentía que irradiaba felicidad, que me desdoblaba y era capaz de observarnos a todos. Cuando Anya y papá se marchaban, Lucia y yo nos turnábamos a veces para bañarnos y afeitarnos, y después nos embarrábamos la falsificada crema bronceadora de L'Oréal que adquiríamos en la farmacia cvs de la esquina y nos sentábamos a platicar mientras secaba. Anya tenía en su casa un vestido andrajoso especial para ese propósito; Lucia prefería la desnudez. Se apaciguaba con el noticiero de la bbc y dormía a pierna suelta toda la noche, entre retorcimientos y espasmos. Casi sin falta tenía un sueño tan pesado a la mañana siguiente que me asustaba cuando intentaba despertarla.

Como antes, oscilaba entre sentirme cerca y a miles de kilómetros de ella. Agradecía su hospitalidad, que compartiera su casa conmigo y que no criticara mis horarios, mis incontables planes y obligaciones ni que hiciera mis trabajos escolares en el piso de la sala. Aun así, todo el tiempo me sentía desvelada y paranoica, era una espía en el lugar donde ella me demostraba su amor de hermana, así que registraba su bolsa mientras se bañaba, desdoblaba servilletas y notas de compras, perseguía pistas y planeaba los informes que le rendiría a mamá como si no tuviera múltiples tareas que hacer y un autobús que abordar. Concluidas las clases, los jueves tomaba el tren a Port Authority, subía al Greyhound con destino a Filadelfia y atravesaba la oscuridad de vuelta a Randy. Ignoraba dónde estaba mi hogar: con él, nuestros amigos, la casa laberíntica y caótica donde hasta las tablas del suelo olían a cerveza, poníamos música en el sótano, cocinábamos y hacíamos fiestas, o con mi hermana y sus tacones de desnudista, Lou Reed en el estéreo, cigarrillos de marihuana a medio fumar, cenas de galletas con pepinillos franceses y anchoas y los Gatorades que ella bebía para combatir la boca seca a media noche. Quizá mi hogar era la Butler Library, donde en una silla de la sala de lectura me enroscaba bajo el amarillo fulgor de la luz de la lámpara y me perdía en la historia rusa, previa caída de mis zapatillas en la alfombra.

Una central de autobuses por la noche es siempre un sitio de pequeños horrores. Cuando, la noche del jueves, el Greyhound llegaba a la estación y yo descendía y arrojaba mi mochila en la camioneta de Randy, estaba agotada, triste y confundida. Lucia no me necesitaba a su lado, ni siquiera sabía si me quería ahí, pero dejarla sola —abandonada a sus propios recursos— me hacía sentir desconsolada. Cerraba la puerta, besaba a Randy y rompía a llorar. Sólo más tarde reparé en que mi ausencia de días y su costo emocional para mí afectaban mucho nuestra relación. Juzgaba imposible interrumpir mi estricto horario, era algo no negociable. Y tampoco podía librarme de la sensación de que debía cuidar a mi hermana pese a que no le sucedía nada y fuera ella quien me hacía un favor.

Años después tenía otro novio y cancelé mis planes con él el día en que mi padre me llamó para decirme que habían echado a Lucia de su departamento, él iría a sacar sus cosas y querría saber si contaría con mi ayuda. Le presenté a mi novio en Thompson Street. Papá me tendió una bolsa con la abundante correspondencia sin abrir de Lucia y ambos se dieron la mano.

Me da gusto conocerlo, dijo mi novio.

A mí también, respondió papá.

¡Ojalá hubiera sido en mejores circunstancias!, sonreí incómoda. *¡Pero bienvenido a la familia de todas formas! Vaciar el departamento de Lucia es una presentación muy apropiada.*

Aunque lo dije con un tono de agresividad pasiva, lo cierto era que me sentía orgullosa y avergonzada al mismo tiempo de la costumbre familiar de dejar todo de lado para apoyarnos. Me pregunté sobre el motivo de que mi familia no fuera normal. ¿Por qué era imposible que mi novio conociera a mis padres, todavía unidos en matrimonio, en la amplia mesa del comedor de su residencia suburbana, donde ellos escucharían con atención sus comentarios y lo interrogarían cortés y educadamente sobre su trabajo y su familia? Me habría gustado que fueran más tradicionales, que el drama de mi hermana ya no invadiese mi vida y que yo fuera menos requerida. Sin embargo, su locura me animaba y extenuaba en partes iguales.

En *Women Who Love Too Much* (*Las mujeres que aman demasiado*), su exitoso clásico de 1985 sobre la codependencia en las relaciones sentimentales, la terapeuta Robin Norwood afirmó que para las mujeres que crecieron en un hogar con adicciones u otra disfunción "con cargas emocionales demasiado pesadas y responsabilidades muy grandes, lo que las hace sentirse bien o mal se ha vuelto confuso, y al final una y la misma cosa". Describió a continuación el complejo del salvador que una paciente suya experimentaba. A pesar de que puede parecer saludable ser útil "y es loable que nos mostremos fuertes en una crisis", las mujeres codependientes *precisan* de una crisis para responder. Sin escándalo, estrés o una situación desesperada que controlar, la sensación de agobio emocional que tenían en la infancia saldría a la superficie, y sería demasiado amenazadora para ellas".

En el otoño de 2001, Lucia se mudó a Miami con su nuevo novio, Junior, quien también era adicto y tenía en ocasiones unos viajes de horror. Mi madre decidió que fuéramos a visitarla. No recuerdo si ella me invitó o yo me ofrecí a acompañarla. Solíamos decirnos que episodios como éste equivalían a vacaciones, cuando en verdad su propósito único era el de confirmar que mi hermana se hallara bien. Nos desplazamos allá en invierno, justo unos meses después del 11 de septiembre.

Era imposible que nos subiéramos a un avión. Esta opción ni siquiera salió a relucir. De niña habíamos viajado en coche a Florida en varias ocasiones, para visitar a mi abuela y su segundo esposo una vez que se volvieron aves migratorias, y quizás el trayecto haya sido cómodo entonces, pero ahora nos agradó la idea de que nos llevaran, pudiéramos leer, nos asomáramos a la ventana y habláramos sin parar durante todo el viaje, sin mapas ni escalas para cargar gasolina, así que decidimos irnos en tren. ¿Pensamos acaso que sería como un precario pero interesante viaje de una novela del siglo XIX, o de una película de mediados del XX? ¿Creímos que Cary Grant atravesaría el vagón y se sentaría a platicar con nosotras? La travesía de treinta horas en tren empezó en Newark y pareció condenada al fracaso desde la primera sacudida en la penumbrosa estación abovedada. Nuestros compañeros de asientos, en un compartimiento sin camas porque creímos que nos bastaría

con tomar un par de siestas, eran pálidos y adustos, y los baños asquerosos. Los bocadillos que llevábamos ya se habían
echado a perder cuando llegamos a Maryland, así que las vein-
ticuatro horas posteriores subsistimos con bolsas de papas fritas y Diet Pepsis del puesto de refrescos. En Georgia hicimos
una parada de varias horas en una desolada estación rural porque los ingenieros tenían que resolver un problema en las vías.

A nuestro arribo descubrimos que Lucia y Junior vivían
en un motel. Un ventilador de techo sobre su cama queen size
agitaba un tanto la habitación con su ronroneo, al modo de un
sismo constante y diminuto. Aunque estaba muy cerca de la
playa, el cuarto parecía oscuro, como ocurre quizá con todos
los interiores en una ciudad demasiado soleada. En la planta baja había una cafetería cubana donde compramos un café
con leche súper fuerte que nos librara del sopor del tren. Lucia
y Junior se veían cansados y sin brillo en los ojos pero bronceados y esbeltos. Lu se había decolorado el pelo, que peinaba
en un moño pequeño y alto. Se veía hermosa y chic, como una
modelo en receso, con sus raíces oscuras, una llovizna de pecas sobre la nariz y las mejillas doradas. A lo largo de nuestra
estancia usó unas prendas diminutas y diáfanas de proceden-
cia desconocida. ¿Se había comprado ropa nueva? ¿Con qué
dinero? Aun cuando podría habérselo preguntado, había algo
intimidatorio en la forma en que guardaba sus secretos. Los
adictos son a este respecto como los políticos o las celebrida-
des: controlan muy bien la información que transmiten y nunca puedes confiar en ellos. Al aceptar cualquier historia que
hayan decidido contar sobre sí mismos, siempre me sentía un
poco tonta, y molesta por eso. Me desagradaba la humillación.

Junior tenía la energía del impetuoso empresario de es-
pectáculos de Brooklyn, siempre crepitante y publirrelacio-
nista. Trabajaba en la "vida nocturna" y poseía la enjundia de

quienes todo lo convierten en fiesta en una discoteca. ¿Recibía una tajada de la puerta? No sabíamos cómo se ganaban la vida. Pensé que era probable que Lucia bailara en un club de desnudistas, pero no quise preguntárselo ni decírselo a mi madre y tener que soportar su reacción. Tenían un estilo de vida como de Studio 54; después de noches de desvelo Lucia despertaba con el cabello lleno de diamantina y bajaba por un espresso cubano cubierta con un vestido ligero y lentes de aviador. *Tu hermana es la mujer más bella que he visto en mi vida*, me dijo Junior un sinnúmero de veces en ese viaje, con una gravedad seria y fingida a un tiempo. Esto me resultaba encantador, aunque también era un poco extraño.

Vimos obras de arte y las motocicletas que pasaban rugiendo por Ocean Drive en South Beach, y comimos ensaladas a medio derretir en una cafetería al aire libre. Íbamos a la playa y mi mamá nos sacaba fotografías, en las que aparecíamos tan diferentes como siempre, yo con una camiseta negra sin mangas, un largo telón de cabello oscuro y lápiz labial rojo, Lucia con su corto cabello decolorado, una camiseta minúscula de un amarillo tierno con las mangas arrancadas y un brillo de labios de tono vítreo. Ya se había arreglado la nariz para entonces y ostentaba unos rasgos envidiablemente finos, poco parecidos a los nuestros. Una noche fuimos a un bar en una terraza que tenía camas en lugar de mesas; Junior conocía al dueño. Bebimos mojitos mal recostados en la ancha y plana superficie de una de ellas.

¿Cuánto tiempo piensan quedarse aquí?, le pregunté a Lucia.

Podemos ir a donde tú quieras, me contestó a gritos por encima del estruendo de la música.

No, me refiero a Miami, apunté al suelo en alusión a la ciudad, a todo ese escenario nauseabundo, pero de todos modos no me oyó.

¡No sé, adonde quieras!, repitió ruidosamente y elevó las manos en una pantomima de disponibilidad.

Mi madre y yo nos hospedamos en un hotel, donde nos desplomábamos al cabo de aquellos días húmedos y calurosos, poníamos sin audio la televisión y ella expresaba sus preocupaciones sobre Lucia. *Me da la impresión de que se siente excluida. Y él parece... ¿crees que sea algo histérico? Aunque siempre es así, ¿no? ¿Piensas que de veras estén muy mal? Él la quiere mucho.*

Absorbía su inquietud porque la entendía; yo también sentía una frecuente punzada de temor por Lu, una sensación paranoica que era una especie de calambre emocional. Había adquirido todos los hábitos de mi madre: escuchaba con una atención desmedida, buscaba con insistencia los ojos de mi hermana para medir el grado en que estaban inyectados en sangre, para saber si había en ellos algún exceso de miedo, dolor o pesar.

Lucia volvió a casa unos meses más tarde, lo cual fue un alivio para mamá. Fuimos a recogerla al aeropuerto, yo al volante como de costumbre.

¡No se estacione!, ¡No se estacione!, ¡No se estacione!, ordenaban los policías después del 9/11, así que nos alejaron bruscamente de la puerta de llegada. Lucia emergió de un acceso detrás de nosotras justo cuando yo arrancaba para dar una vuelta más al aeropuerto.

¡Ahí está!, gritó mi madre pero yo ya me había incorporado a un carril en movimiento. *¡Detente!*

¡No puedo!, repuse. *Tengo que dar toda la vuelta.*

¡Ahí está ella! ¡Acércate! Estaciónate aquí. Mira... ¡allá!

¡Voy a tener un accidente, mamá!, protesté. *No hay dónde estacionarse. ¡Lucia puede esperar dos minutos a que volvamos!*

Lo hicimos. Sentí la alarma, la furia de mi madre. Su relación con Lucia rayaba en lo cómico, el deseo de limar hasta las menores asperezas de su existencia.

Tuvimos que dar una vuelta al aeropuerto y mamá actuó como en "No sin mi hija", me quejé con Anya poco después, cuando nos reunimos para celebrar el regreso de nuestra hermana.

¡Ella estaba ahí!, terció mamá. *Podías haberte estacionado.*

Así ha sido siempre, tal vez porque Lucia era a menudo la que más necesitaba de ella. Su aparición lo detiene todo, redirige la energía de nuestra madre. Nada puede competir con eso. Así es todavía. Hablemos de lo que hablemos, si mamá y yo estamos en el teléfono y Lucia llama, tiene que contestarle. Lo anuncia con una urgencia súbita, como si la llamada en espera fuera una alarma estruendosa, y me interrumpe: *Lucia está en la otra línea y debo contestar te quiero te llamaré después está bien te llamaré después está bien te quiero adiós está bien adiós.*

Capítulo diez

Parte del primer material conceptual de lo que más tarde se llamaría *codependencia* provino de la psicóloga de origen alemán Karen Horney. En la primera mitad del siglo XX ganó terreno la noción de que, deliberada aunque involuntariamente, algunas mujeres habían *elegido* por esposo a un alcohólico, para satisfacer sus necesidades emocionales. A lo largo de las décadas de 1930 y 1940, Horney refutó a Freud cuando elaboró una teoría sobre "psicología femenina" que juzgaba que los valores sociales en la infancia —a saber, la desigualdad entre niñas y niños— eran más importantes para el desarrollo de las mujeres que la carencia de falo. La compulsiva predilección por el control que acabaría por conocerse como codependencia era, según Horney, un intento de curar viejas heridas. En un ensayo titulado "The Problem of Feminine Masochism", argumentó que a las mujeres del mundo entero se les socializa para que sobrevaloren a los hombres con quienes conviven y que las tendencias masoquistas que muchas de ellas exhiben son resultado de este condicionamiento, no de "diferencias sexuales anatómicas" ("envidia del pene", en términos freudianos). Así pues, postuló hasta cierto punto que la codependencia y la condición femenina son iguales.

Freud también había visto el masoquismo como un rasgo peculiarmente femenino, ya que creía que las mujeres son sumisas por naturaleza y derivan placer de hacerse daño y destruirse. En una revisión radical, Horney alegó que la noción freudiana de envidia del pene posee valor simbólico pero es falsa. Lo que las mujeres anhelan es el poder y prestigio de los hombres. En un mundo donde se espera de ellas que sirvan al poder masculino en detrimento de su ambición, vuelcan en sí mismas su frustración y agresividad, las cuales se manifiestan como masoquismo.

Aunque es posible que estas ideas hayan moldeado la concepción popular de la codependencia, la influencia del psicoanálisis no había terminado. La codependencia (o co-alcoholismo) se definió por vez primera en los inicios de Alcohólicos Anónimos (AA), cuando se constató que, a pesar de que recuperaban la sobriedad, los ebrios eran incapaces de recomponer su vida. El whisky había perdido su efecto pero la corrosión persistía. Aun si dejaban de beber, los alcohólicos se quedaban sin empleo, veían a sus enconadas esposas marcharse de casa y poner fin a su mierda de una vez por todas. O bien, permanecían atrapados en los mismos patrones y ciclos, las mismas discusiones a altas horas de la noche, la misma dinámica con su madre, hijos o amigos. Los alcohólicos y su familia se dieron cuenta de que eliminar el alcohol y "trabajar" en un programa de doce pasos no eran toda la solución. La enfermedad había impregnado el sistema familiar entero y la reconstrucción de lo dañado requería algo más que simples enmiendas.

La organización Alcohólicos Anónimos fue fundada en 1935 en Akron, Ohio, por Bill Wilson, o Bill W., y el doctor Robert Smith, o Doctor Bob. Ya desde 1936, mientras los señores se dedicaban a lo suyo en sus asambleas, las esposas se congregaban en una sala contigua para hablar del traumático impacto del alcoholismo en sus hogares. Grupos integrados por familiares de alcohólicos aparecieron en 1939, mismo año en que se publicó *Big Book* (*El libro grande*) de AA. Éste es todavía el texto fundamental de millones de adeptos a ese programa.

El capítulo ocho, "A las esposas", expone en términos muy expresivos la difícil situación de la codependiente:

> Nuestra lealtad y el deseo de que nuestros esposos levanten la cabeza y sean como otros hombres han engendrado toda clase de predicamentos. Hemos sido desinteresadas y abnegadas. Hemos dicho innumerables mentiras para proteger nuestro orgullo y la reputación de nuestros esposos. Hemos rezado, hemos implorado, hemos sido pacientes. Hemos arremetido en forma despiadada. Hemos huido. Nos hemos mostrado histéricas. El terror nos ha sobrecogido. Hemos buscado compasión. Nos hemos enredado con otros hombres en afán de venganza.
>
> Nuestros hogares han sido campos de batalla durante noches sin fin. A la mañana siguiente, hemos besado y nos hemos reconciliado. Nuestras amigas nos han aconsejado cortar con los hombres y lo hemos hecho de manera terminante, sólo para regresar al poco tiempo llenas de esperanza, esperanzadas sin cesar. Nuestros hombres han hecho grandes y solemnes juramentos de que dejarán de beber para siempre. Les creímos cuando nadie más podía ni quería hacerlo. Sin embargo, días, semanas o meses después, había un nuevo brote...
>
> Jamás hubo seguridad financiera. El empleo estuvo siempre en peligro o se perdía. Era imposible que un automóvil blindado llevara al hogar los sobres del salario. La cuenta de cheques se derretía como la nieve en el mes de junio.
>
> En ocasiones hubo otras mujeres. ¡Qué desgarrador era este hallazgo! ¡Qué cruel que ellas nos dijeran que comprendían a nuestros hombres como nosotras nunca podríamos hacerlo!
>
> ¡Los cobradores, los alguaciles, los taxistas encolerizados, los policías, los vagabundos, los amigos y hasta las señoras

que ellos traían a casa en ocasiones! Nos reprochaban nuestra
falta de hospitalidad. "Aguafiestas, bruja, gruñona": esto es lo
que nos decían. Al día siguiente recapacitaban; nosotras los
perdonábamos y tratábamos de olvidar.

Al igual que muchos otros pasajes de *El libro grande*, éste es
una descripción clásica del juego de yo-yo del amor codependiente, pero no fue escrita por Lois Wilson, la esposa de Bill,
experta en la materia. Bill W. decidió que lo redactaría él mismo, y explicó a una abatida Lois que la prosa debía ser co-
herente en todo el texto. Es mera presunción que un marido
escriba desde la perspectiva de su mujer, de las "esposas" en
primera persona del plural, sobre el dolor excepcional de que
se les mienta o engañe. ("¡Qué desgarrador era este hallazgo!"
¿Cómo podía saberlo él?) Me pregunto qué hizo Lois con su
disgusto, si se lo confió a una amiga o dejó que el agua con la
que lavaba los trastes lo arrastrara hasta el caño, como un motivo más de rencor.

A fines de la década de 1940 y principios de la de 1950 adquirió notoriedad la comprensión de la particular desgracia
de ser la "esposa del alcohólico". Un estudio temprano de 1943
en el *Quarterly Journal of Studies on Alcohol* la describía como
"básicamente insegura", una mujer que se volvía rencorosa y
agresiva porque había experimentado las desilusiones asocia-
das con la afición de su esposo a la bebida, la cual utilizaba
como una forma de "demostrarle su ineptitud y mantenerlo
con ella". Otro autor, citado en la obra de la historiadora Lori
Rotskoff sobre género y alcohol, escribió en esa misma época:
"Ella sacude sus cimientos en toda ocasión, con la aparente
necesidad de mantener su ineficacia para ella sentirse relativamente fuerte y disponer de una justificación externa de sus
impulsos hostiles". En la década de 1950, psiquiatras interesa-

dos en el psicoanálisis prosiguieron con el desarrollo de teorías sobre la "neurótica" esposa del alcohólico. Thelma Whalen, trabajadora social de Texas, escribió en 1953 acerca de este tipo de mujer: "Su personalidad era tan responsable como la de su esposo en la forja de su matrimonio; y en la sórdida secuencia de la posterior infelicidad marital, ella no es una espectadora inocente". Creó incluso una tipología de la codependencia con cuatro clases de personalidad: Susana la Sufridora, Catalina la Controladora, Winnifred la Vacilante y Polly la Punitiva.

Lois Wilson fue en 1951 una de las fundadoras de Al-Anon, que formalizó la red ya existente de grupos de apoyo de familiares y amigos de los alcohólicos. La dicha que la sobriedad de su esposo le concedió se había desvanecido. "Perdía los estribos por nimiedades", explicó en una entrevista, sentada a un lado de Bill. "Así, me puse a pensar en mi relación contigo, conmigo, con mi ser interior, y vi que resentía que una entidad diferente a mí hubiera hecho algo que yo había querido hacer toda mi vida de casada. Mi único propósito había sido conseguir que recuperaras la sobriedad, y de repente llegó algo y lo logró en dos minutos". Le molestaba que no contaran ya con mucho tiempo para estar juntos ahora que Bill se mantenía ocupado en AA e invitaba a camaradas a su hogar. "Me encanta que la casa esté llena de bebedores", dijo, "pero ya no me sentía necesaria. [...] Me percaté de que yo también debía ajustarme a los Doce Pasos. Esto era tan importante para mí como para ti. Tal vez no tan obvio, pero igual de importante." Poco después de su fundación, Al-Anon desarrolló su propia bibliografía y herramientas, basadas en los Doce Pasos. Las definiciones de adicción y codependencia se ampliaron más tarde a fin de que fueran más incluyentes y menos heteronormativas y de género específico pero, más que nada, la comprensión de este papel, copartícipe en la constitución del alcoholismo, tiene su origen en el amor romántico. Ésta es quizás una de las razones de que Al-Anon no me haya atraído en un principio. Aunque sus materiales pretenden aplicarse a todas las situaciones que involucran a los alcohólicos, esta organización se formó con el matrimonio en mente.

Cuando Lucia estaba sobria, no me enfadaba. Pese a que sentía preocupación y recelo —¿en verdad podía confiar esta vez?—, experimentaba sobre todo una inmensa sensación de alivio, de que también yo sobreviviría. A menudo había sentido a mi hermana como una extensión de mí. Teníamos casi la misma edad y habíamos crecido muy unidas. En fotografías de nuestra niñez es común que yo aparezca iluminada por una carcajada mientras ella está sentada maliciosamente a mi lado tras haber hecho una travesura. O me abandonaba a ella; en una imagen aparezco recargada por completo en ella, sentada en una mecedora y me envuelve entre sus brazos; así abrazadas, compartíamos una bolsa de pasitas. Por más que hubiera diferencias entre mis hermanas y yo, parecían insignificantes, en especial cuando éramos niñas. Representábamos variaciones sobre el mismo tema. Lucia era rebelde e impredecible; Anya, intensa y feroz, y yo estaba en medio. Así, cuando Lucia estaba sobria era como si todas lo estuviéramos, como si después de todo fuéramos a lograrlo. Mi resentimiento iba dirigido contra mis padres, porque eran sobreprotectores o indiferentes, se esforzaban demasiado o no lo suficiente, hacían mal todo.

Con K, en cambio, no había triangulación del resentimiento; todo se dirigía a él. Me enojaba por razones obvias cuando bebía o se drogaba pero, como le sucedía a Lois Wilson, mi rabia apenas existía durante sus periodos de sobriedad. Se disipaba por un tiempo y yo me sentía eufórica de tenerlo de nuevo; no obstante, poco después descubría que lo que no soportaba de él sólo había cambiado. Ya no lo distraían los ritmos de su adicción sino su teléfono, que se encendía cada cuarenta segundos con mensajes nuevos de su padrino. Asistía con demasiada frecuencia a juntas, y a reuniones para tomar café, interminables tazas de café que acumulaba por toda la casa y que no le gustaba tirar. Las reutilizaba para prepararse un café —fuerte, con cucharadas copeteadas de la marca costosa que yo había comprado— antes de su partida. *¿Puedo tomar el coche? Es para una reunión*, decía, con las llaves en mano. Yo no podía decir que no a una reunión, ni pedir más de él, ¿verdad? Su permanencia en el buen camino consumía todo su empeño.

Con Lucia, mi codependencia era detonada por el temor. Con K bullía, era una furia callada que me esforzaba por armonizar con la vida doméstica. Al final entendí lo que ha dado en llamarse *el dilema del matrimonio con un alcohólico*.

Capítulo once

Me gusta descubrir las semejanzas que existen entre mi abuela y yo. Ambas guardamos nuestros hisopos en un frasco de mermelada y comemos pescado ahumado con galletas cuando estamos en la cocina. Ella hace una ensalada de pepino con tomate y me encanta que le ponga mucha sal, como yo misma lo haría. Cuando, un poco hambrienta, camino con paso suave por su pequeño departamento, me pregunta si quiero un bocadillo de crema ácida. Me paro como pelícano mientras consumo algunas cucharadas, apoyada en una pierna y con el otro pie en equilibrio sobre la cara interior de mi rodilla, y me interrogo acerca de si ella hacía lo mismo en sus años mozos. Ambas tenemos más lápices labiales de lo razonable, sobre todo corales y de un rosa muy vivo, que nos agrada ponernos la una a la otra, aun cuando los tonos mate dejan una mancha y adulteran un poco el color subsecuente. Nos lo decimos: *Éste es el rosa, pero ha cambiado, todavía hay algo del otro abajo. ¡Todavía!*, exclama. *¡Qué hermoso!* Le gustan tanto los míos que le dejo dos: reemplazo su Revlon por un Chanel y el Cover Girl por un Givenchy.

En la segunda mañana de mi visita, se demora en la entrada de su baño geriátrico, con su radiante interruptor rojo de EMERGENCIA junto a la taza, para ver mientras me aplico al vuelo el delineador líquido de ojos. El mal de Graves le impide usarlo —sus ojos son ahora más bulbosos y sensibles—, pero disfruta a mi lado recordar una versión más chic de sí misma. *Nunca salía de casa sin maquillaje*, dice. *Lo hice así todos los días de mi vida. Me habría muerto en caso contrario.*

¡Yo también!, río. Hay un gran consuelo en estas extrañas herencias. Quizá sea el placer de la continuidad, o una relación con una época que muy probablemente fue más fabulosa que ésta.

Ahora estamos en 2013, número que parece futurista y profundamente poco atractivo, y dado que estoy en plena fuga de una confusión incesante sobre si me quedaré o no con K, he venido a visitarla y a continuar con el proyecto de grabar su vida. Pongo mi iPhone en la mesa de la cocina, de donde ella retira nuestros tazones del desayuno —de salvado de avena con sal— y le aviso que iniciaré la grabación. Sabe que una de las motivaciones de este viaje es recoger la historia de su vida en sus propias palabras, con su propia voz. *No sé si sea tan interesante*, dice, pero una vez que empezamos resulta difícil detenerla. Esto es para la posteridad, sí, para llevar un registro, resguardar la historia de la familia para cuando ella ya no esté con nosotros. Sin embargo, también intuye que persigo el deseo de entender el amor.

Una de las primeras preguntas que le hago es cómo mantuvo intacto su amor, su matrimonio con mi abuelo. *No fue complicado*, dice. *Estaba loca por él. ¡Loca! Por supuesto que peleábamos; una vez a la semana lo amenazaba con que me mudaría a California. ¡Ay, cuánto peleábamos! Pero él era el hombre perfecto para mí.*

Cuando se conocieron, mi abuelo trabajaba como bajista en un programa nocturno en vivo de la WNEW de Nueva York. Vivía con sus hermanos y un primo en un departamento en la Brighton Fifth Street, en Brooklyn. Tenía treinta y cinco años, y ella veintidós; mi abuela trabajaba con sus hermanas en una fábrica de pinturas en Linden, Nueva Jersey. Era deslumbrante, la belleza de la familia.

La noche en que se conocieron él le dijo que estaba seguro

de que sería su esposa. Ella creyó que estaba loco. Se casaron dos semanas después, momento para el cual él ya le había regalado (en su segunda cita) seis pares de medias de seda adquiridas en el mercado negro y pagado (para la tercera) el adelanto de una casa en Flatbush con electrodomésticos nuevos. *Ahora le llaman acoso, abuela*, le digo. Entonces era amor. Tuvieron cuatro hijos y vivieron veintinueve años de casados, hasta que él falleció.

El Nueva York de mi abuela es tan grandioso que parece increíble. ¿En verdad todo era música estridente de big band, me preguntaba, gigantescas ollas de comida preparada por mujeres pícaras, fornidas y feas a las que no les importaba serlo? Fiestas tumultuosas y susurrados rumores en las esquinas entre jóvenes y glamorosas madres que se arropaban con abrigos de piel para combatir el frío y que decían cosas como: *¿Sabes de qué me acabo de enterar, Henny?*

¿Crees que te haya sido fiel?, me arriesgo.

No sé, responde. *Hablaba en yiddish con la tía Lottie y yo entendía todo. Ella le preguntó una vez si se había metido en líos de faldas —llegaba a casa entre las cuatro y las cinco de la mañana después de haber tocado música— y él contestó: "¿Cómo crees? Luego de Sylvia ya no me quedan fuerzas". Eso es bueno, Ninaleh, que alguien esté tan loco como para que diga eso. Si los vuelves un poco locos, se les acaba la fuerza.* Reímos y sorbimos nuestro té.

Mi abuela hablaba de su vida como de un cuento de hadas, y en cierto sentido lo fue. La vida de su madre fue, en cambio, corta y brutal. Siendo apenas una adolescente, mi bisabuela llegó de Rusia a Nueva York a través de Ellis Island, en compañía de su esposo y su hermana, pero ambos murieron debido a la pandemia de influenza de 1918 y ella se quedó sola, con un bebé de seis meses. Se lo llevó a Canadá, donde sabía que se habían establecido unos amigos de la familia, y ahí conoció a quien sería su nuevo marido, mi bisabuelo, un judío ortodoxo muy severo. Se instalaron en Nueva York. Él crio al chico como si fuera hijo suyo, tuvieron tres hijas y vivieron con austeridad en un estrecho departamento en el Lower East Side. Mientras ella educaba a su hijo, a mi abuela y las dos hermanas de ésta, trabajaba en una fábrica. Los domingos cocinaba y lavaba a mano la ropa de la familia. La vida de mi abuela, que al final incluyó un coche, un televisor y una mudanza a los suburbios de Nueva Jersey, fue encantadora en comparación. Y no se restringió a los pequeños placeres de la vida; también contuvo la chispa del amor.

Crecí con el legado de este amor: largas y animadas cenas en los días de asueto, tíos que se gritaban bromas unos a otros, niños que eran detenidos cuando pasaban aullando junto a la mesa y callados a besos. *¡Venga acá esa carita!*, decía mi abuela desde su asiento mientras yo atravesaba de prisa la sala, si acaso ella conseguía sentarse cinco minutos. Ésta es también una variante del loco amor: *ven acá*. Eran las mismas palabras que K me texteaba con frecuencia en los primeros y urgentes días de nuestro romance, a la mera insinuación de que yo estaría disponible unas horas: *Ven. Acá.*

En otras familias, la respuesta a la interrogante de cómo logró una anciana mantener su amor a lo largo de tres décadas podría ser "Él era un buen hombre", "Siempre vio por nosotros" o "Me hacía reír". En mi familia, la respuesta es la locura. Un hombre preserva tu interés porque está completamente chiflado: es caprichoso, impredecible, generoso en su afecto y todo lo demás. El amor es una fiesta que dura hasta la madrugada, de la que quizá deberías retirarte pero no lo haces porque está demasiado divertida. El amor es sortear juntos varias formas de precariedad y no salvarlas porque sean estables de nuevo, sino porque eluden las deudas y la muerte, sobreviven para que al final puedan comer, beber y hacer el amor.

No todas las relaciones en mi familia fueron así, pero éstas son las historias que perduran. La que yo quería para mí.
Un amor seguro puede dejar satisfecho a alguien; a mí me
parecía menor, en cantidad y calidad. El amor obsesivo y tras-
tornado era sencillamente *más* amor; un exceso apasionante,
pero inconveniente. Es como si quisieras contener una fuga
recogiendo el agua en una lata, pero la lata se desborda pronto, la habitación se llena de latas y más de ellas llueven a cántaros del techo.

También a Anya le gustaba coleccionar las anécdotas de mi
abuela. En otra visita varios años más tarde, coincidimos en
su casa y pasamos dos noches en el complejo de departamentos donde ella disfruta de una casi independencia digna.
Después de los ruidosos saludos, los abrazos frenéticos y sus
besos, que dejan marcas de labial en nuestras manos y mejillas, le decimos que iremos a comprar algo de comer y atra-
vesamos el inmenso estacionamiento hasta el supermercado
más próximo en busca de algo que podamos cocinar para la
cena (y que nos evite presentarnos en el comedor comunita-
rio de la planta baja), y en busca por igual de provisiones para
nosotras: pretzels, gaseosas de sabores y los chocolates kosher
rellenos de mermelada de frambuesa que a mí me encantan
y Anya aborrece. Estar con mi abuela hace que desee comer
muy a la judía.

Preparemos algo bueno, dice Anya cuando cruzamos las
puertas automáticas y entramos al frío plastificado del supermercado. *Siempre que hablo con ella está comiendo salvado de
avena o un huevo frito, y el menú de abajo es espantoso.*

*Cocinemos algo fácil pero que ella ya no pueda hacer, como
pollo asado.*

¡Sí, perfecto!, bate las palmas. *Y también una ensalada. ¡Ay, siento unas ganas enormes de alimentarla! De ver cómo desprende el pollo de los huesos*, alza adorablemente los hombros y las cejas y se dirige hacia las islas de productos.

En el camino de regreso al departamento le comento que, al parecer, la abuela ha bajado la guardia en los últimos años.

Tener más de noventa ejerce ese efecto en la gente, dice.

Yo grabo sus recuerdos todavía, añado. *Cada vez que la visito son más sinceros.* Anya imita su voz, el marcado acento de Brooklyn, y repite como loro la descripción que ella hace de su noche de bodas. *Era virgen, todas éramos vírgenes entonces, pero tu abuelo* —murmura— *se portó como un caballero.*

¡Ésa es apenas la punta del iceberg!, le digo. *Todos los secretos están saliendo a la luz.*

Cuando volvemos con los víveres al departamento, mientras preparo el pollo Anya sirve vino y se pone a picar tomates, pepinos, rábanos y perejil para la ensalada. Mi abuela se sienta frente a nosotras en una silla de la cocina, fascinada por nuestra energía. Dice que querría llamarle a su amiga Arlene.

¡Debería venir a ver la espléndida comida que están cocinando!

Nos ibas a contar de tu boda, le recuerdo. Hemos oído ese relato en demasiadas ocasiones, pero se lo pedimos de todos modos. Cuanto más envejece, más historias suyas queremos oír, porque cada versión tiene sus diferencias. Es como dibujar una y otra vez la misma forma y forzar aquí y allá, por repetición, el deslizamiento de la pluma o una línea errante.

El catorce de febrero es el día de san Valentín, comienza. *Y nosotros nacimos el quince de febrero.*

¿Qué?, pregunto.

¡Qué!, repite.

Dijiste que nacieron.

*No, no nacimos, ¡nos casamos! Nos casamos el quince de fe-
brero. Aunque no fue una fiesta muy elegante, estuvo llena de
amor. Yo lo amaba tanto que sentí lástima por todos los demás.*

No quería una boda; en fecha reciente había perdido a su
madre y no podía imaginar un convivio. Aun así, su ortodoxo
padre no la aprobó. Cuando regresó al departamento en busca de algunas cosas para su luna de miel —a pedirle prestado
un vestido a su hermana, quien acababa de casarse también—,
él le ordenó que empacara todas sus pertenencias y no volviera nunca.

¡No entiende que te casaste con un judío muy bueno!, le dijo
su suegra al tiempo que le entregaba de propia mano la invitación a la comida con la que celebraría a los recién casados en su casa, en Brighton Beach. Ese día el departamento de
su suegra estuvo lleno de música, voces y risas atronadoras,
y ésta preparó un banquete tal que era imposible percibir un
centímetro de mantel debajo de tantos platones. Mi bisabuelo
los acompañó de mala gana y presenció sombríamente el espectáculo; como mantenía una estricta dieta kosher, no probó bocado.

Quizá porque dije que todos los secretos estaban saliendo a la luz o porque estamos energizadas —a causa del olor a
pollo asado, el vino tinto que Anya abrió y que hasta mi abuela
saborea ahora en una tosca copa esmerilada (*Detesto estas copas*, dice después de cada par de sorbos) y el suave canturreo
de Tony Bennett que llega melodiosamente a la cocina desde
el reproductor de discos compactos—, mi abuela emprende
un ininterrumpido monólogo sobre sus recuerdos. No se trata
esta vez del trillado relato acerca del atento militar al que dejó
plantado cuando conoció al bajista de Brighton Beach del que
se enamoró perdidamente, sino del final de su matrimonio: el
día, hace ya varias décadas, en que mi abuelo murió.

Cuando los hijos crecen, las cosas se apaciguan, la pasión es distinta que al principio. Ese día me bañé y me preparé para arreglarme, porque iríamos a una cena a casa de un vecino. Tu abuelo se había acostado a descansar antes de vestirse. Me senté en el lecho con mi bata de baño y el cabello envuelto en una toalla. Aunque estaba cansado, se veía tan guapo como siempre y se dispuso a levantarse. El caso es que, inesperadamente, esa noche hicimos el amor antes de que nos fuéramos a nuestro compromiso.

Anya me mira con ojos muy abiertos. En aquella cena, una sensación de náuseas y opresión en el pecho dio con mi abuelo en el piso de la cocina y tuvieron que llamar a una ambulancia. Murió esa misma noche en el hospital. Mi abuela le avisó a mi madre, quien llegó de la ciudad a toda prisa y fue detenida en el mostrador de enfermeras porque su papá ya estaba en la morgue.

Por más que no conocimos al abuelo, crecimos con sus leyendas. Fue hijo de músicos sinfónicos, y a los trece años de edad llegó de Alejandría, Egipto, en compañía de sus hermanos y su madre, la misma a la que le gustaba poner la mesa en forma espectacular. Vivieron en Brighton Beach. Los tres chicos eran músicos, traviesos y bulliciosos. Él llevó una vida inusual, muy animada. (*No era como otros padres, me dijo mi mamá en una ocasión. Cuando ellos llegaban de trabajar, él se estaba poniendo un esmoquin para ir a tocar a un baile en Larchmont, en la presentación en sociedad de una jovencita.*)

Experimento una admiración serena, la sensación que me invade cuando oigo una buena historia de amor. Pongo una mano sobre la de mi abuela y le pregunto: *Después de tantos años, ¿tuvieron sexo —digo, hicieron el amor— el día en que él murió?*

¡Esto es lo más romántico que he escuchado en mi vida!, exclama Anya con los ojos anegados en lágrimas.

Mi abuela retira los huesos del pollo y los guarda para que mañana hagamos una sopa con ellos. Mi hermana y yo aseamos la cocina después de cenar y, según nosotras, la dejamos impecable. Pero a la mañana siguiente descubrimos que mi abuela volvió a lavar la sartén, de la que por lo visto no eliminé todas las manchas. Ahora brilla casi burlón sobre la estufa. Ni siquiera lo dejó en el escurridor; seca en el acto todo lo que lava.

Lo lavó de nuevo, sacudo incrédula la cabeza y pongo la sartén a contraluz. *¿En qué estaba pensando? ¡Tiene casi cien años! ¿Cómo logra dejar estas cosas tan limpias?*

Anya inspecciona la superficie del traste, más viejo que cualquiera de nosotras pero que no muestra ninguna señal de haber sido usado alguna vez.

¡Dejaste algunas manchas! ¡No tuve otra opción que quitarlas!, dice en otra perfecta imitación del marcado acento de Brooklyn de mi abuela. Hace girar la sartén en sus manos, examina su inmaculada superficie y sacude la cabeza igual que yo. *Así eran las amas de casa de los cincuenta*, dice.

Mis padres tardaron en casarse más de dos semanas, aunque no mucho más: dos meses. Se conocieron en The Bottom Line, antro de rocanrol en Greenwich Village, una húmeda noche de agosto de 1976. Mamá había perdido a su padre meses antes y había pasado la mayor parte del año encerrada y en duelo. Pero esa noche tocaría la banda de su hermano, y sus amigas la convencieron de que asistiera. Papá salía entonces con una tal Moxie Mandelbaum, y mi madre llamó su atención porque se le parecía, aunque era más bonita y sensual. Como cabía suponer, la frase de conquista fue directa: "Eres idéntica a mi novia, sólo que mejor". Mamá ni siquiera había pensado en salir esa noche, menos todavía enamorarse. Como a mi abuela, jamás se le habría ocurrido hacer una

fiesta en ausencia de su padre, así que se fugaron, se casaron
en el ayuntamiento con un solo testigo —un fotógrafo de *Ro-
lling Stone* que los retrató sonrientes cuando subían a un taxi:
mamá soberbia en su vestido de verano de la más alta costura
hippie, color crema de champiñones con estampados bohe-
mios— y se hospedaron en el Plaza Hotel, desde donde telefo-
nearon a sus padres para participarles de sus nupcias.

Siempre he pensado que la década en la que tus padres
tuvieron entre veinte y treinta años de edad es la que cobra
más importancia en tu mente. Para mí, ésos fueron los años
setenta. Imagino sus colores, sus aromas. Conozco sus elemen-
tos culturales y desearía haber podido experimentar sus particulares variedades de cocina, conciertos y turismo. A pesar de
que no tengo ningún recuerdo de esa década, me siento tima-
da por programas de televisión que, debido a su vestuario o
coloración, no creo que la hayan comprendido bien. Mis años
setenta son los de mis padres, dorados por un intenso bronceado de verano y de paseo por el Village ataviados con jeans
y camisetas ajustadas, aunque tal vez mi madre usaba una falda de mezclilla que le llegaba a las pantorrillas. Algunas de esas
camisetas sobrevivieron a nuestra infancia: una del pay de queso Baby Watson, otra de la banda Sparks, una de manga larga
y un verde muy vivo que le quedaba demasiado justa a mi papá,
con una palmera estampada al frente. Otra que aún conservo,
de color mostaza, tiene una serigrafía con la cara sonriente de
mi padre, un regalo de cumpleaños que le hizo a mamá. Me
conmueve imaginarla con esa camiseta, que haya sido tan leal
admiradora de mi padre, con su larga y suelta cabellera casta-
ña sobre sus senos sin sostén. Luego de su no-boda se fueron
de luna de miel a Grecia, donde se broncearon aún más. De ese
viaje subsisten algunas fotografías. En ellas su piel es de una
tonalidad como de nuez y lucen sensualmente zombis de amor,

con sus verdes ojos velados por la demacrada y electrizante calma sexual que caracteriza los inicios de una relación. De niña yo veía en casa de mis amigas las icónicas fotos enmarcadas de la boda de sus padres. El papá aparecía invariablemente de traje y la mamá como un feliz pastelillo milhojas, embutida en un vestido de encaje con holanes. Las había también de estilo baile de graduación, en las que los padres eran exhibidos con las cabezas ladeadas y unidas, u otras en la que ambos hundían un cuchillo en un inmenso pastel blanco de varios pisos al tiempo que dirigían a la cámara una sonrisa relampagueante. En mi casa no había nada de eso. La palabra que describe a mis padres en sus primeras fotografías no es *felices*. Más bien, parecen consumidos por el amor, como si hubieran cogido días enteros y ahora se movieran cautelosamente, a manera de lobos, por las calles de una calurosa ciudad europea en busca de alimento.

Había algo salvaje y lujurioso en ese amor, algo sensorial y francamente exótico, que en mi opinión contradecía los fríos sentimientos de las personas de raza blanca, origen anglosajón y religión protestante que aparecían en las películas y los comerciales de lujo, personas que formaron familias con grandes residencias de terrazas ultramodernas. Quizás esta gente hacía mejor otras cosas, pero nosotros éramos insuperables en esto: amábamos ruidosamente y reíamos.

He pensado asimismo que cuando el amor alcanza esa tesitura nos brinda un destello de cómo sería un mundo en el que las mujeres predominaran, un matriarcado. En *All About Love: New Visions*, bell hooks escribió: "Los hombres teorizan sobre el amor, las mujeres lo practican". Son ellos quienes ponen límites al amor, continuó, lo cual deja a las mujeres en un "constante estado de añoranza, de ansiedad de un amor que no reciben". Arrebatado por un amor intenso, probablemente poco pragmático, un hombre temería someterse al modo de las mujeres, entrar al templo del amor femenino, el cual es abundante, desenfrenado y sin límites.

Sin embargo, las mujeres no eran las únicas que enloquecían de amor en mi familia. Aun mi padre, pese a sus silencios imperturbables, fue proclive desde la niñez a una especie de pasión amorosa. Según me contó él mismo, se enamoró por vez primera cuando cursaba la escuela primaria, mucho antes de que supiera qué era el sexo. De noche imaginaba que rescataba a su novia en el mar y que ella le plantaba un beso de gratitud. Tenía diez años cuando, más tarde, se prendó de Sally Stone. No la trataba, sólo la veía bajar de un coche cada mañana que él iba con su padre a dejar a su hermana a la escuela. Papá asistía a un instituto privado para varones donde todos los días vestía saco y corbata. Cuando se enteró de que su amada se llamaba Sally Stone, adoptó la costumbre de cargar una piedra en el bolsillo del pecho, "junto a mi corazón", me explicó. Nadie los presentó nunca.

¿Esto es amor o locura? ¿O locura de amor?

Mientras realizaba mis estudios de posgrado, viajé un verano a Rusia. Aunque debía poner en marcha mi tesis doctoral, dediqué la mayor parte del tiempo a pasear. Durante el día tomaba clases de ruso y luego caminaba un par de kilómetros, me detenía en mercados y librerías y al final descendía por las largas y ventosas escaleras eléctricas del metro para dirigirme al departamento donde vivía. Cuando salía en mi parada, compraba un sándwich de helado envuelto en papel aluminio y lo comía sentada en el alféizar de la ventana en lo que disfrutaba de un partido nocturno de futbol a mis pies. En el barrio donde me hospedaba, veía con frecuencia extraños ruegos grafiteados en banquetas y paredes. Una mañana en que llegué a la calle después de atravesar el patio, vi un mensaje en

grandes y lustrosas letras de color azul rey: PERDÓNAME KSE-
NIA. Eran enormes, todas ellas en mayúsculas y cirílico, y la
pintura de algunas había escurrido como sangre hasta el suelo. Sentí que se me iba el aliento, un sobresalto de emoción de
que atestiguara una renuncia tan enfática y decidida al decoro en perjuicio de los bienes públicos. No era como en Nueva
York, donde hay grafitis por todos lados. Proseguí mi marcha
y antes de que completara otra cuadra vi el mensaje siguiente,
ejecutado por la misma mano, que abarcaba tres grandes losas
de la acera. TE AMO KSYUSHENKA. Media cuadra más adelante, un protuberante corazón mal dibujado acompañaba a otro
texto, KSYUSHA MI PEQUEÑA ESTRELLA, y a tres flechas largas;
imaginé al atribulado amante encorvado de devoción y arrastrando por la avenida una lata de pintura en aerosol. Todas las
flechas apuntaban a la esquina, a la entrada del metro, donde
tropecé con una última súplica, escrita esta vez en letra gari-
goleada, la mejor caligrafía de un escolar: PERDÓNAME KSYU-
SHA ERES MI AMOR. Aunque ignoraba quién era ella, me fascinó
imaginar que vería todo esto a la par que se tambaleaba en la
entrada del metro sobre los tacones reforzados que las jóvenes estilaban en ese entonces, que alguien hubiese arruinado
en su nombre una parte de la ciudad. Esto me fascinó. ¿Qué
podía ser más efectivo para obligar un gesto de grandiosa ge-
nerosidad que una sentida disculpa por un error igualmente
titánico?

Capítulo doce

El matrimonio de mis padres no reveló sus fisuras hasta que ya estaba hecho pedazos. Para mí, las cosas ofrecían esta apariencia: mis padres eran felices y de repente dedicaron un verano a fumar y hablar en voz baja detrás de las mamparas del porche. ¿Esto era una buena o una mala señal? Lucia vivía entonces en un dormitorio en la ciudad, a veinte minutos de nosotros, aunque daba la impresión de que estuviera mucho más lejos. Era difícil localizarla, y cuando llegaba a casa estaba exhausta y tenía un aspecto lánguido y enfermizo. ¿Podía ser que hablaran de ella todo el tiempo? Lo único que sabíamos era que cuando pasábamos junto a ellos, se callaban. *¿Necesitas algo?*, decía alguno al descubrir que yo estaba cerca. Este salto abrupto a la cordialidad lo volvía absurdo todo.

Iré a estudiar y a tomar un helado con Emily. Esta semana tendremos un examen final de inglés, decía.

¡Está bien, cariño!, respondía mi madre y reanudaban al instante su conversación. Hablaban y hablaban y fumaban y fumaban, y de pronto su relación había terminado.

Mi padre creía que las cosas marchaban bien —*Pensé que éramos felices*, dijo con asombro cuando el hacha cayó—, pero la insatisfacción de mi madre se había acumulado durante al menos una década y la expresó finalmente en la temida y trágicamente convencional forma de otro hombre. Ahora sé que esto no es del todo infrecuente. Una amiga noruega llamó "el barquero" al hombre que desempeña este papel en la vida de una mujer, el chico que te saca de tu relación en curso.

Algunas saben que el barquero no es más que un mero catalizador y otras quieren permanecer a su lado. Mi madre intentó permanecer. Se enamoró de lo que él le había mostrado de ella misma; ella confundió esa visión de sí misma con él.

Jim gravitaba en su misma órbita laboral. Mamá dirigía una organización artística no lucrativa que colocaba a artistas en escuelas urbanas con fondos insuficientes y él trabajaba para una organización similar, no porque fuera artista sino porque era la clase de sujeto bienintencionado que se consagra a buenas obras seculares. Era listo, amable y solícito y ella lo juzgaba bien parecido. Para ciertos estándares, lo *era*, cortado como estaba con la misma pudorosa tijera de mi serio y acartonado maestro de inglés, y poseía además el gusto literario relativamente impactante de quien aún cita los poemas de Wallace Stevens que leyó en la universidad. Como yo era la lectora de nuestra familia, él se obstinaba en conversar conmigo sobre novedades bibliográficas y grandes obras de la literatura, con lo que esperaba darse cierto aire de sofisticación. *¿Ya leíste* Drown, *de Junot Díaz? A tu madre y a mí nos encantó*, decía. Dada su afición a los juegos de palabras, podía ser gracioso, el tipo de persona que habla en voz alta mientras resuelve un crucigrama y siempre siente el deber de entretener. Su loco amor por mi madre escapaba por completo a mi adolescente comprensión. Aun así, mi intimidad con mamá (ganada a fuerza de tantas horas de preocupación por Lucia compartidas con ella, y de conversaciones sobre su matrimonio) me permitía verla no sólo como mi madre, sino también como una adulta independiente, una mujer con necesidades. Acepté su decisión más rápido y con más fervor que mis hermanas e intenté ser amable con Jim. En efecto, yo ya había leído *Drown*.

Eres una lameculos, me dijo Anya.

¡No es cierto!, repliqué. *Mi único interés es apoyar a mamá.*

Pues "mamá" actúa como una adolescente. Además, él es insoportable. Se esfuerza demasiado por agradar.

Tienes razón, concedí. *Pero hace feliz a mamá.*

Claro que era una lameculos, o quizá nada más una codependiente, resuelta a apaciguar, a ser flexible y ocultar mis verdaderos sentimientos, los que emergían cuando estaba sola, escribía frenéticamente en mi diario o hacía para mí ocasionales comentarios maliciosos. Lo principal, no obstante, era que ocultaba mis verdaderos sentimientos. Si haces esto mucho tiempo, al final ni siquiera sabes qué es lo que sientes en verdad.

Mis padres se amaban con locura, al menos al principio. Con el tiempo, su matrimonio se convirtió en algo estable y confiable, al menos para nosotras, sus hijas. Pero ignorábamos los cambios tectónicos que ocurrían bajo nuestros pies. Debido quizás a la edad de mi papá o a su propia inquietud, Jim iluminaba en forma casi caricaturesca las cosas de las que mi madre carecía en su matrimonio: entusiasmo, diversión, posiblemente la virilidad de la juventud. Encarnaba a este respecto la peor de nuestras pesadillas. Por su edad, podría haber sido uno de nuestros novios. Era recatado, o tal vez sólo se ponía nervioso cuando lo invitábamos a casa, la misma en la que nuestro padre había vivido. Al principio hacía tan feliz a mamá que era casi nauseabundo. A causa del miedo de las etapas iniciales del amor (y quizá también de las ansiedades de su divorcio), ella perdió como por arte de magia los cinco kilos que había intentado bajar durante una década (kilos que no necesitaba perder y que son los mismos cinco que yo trataré inútilmente de bajar hasta que muera). Así consiguió una apariencia hermosa y esbelta. Empezó a ponerse vestidos como los que había usado cuando éramos chicas, largos, chics, sedosos y con motivos florales que emergían de su clóset como primos largamente olvidados. Esto la volvió distinta a mis ojos, una especie de muchacha que hubiera madurado de súbito, no una persona mayor —una mamá—, que era como la consideraba antes. Al verla enamorada de Jim no cesaba de percatarme de que era simplemente una mujer. Yo quería ser lo bastante madura para admitir eso, para facilitarlo, quizás incluso para celebrarlo. Mis hermanas eran más cautelosas, o puede ser que más francas, como siempre. Yo, en cambio, quería seguir siendo la niña buena de mamá y acepté a Jim.

Sorteaba con prudencia mi relación con mi padre, a quien le entusiasmó la posibilidad de nuevos noviazgos, pero parecía más agobiado por la ruptura. En una ocasión me confesó que luego de que se fue y Jim vino a vivir con mamá, había días en que se estacionaba frente a la casa y la contemplaba. *¿Esperabas que alguna de nosotras saliera?*, pregunté. No. Su fantasía era retar a Jim a un duelo de basquetbol en el arillo de la entrada.

Cuando quedó claro que su matrimonio había llegado a su fin, se refugió en la cama queen size de la habitación de arriba, con un vaso de agua a un lado y un libro bocabajo. Las sábanas habían empezado a oler a algodón y cuerpos marchitos, ese aroma de las recámaras de una textura casi táctil que flota en el aire y representa un alivio en la primavera y el verano. Se le diagnosticó depresión, y pese a que desde siempre había habido indicios de ello, nunca lo habíamos visto así, en un estado prácticamente catatónico; cuando me sentaba a la orilla de su cama para hablar con él, sobre todo para anunciarle mis andanzas, mostraba una descolorida cara de compunción. Era alarmante verlo en esa condición, no como un caparazón, con lo que suele asociarse a las personas deprimidas, sino lleno de malestares, de dolores que parecían rodear su cuerpo como un gas y lo forzaban a hacer pequeños ajustes ahí tendido. *Vas a estar bien*, le dijo mi madre la noche en que asistiría a un evento del trabajo y se puso un ajustado vestido negro, tacones y un insolente collar de cuentas de vidrio que se balanceaban al tiempo que se inclinaba sobre él. *Llamaré en una hora para saber cómo estás.* ¡Qué bien debe de haber sentido el clic del pavimento cuando al final cerró la puerta, se alejó de casa y partió con Jim a la libertad!

Mi padre aún vivía con nosotras el día en que Jim llamó y pidió hablar con mamá. Yo era la única en casa con ellos y mis tíos Nick y Josie, quienes vivieron una temporada con nosotros. *Te habla Jim*, dijo papá y le tendió el auricular. Cuando ella regresó a la sala, explicó que Jim había sido atacado, estaba muy malherido y debía ir a recogerlo. Las graves implicaciones de esa afirmación se reflejaron en el rostro de mi padre. Mamá tenía que "ir por Jim", dijo, como una enamorada en una película.

¿Dónde está?, preguntó él.

En East Orange, respondió mi madre.

No manejarás sola y de noche hasta East Orange. Siempre tranquilo, esta vez al grado mismo del escándalo, se paró y tomó sus llaves de la mesa del corredor. *Nick, acompaña a tu hermana*, dijo. Papá, la tía Josie y yo permanecimos en casa, picoteando una pizza en medio de un silencio espantoso.

La historia de vida de Jim tenía ciertas lagunas, pero no lo sabíamos aún. Aseguró que había pasado un año en Portugal construyendo casas, cualquiera que fuese el significado de esto. Le gustaban la comida mexicana y la música country alternativa, y en poco tiempo mamá comía tacos y oía a Cracker y Steve Earle. Una vez los encontré en un concierto y no supe si juzgarlo bueno o vergonzoso. Aunque la edad y actitud infantil de Jim eran de dar pena, me encantaba ver tan feliz a mamá.

El problema con la bebida fue difícil de esconder. Jim era capaz de acabarse un *six pack* en un par de horas. Un viernes en la noche, cuando ya vivía con nosotras, lo encontré muy borracho afuera de la tienda en la que adquiríamos café y cigarros cuando estábamos en la preparatoria. Mis ojos se ensancharon de vergüenza al ver que se tambaleaba y quería hablar conmigo.

¿No es ése el novio de tu mamá?, preguntó mi amiga Alexandra mientras volvíamos a su coche y apretábamos nuestros Parliaments en las palmas para compactar el tabaco.

¡Ay, Dios!, pensé. *Sí*, respondí y él dejó oír su vozarrón en ese momento.

¡Heyyyyyy, Ninnna!, dijo demasiado rápido y parpadeó para esperar a que su cerebro alcanzara a su boca. *Nee. Na*, rio. *Sé cómo te llamas. ¿Qué tal va la noche?*, soltó. Mi primera reacción fue dar medio paso atrás, lejos del arco de sus brazos y su respiración caliente.

Bien, vamos a la fiesta de una amiga. ¿Manejarás en ese estado?, le hice una pregunta policial.

No, no te preocupes, alzó las cejas sin abrir los ojos, como si se le ocurriera una idea. *Podría manejar, pero un amigo en McGuire quiere que vaya a tomar una copa con él. Nos vemos más tarde en la casa, ¿no?*

Sí, sí, nos apartamos y cruzamos el estacionamiento. *¿Puedes creerlo?*, ocupé mi asiento y cerré la puerta del Honda Civic de Alexandra.

Su adicción al crack se reveló poco a poco. La pobre de mamá ni siquiera sabía qué pensar de esa droga. Jim dijo una vez que unos tipos lo habían asaltado en Newark sin motivo (es indudable que el amor es ciego si ella aceptó esta explicación tras la debacle de East Orange) y se presentó a trabajar con la cara amoratada. Más tarde hizo un par de "viajes de negocios" en los que fue imposible localizarlo y de los que regresó pálido, gruñón, exhausto y con las cuerdas vocales destrozadas. Ella le hizo entonces las preguntas para las que Lucia la había vuelto experta y al final le arrancó la verdad.

Jim era "gracioso". Aunque en ocasiones fingía timidez (con un descaro que me exasperaba), poseía una personalidad boba y grandilocuente. "Entendía" todas las cuestiones culturales que interesaban a mamá. Veía *The Daily Show*, que mi padre no creía divertido. Era muy distinto a papá, cuya ecuanimidad, despreocupación y capacidad para abstraerse nos irritaban a veces. A pesar de su constante presencia, no siempre ponía atención. Una vez en que Lucia ya estaba en la preparatoria, bajó a desayunar con el cabello pintado de azul y él no lo notó. Lo mismo pasó cuando me puse un piercing en la nariz. Quizá nos comportábamos de ese modo para que reaccionara, gritara o se exaltara, pero nunca lo logramos, lo que si bien da fe de su mentalidad abierta, hacía que nos sintiéramos a la deriva.

Siempre tuvo cierto poder como el hombre y el sostén del hogar. Era un pez grande en su pileta. Y provenía de una familia con más dinero y capital cultural que la de mi madre. Ella había estudiado, pero creció en el impetuoso espíritu inmigrante de la familia de sus padres. Jamás sintió que encajara en la formal y exitosa familia de papá, más aristocrática e inclinada a ocultar su condición judía. En casa intentaba llamar la atención de él y le exasperaba que esto fuera indispensable para hacer ciertas cosas. *No debería tener que comparecer ante el tribunal si quiero comprarles unas medias a mis hijas*, le dijo en una ocasión. "Comparecer ante el tribunal" era una frase que recitaba a menudo cuando hablaban de dinero y se me quedó grabada para siempre. Yo era especialmente sensible a la paradoja del papel de mi madre, poderosa e impotente al mismo tiempo, coordinadora de todas las energías de la casa y aun así atenida a mi padre en las decisiones oficiales y financieras. Durante los peores capítulos de la adicción de Lucia, ella se encerraba a llorar en el baño a causa de la inacción de él, de su falta de iniciativa.

En cuanto nos enteramos del crack, Jim echó a correr. Desaparecía varios días —estuvo un año en Utah— y al regresar inventaba mentiras de que necesitaba más libertad. Mamá lloraba. Sacaba la guitarra que no habíamos visto desde niñas y se ponía a componer espléndidas canciones country en su recámara. No obstante, él siempre estaba de vuelta, y descubría que ni siquiera su ausencia, el súbito y cruel repliegue de su amor, persuadía a mamá de que no le convenía. Había disculpas y promesas. Mi madre no sentía tanto pánico como por Lucia, pero sí un eco de ese pánico, y las emociones alentadoras, de admisión de propósitos, virtuosas y del sentido del deber que lo acompañan. Se sentía responsable de él y quería hacer todo lo posible para que se mantuviera sobrio, amarlo y que fuera el hombre en quien ella sabía que podía convertirse.

Su angustia por la adicción de Jim me repugnaba, parecía debilidad. Una cosa era que se consagrara a salvar a su hija, pero ¿a ese tipejo?

Igual que con Lucia, ejercía el control donde era posible que obtuviera resultados. Si le preocupaba que él pasara frío, le compraba un abrigo. Sus preocupaciones le obsesionaban. *¿Y qué si tiene frío?*, pensaba yo. *Que lo tenga. Que se hiele.*

Para entonces ya habíamos dedicado muchas horas juntas a hablar del amor y las drogas. Nuestro vínculo, visible en las fotos en las que aparecía cargándome de bebé, había sido reemplazado por la necesidad de supervivencia. Ahora éramos amigas. Yo podía ser compasiva porque creía en la autenticidad de su amor.

Como lo había hecho con mi hermana, ella llenaba el

coche de galletas de arroz y discos compactos y viajaba tres horas para visitar cada fin de semana a Jim en un centro de rehabilitación en Delaware. Nunca la acompañé en esos viajes.

Las participantes en las reuniones de Al-Anon suelen afirmar que se enamoran del potencial de un individuo. *Hice lo que todas hacemos*, aseguran, *y me enamoré de la persona en la que sabía que él podía convertirse. Debí haber sospechado quién era y no suponer que podía cambiarlo.* Alegan: "Fui a comprar leche a la ferretería", en el sentido de que buscaron algo donde debían haber sabido que no lo hallarían.

Jim dejó a mi madre después de ocho años de relación. Ella acababa de comprar una casa por remodelar en la que habían planeado trabajar juntos y criar a su perro. Rompió con ella el día de la mudanza, cuando el camión ya aguardaba afuera. Semanas más tarde, antes de que asaltara una licorería y huyera de la ciudad, allanó esa casa y robó todo lo que había de valor en ella, todas las modestas joyas que habríamos heredado algún día: las alianzas doradas de nuestros padres, un anillo hecho con una moneda egipcia que era herencia de la madre de mi abuela y algo muy valioso: una antigua sortija de zafiro y diamantes en forma de estrella con que mi papá había sorprendido a mi madre años antes. Creímos que tal vez languidecía en una casa de empeño de la localidad, pero no la encontramos en ningún lado.

Mamá reparó sola esa casa, con sudor y lágrimas. Hizo sola de su cachorro un perro obediente y alegre, que se convirtió en su compañero y su Buda. Yo tenía entonces veintitantos años y ardía en cólera. Recorría Estados Unidos en una vagoneta, como parte de la gira de mi banda, y me emborrachaba y encendía fuegos artificiales. Tenía subidos los pies en el tablero cuando mamá llamó para contarme del robo. El sol brillaba a todo su poder, el celular ardía en mi mano.

¡¡¡Hijo de perra!!!, grité por la ventana. *Mugroso jodido.*

Había abrigado la esperanza de que Jim llegara al nove-
no paso y se viera obligado a compensar a mi madre. ¿Cuánto tiempo podía tardar en cumplir eso? Quería que regresara,
no para que se quedara con ella, sino para que se sentara a la
mesa de la cocina, con su frutero Fiestaware, a escuchar qué
había sido de ella, todos sus dolores y sufrimientos. Pero nunca volvimos a saber nada de él.

Más de una década después, en un viaje por carretera de
Oakland a Portland con mamá y Lucia, puse una lista de canciones que traía casualmente un *cover* de "White Flag" de
Dido. *I will go down with this ship*, cantaba la vocalista pop irlandesa en el tema original del verano de 2003, justo en la época
del rompimiento con Jim. Mi madre lo escuchó varias veces. *I
won't put my hands up and surrender. There will be no white flag
above my door. I'm in love, and always will be.*

El coche se sumergió en el silencio. Mamá sacó su iPhone, lo puso en modo de cámara, activó mi teléfono para que la
canción empezara de nuevo y dirigió el suyo hacia los árboles
y el atardecer que pasaban junto a nosotras. Nadie habló durante varios minutos, sólo oíamos esa canción —cuyo significado comprendíamos— y veíamos que mamá hacía un video
musical del exuberante follaje de la I-5 que pasaba a nuestro
lado. El *cover* es más vivaz que la versión de Dido. Éste es el
mejor tipo de *cover*, una ligera reiteración de los superprodu-
cidos compases pop del tema original; es al original lo que mi
madre a su antigua versión de sí misma. Al terminar, bajó el
volumen y vio el video que acababa de hacer, así que la canción sonó de nuevo a la par que la pantalla se iluminaba con
el índigo del cielo y las franjas veteadas de los verdes árboles

del bosque. Pienso que los hombres se pierden estos momentos. Es raro que permanezcan hasta el mágico instante en que las mujeres se convierten en quienes realmente son, o quizá sólo podemos hacer esto en los espacios donde ellos no están. Cuando miré por el espejo retrovisor, vi que Lucia lloraba, igual que yo. *¡Eres increíble, mamá!*, le dijo.

Capítulo trece

El amor es trabajo de mujeres. O el trabajo del amor pertenece a las mujeres. Recae en ellas. Checamos tarjeta al salir de la oficina y la checamos de nuevo cuando llegamos a casa, al segundo turno, la doble atadura. No es nada más mano de obra lo que se requiere en el empleo, ni simples labores domésticas lo que el hogar demanda. En ambos sitios, y todos los habidos entre ellos, impera una serie más ambigua de expectativas: que aportaremos una vigorosa energía emocional para limar asperezas, suavizar, reanimar y nutrir. Que seremos amables. Que sembraremos amor.

A lo largo de la historia, las mujeres se han fastidiado de ese trabajo. En la universidad me cautivó la historia rusa, en particular las convulsiones de la revolución y el nuevo orden mundial que los soviéticos querían emprender. En uno de mis carteles favoritos de la propaganda soviética, una sonriente mujer cubierta con una pañoleta abre la puerta de su oscuro domicilio a la luz de la utopía socialista bajo las palabras ¡MUERA LA ESCLAVITUD DE LA COCINA! Otra se percibe en la oscuridad, y lava en una tina. En la calle hay edificios con los rótulos CLUB, GUARDERÍA, CAFETERÍA. Recuerdo la primera vez que vi ese cartel, vagamente proyectado en una inmensa pantalla bajo la gris penumbra de un aula de historia del arte. La profesora era una bella estadounidense de origen holandés especialista en constructivismo ruso que arribaba al campus en motocicleta. Había escrito acerca del diseño de los vestidos y las envolturas de galletas soviéticos. Yo quería ser como ella.

Una vez en que fumaba antes de clase la vi llegar enfundada en una chamarra de cuero, un vestido con motivos florales y botas negras hasta la rodilla. Vi que se quitaba el casco y soltaba una cabellera lacia color chocolate que le llegaba a la cintura. Esta imagen se grabó en mi conciencia tan indeleblemente como un Tiziano o un Botticelli.

La cocina está cerrada, decía mi abuela mientras colgaba en el horno el trapo con el que secaba los trastes y pasaba su gran mano de cocinera por el interruptor para dejar apagada la luz durante la noche. Esto quería decir que ya no podías pedir nada de comer. El solo hecho de que pronunciara esa frase te hacía sentir un poco de hambre. Mi abuela tuvo cuatro hijos en cinco años. Cuando sus nietas se quedaban a dormir con ella, hacía gelatina en platos para *sundae* y la servía junto con una cucharada de Cool Whip. Yo comía la mía muy despacio para que me alcanzara durante todo el episodio de *The Golden Girls* o *Empty Nest*. Ella omitía el postre en ocasiones y su apetito la obligaba a reconsiderar después, así que nos ofrecía lo que tenía: un malvavisco congelado, el único manjar nocturno que se permitía en la locura de la dieta de los años ochenta. En la noche se veía cansada, con los tobillos levemente hinchados dentro de sus medias color carne.

Esclavitud de la cocina, servidumbre de la cocina: la perfecta utilidad de "cocina" como modificador, tan práctica como una cuchara de madera. En los primeros días de Al-Anon, las mujeres no hacían más que café y pastel para sus esposos. Un memorándum sin fecha de mediados del siglo pasado procedente de un grupo de AA en Akron describe al grupo de esposas como una "brigada de cocina de personas no alcohólicas" que tenían "permitido lavar los trastes, hacer café, organizar picnics y cosas por el estilo". (¡Permitido lavar los trastes!) Ser bienvenida en la organización hermana se consideraba un privilegio. Las esposas eran concebidas como parte integral del proceso de recuperación, pero eso no significaba que todos los hombres las quisieran en el programa. Algunos desconfiaban, en la creencia de que hablaban de ellos a sus espaldas, lo que podría ser cierto. Al principio, escribe Lois Wilson, cofundadora de Al-Anon, "algunos de esos grupos eran lo que llamamos grupos de 'café y galletas', o auxiliares de AA. Las esposas hacían lo que por naturaleza les correspondía: preparar el café y servir el pastel. Si los AA tenían una sede, el grupo de mujeres colgaba las cortinas y cosas del mismo tenor. Cualquier forma de desarrollo espiritual era un asunto secundario". Como ha señalado la historiadora Lori Rotskoff, la bibliografía de AA ha caracterizado desde siempre las contribuciones de Lois Wilson y Anne Smith, fundadoras de Al-Anon, "en términos domésticos, atentas únicamente al aliento tras bastidores y la generosa hospitalidad que ellas mostraban por los alcohólicos con quienes convivían". Pese a que la labor de restaurar el equilibrio en casa, de alcanzar la "sobriedad emocional" como se le llamaba, debía ser compartida por el alcohólico en recuperación con su esposa, no era común que el desarrollo espiritual de las mujeres participantes en el programa estuviera presente fuera del contexto del matrimonio o de las labores domésticas y emocionales.

Capítulo catorce

El mito del amor que compré era humano, falible, un invento moderno. Yo no veía eso. Para mí, el amor existía fuera del tiempo, el espacio y las cuentas bancarias. Creía en la idea de dos almas solitarias que se buscan una a otra hasta completarse. Y después no son precisamente felices para siempre; de hecho, ¿un poco de confusión no era acaso la marca del amor verdadero? Más bien, viven desesperados para siempre.

Lucia oscilaba aún entre la intoxicación y la salud, un buen y un mal estado, y yo no sentía debidamente correspondido mi amor por ella, lo que me hundía en el desconsuelo. En 2003 estaba de vuelta en rehabilitación. "Dulce Lucia", le escribí en febrero en una hoja membretada de la compañía donde trabajaba, "hoy es día de san Valentín y hace frío, así que me pregunto por qué las Aron jamás hemos tenido abrigos que nos calienten bien". Con el tono de un amante más que de una hermana, añadí que nos había asustado con la conducta que la hizo regresar al tratamiento, la cual escapa ahora a mi memoria. "Me siento afortunada de que estés viva y te extraño mucho. Tengo la cabeza revuelta en este momento, al final de esta larga semana de trabajo (ya me parezco a papá), pero sólo quería saludarte y decirte que (todavía, siempre) te quiero, te acepto, pienso constantemente en ti y sé en mi corazón que sanarás. Sé que si deseamos reparar nuestra relación tenemos mucho trabajo por delante, y estoy dispuesta a hacerlo si tú también lo estás. Te quiero de vuelta. Deseo que quieras regresar, por ti, no por nosotros." Le avisé que iría a visitarla el fin de semana siguiente: "Quiero ver tu rostro y tomar tu mano, así sea sólo por un par de horas".

Dos años después me mudé a Cambridge para cursar una maestría en Harvard. Un mes de octubre, bajo la anaranjada luz de un bar, tropecé con un espíritu solitario que, como yo, bebía solo —un chico hermoso y larguirucho de cabello rojizo que resplandecía por efecto del licor— y pensé que era el elegido, que por fin yo estaba completa. Ambos sosteníamos entonces otra relación; de hecho, su novia se reuniría con él en cualquier momento. Pero a veces no puedes hacer nada, ¿cierto? Un amor más grande aparece de pronto, como la torre en el tablero de ajedrez, y derriba lo que estaba ahí antes. Juego limpio, etcétera. Me dijo que me había visto andar en bicicleta en el campus y que me había buscado desde entonces. Hablábamos y reíamos cuando su novia llegó. Ella sustrajo más tarde su teléfono y borró mi número, así que él tuvo que buscar a todas las Ninas en el directorio de la universidad para hallarme de nuevo. ¡Cómo me fascina una historia que comienza de este modo, siempre que yo sea la parte buscada!

Derivamos en un amor temprano sencillamente arrobador. Él llegó una noche y nunca se fue. En el invierno bebíamos whisky a pico de botella en mi acogedor departamento en un tercer piso. Luego de tardes aturdidas en cálidas salas de seminarios, yo pasaba al mercado y caminaba felizmente hasta casa bajo el frío, con las manos manchadas de rojo por el peso de las bolsas. Cocinaba animadamente, con entusiasmo. Cenábamos, conversábamos, reíamos y nos besábamos, con frases inconclusas y carne entre los dientes. Una noche de diciembre, bajo una nieve ligera, caminamos hasta un patio de juegos, sacudimos los columpios con nuestro peso y competimos para ver quién llegaba más alto, aullando en la penumbra violácea, y más tarde nos tendimos junto al calefactor y frotamos frenéticamente nuestros pies para calentarnos. Él besó bajo las sábanas todo mi cuerpo y se detuvo en el costado izquierdo, la franja que va de la base del seno al hueso de la cadera, de una agudeza letal. *Este sector es mi favorito*, dijo, y derramó sobre mi piel un aliento tibio. *¿Qué sector es ése?*, reí. Empezando por mi cabeza, se puso a contar todas las zonas de mi cuerpo, distritos de piel que marcaba muy despacio con la boca. *Éste es el sector dieciséis*, dijo cuando llegó al costado izquierdo. En un bar con amigos la semana siguiente, fui a la cabina fotográfica y me levanté la blusa mientras la cámara tomaba cuatro fotografías. En casa, pegué una de ellas en la tarjeta de Navidad que hice para él. *"Felices fiestas de parte del sector dieciséis"*, le escribí.

    Quiero tener un bebé, le había dicho en el primer par de semanas tras nuestro encuentro. *Debes saber que muero de ganas de tener un bebé, pronto. Adoro a los bebés*. Aquel muchacho de veintitrés años fijó su mirada en mí, sonrió con aplomo y emitió una exhalación temeraria y regular. *Tengamos entonces un bebé*, dijo.

    Éramos jóvenes. Poseíamos un perrito. Íbamos de un lado a otro del país mientras el cachorro pisoteaba nuestro regazo y dormía la siesta encima de una pila de sudaderas. Cuando miraba a mi novio, con el aterciopelado cuerpo del perrito sobre él y en el tramo abierto de las autopistas estadunidenses, me sentía ebria de amor.

parte 3

Capítulo quince

Cruzamos el país por la autopista I-40 a fin de que hiciéramos una primera escala en Oklahoma y visitáramos a la familia de mi novio y una segunda en Arizona, donde Rachel vivía con el suyo en una laberíntica casa en compañía de Tank, su rottweiler. Aquí oíamos pecaríes y coyotes durante la noche. La semana que pasamos con ellos la dedicamos a caminar, comer, beber y jugar cartas, y después proseguimos nuestro camino. Tengo un vívido recuerdo del día en que, en dirección al oeste, cruzamos a oscuras la frontera de Arizona mientras hablábamos del amor: de cómo era el suyo y cómo queríamos que fuera el nuestro. Esta primera parte de la relación me sentaba de maravilla, gracias a su optimista y casi presuntuosa actitud de hacer planes y el perfeccionamiento de una visión compartida del amor carente de las trabas de la realidad.

En California nos instalamos en un muy fresco departamento en el sur de Berkeley con una sala de color lapislázuli, un comedor rojo carmín e higos y manzanas en el patio. Mi novio consiguió un buen empleo y yo iba y venía de la unidad de posgrado y leía libros de teoría antropológica junto a la chimenea. Tuvimos un aborto espontáneo. La paleta de nuestro amor se volvió más otoñal, afable y tempestuosa al mismo tiempo. Nos comprometimos en matrimonio y unas semanas antes de la boda descubrimos que estaba embarazada otra vez. Mis hermanas intentaron subir entre risas el cierre de mi vestido de novia prestado, porque apenas unas semanas antes mi cuerpo había sido tan delgado como un riel pero ahora se hinchaba rápidamente por efecto de la división y multiplicación de células de la nueva vida. En la primavera que siguió a nuestra boda di a luz, bajo el resplandor de la sala de nuestra casa, con un disco de The Cure como música de fondo. Luego de dos noches y un día de roncos berridos bovinos abrí los ojos tras un último pujido extenuante y vi a un extraterrestre recién llegado a la Tierra, una criatura casi risiblemente parecida a su padre, nada más que en miniatura, y que ya ofrecía un aspecto sabio y sereno, con ojos del tamaño de cucharitas de té.

¿Qué nos pasó?

Quise creer que nuestro amor sería capaz de trascender los usuales tópicos maritales, que no duraría como las débiles brasas sino como la llama envolvente que había sido desde el inicio. Podría decirse que uno de los propósitos de que escriba este libro es el de revelar qué le sucedió a mi matrimonio, pero no lo he descubierto aún. ¿O es que se disolvió antes de que nos diéramos cuenta?

Para comenzar, no podía con mi tristeza. Cuando nos conocimos, tenía apenas un año de haber salido de mi primer periodo de depresión extrema, durante el cual, postrada en cama, me quité uno por uno todos los vellos de las piernas al tiempo que veía la copa mundial de futbol y lloraba. En plena maestría, tenía proyectado hacer un viaje de investigación a Ucrania, pero descubrí que no podía moverme. Lucia intervino entonces, para decirme que no tenía nada de malo que me tomara un descanso, dejara de ser una buena estudiante y cancelara mis planes, y a continuación me ayudó a hacerlo. Trajo a Anya y un par de botellas de vino y yo aguardé en callada gratitud mientras la energía de mis hermanas hacía irradiar el departamento y ellas llamaban a la línea aérea, la institución que financiaba mi beca y una terapeuta. Se me diagnosticó depresión: trastorno depresivo grave y trastorno depresivo persistente, o distimia. *¿Esto quiere decir que estoy un poco deprimida todo el tiempo y muy deprimida a veces?*, le pregunté a la terapeuta. *Así es*, contestó, con una mirada de reojo y labios aplanados como si dijera: "¿Es necesario que lo hagas parecer tan deprimente?".

Aunque ahora estaba bajo tratamiento, una ascendente marea de sangre oscura me hizo descubrir que las medicinas no bastaban. Pese a que ya había iniciado mi doctorado, operaba a distancia de mis muy inteligentes y competitivos compañeros, quienes se llamaban *colegas* unos a otros, como si ya fuéramos importantes. Mi esposo se abría paso en su carrera y eso le consumía mucho tiempo. Ni siquiera fue capaz de acompañarme en el dolor del aborto, herida que curamos de prisa con nuestro compromiso matrimonial y el bebé. No se percató de que, luego del nacimiento de nuestro hijo, la marea de la depresión posparto y la incertidumbre existencial me habían llevado demasiado lejos. O sencillamente no sabía qué hacer, igual que yo. ¿No éramos en esencia unos niños? ¿Cómo habíamos dado por supuesto que sabíamos algo?

Nuestro hijo era un bebé todavía cuando mi esposo decidió convertirse en marinero de fin de semana. Hasta entonces se había marchado a menudo una o dos noches a la semana en breves viajes de negocios a Nuevo México o Nevada. Ahora se iba los sábados por periodos más largos, a recorrer la bahía en el yate de su acaudalado jefe. ¿Cuándo estaría de regreso? *Depende del viento*, contestaba, frase que hoy resuena en mis oídos con una grandiosidad épica. ¿Por qué no le decía que se quedara? ¿Porque había trabajado la semana entera? ¿Porque ganaba casi todo el dinero y se lo "merecía"? ¿Porque yo quería que fuera feliz? ¿Porque desconocía la palabra *no*? ¿Cuál era la causa de que no pudiera ser una de esas esposas insidiosas que dicen: *¿En serio? ¡De ninguna manera, jovencito!?* De las que dicen: *Ya habíamos quedado en que iríamos de compras el sábado, revisa tu agenda*. E incluso de las que dicen: *No puedo pasar sola todo el día*. Siempre me he preguntado qué se sentiría decir eso. Pero pertenecía a una especie conyugal totalmente distinta, de las que le dicen a su esposo que se vaya, que no pasa nada y luego lloran porque se sienten solas. De las que quieren que él adivine sus sentimientos porque no pueden rebajarse a la vulgaridad de tener que expresarlos.

Las lágrimas que derramé esos primeros años fueron una cantidad como de cuento de hadas. ¿Llenarían un vaso graduado, un envase de un galón, una olla? Yo era Rapunzel o una bruja con melena de algas marinas, todo dependía del día, la lluvia, mi ánimo, mis medicinas, mi leche... He dicho que estaba a merced de la marea, lo cual implica indefensión, y así me sentía. Creaba el mismo caos en que vivía pero no era capaz de entender eso. Y aunque en ocasiones lo entendía, sentía que no podía hacer nada para remediarlo.

En aquel entonces todas mis metáforas eran marinas, de naufragios y tonos azules. Imaginaba fetos que ondulaban como peces en el oscuro océano que era yo cuando me asomaba mareada desde la proa. Yo era ilimitada, mi matrimonio acuoso. En un apunte en mi diario durante mi segundo embarazo se lee: "Comparto mi cuerpo con un ser movedizo y flotante cuya espalda siento a veces en mi mano. Esta presión contra mis paredes me incomoda. Tomo aire para que haya más lugar que compartir". También escribí que este segundo bebé con ojos como platos era un trasatlántico que evolucionaba solo, una ballena diminuta. Escribí sobre mi pánico, mi temor, mi autorreprobación, mi ofuscamiento. Anoté: "Quiero estar en tierra firme aun si tengo que remar así, con una desesperación humillante". Un día llegué a Urgencias y expliqué con suma tranquilidad que temía hacerme daño. La recepcionista vio mi vientre y me reservó sin demora una cita.

En una fotografía de esa época, mi esposo aparece en un yate sobre la negra superficie del agua, tomado del mástil, y luce esbelto, imponente, bien parecido y solo, literalmente a la deriva.

"Quiero NADAR", escribí. "Quiero sentir la calma densa y perfecta del agua bajo el horizonte y que este gran vientre (este gran cuerpo) FLOTE. Quiero flotar quiero flotar quiero flotar." ¡Me estaba ahogando, carajo!

El amor ardiente, juvenil y despreocupado que compartía con mi esposo cambió a causa del matrimonio, los bebés y el diario embotamiento de la edad adulta, fuerzas que yo creía que trabajaban en nuestra relación como lo hace un par de manos sobre una pieza de alfarería que gira en el torno, con una presión delicada. Cada día nos limitaba un escollo nuevo. Aunque apenas llevábamos juntos un par de años, la vida cotidiana era una lucha constante. Los hilos de las dificultades se trenzaban. ¡A saber si había entre ellos correlación, causalidad o ambas cosas! 1. Me sentía deprimida y angustiada. 2. Bebíamos demasiado. 3. Por un motivo u otro, el bebé no dormía toda la noche. Me levantaba a atenderlo a las doce, a la una, a las tres e iniciaba mi día a las cinco y cuarto, momento para el cual ya lo tenía acurrucado en el pecho y veía que el perro hiciera pipí en el patio. *¡Enséñenlo a dormir!*, nos decía la gente, como si no lo hubiéramos intentado aún. A las seis ya había comido su cereal, visto un episodio de *Plaza Sésamo* y ocupado su ExerSaucer, auténtico centro de mando de juguetes inútiles cuyo recipiente de plástico golpeaba a la vez que con sus bellos ojos azul turquesa buscaba en los míos sus indicaciones para las actividades y el trajín de la jornada. Amanecía apenas cuando yo iba ya en mi tercera taza de café y en mi cabeza, que no cesaba de martillear, las cuencas de mis ojos semejaban un par de fosas resecas y granulosas. El despertador levantaba a mi esposo a las seis y media; lo primero que él hacía era ponerse un abrigo de forro andrajoso y salir a fumar al pórtico, desde donde miraba con desdén otra mañana húmeda y hostil. Tan pronto como nos daba un beso de despedida, encendía el motor y se iba a trabajar, yo me llenaba de miedo e incertidumbre, como si estuviese sola en un elevador en caída libre. Descubrir que le temía a lo que me esperaba me hacía sentir vergüenza y temor de mí. *¡Looooca!* Cerraba la puerta con llave, respiraba hondo y volteaba hacia mi hijo. *Solos tú y yo, bebé*, le decía, y él zapateaba en respuesta.

Ansié ser madre desde que tenía doce años y auxiliaba a las mamás, o quizá desde antes, cuando bautizaba y cuidaba a un sinfín de muñecas y les hacía trajes de algodón con las piernas de trapo de las Cabbage Patch. En la universidad trabajé de niñera y me contentaba con el amor simple y apasionado que les tenía a esos chicos, la forma en que la complejidad se esfumaba cuando lo único que debía hacer era rebanar un melón y decirles que sus dibujos estaban preciosos.

Temí caer en la depresión posparto en la que no sientes nada por tu bebé o, peor aún, le tomas mala voluntad, pero no la tuve. En esos primeros y brumosos días estaba perdidamente enamorada de mi hijo. Este amor había llegado junto con él y desde el comienzo fue indiscutible, un hecho rotundo como que el cielo era azul. En muchos sentidos, el amor que le tenía era mejor que cualquier otro que hubiera sentido hasta entonces. Danzaba con él por la casa como si estuviéramos en un baile victoriano. Cuando inhalaba, respiraba su dulce aliento a leche. Aun así, estaba triste, tal vez más que antes. Pensaba que *el amor por mi hijo debía ser total, neutralizar la tristeza y otros sentimientos.* Que no lo hiciera —que de igual modo yo detestara mi cuerpo, temiera por mi carrera, me preocupara por la ausencia de un lenguaje común con mi marido— agravaba mi desolación. Estaba confundida, preocupada en el fondo de que hiciera algo mal. La vida había perdido su forma previamente reconocible. Nada te prepara para la falta de contornos de ese momento, que se extiende como una masa, te atrapa. Como escribió Rachel Cusk en *A Life's Work: On Becoming a Mother*, "el día que nos aguarda no tiene puntos de referencia, es como una planicie, una llanura imposible de atravesar".

Aun si ahora era menos condescendiente con mi esposo, jamás me mostraba impaciente con él. Esto habría parecido grosero, impropio de una dama, y lo escondía. Para mí, uno de sus mayores atractivos iniciales fue nuestro gran parecido. Él era un chico bueno que podía ser muy malo *en ocasiones* y dejarse tentar por la perversidad —el alcohol, las drogas y los reveses—, pese a lo cual nunca descuidaba sus responsabilidades. Sin importar lo que pasara la noche anterior, cada mañana llegaba bien peinado y afeitado a la oficina. Yo había perfeccionado este malabarismo desde la preparatoria, cuando hacía de comparsa de Lucia, la auténtica chica mala cuyos pasos en falso eran a veces de dar pena. Todo lo suyo era espectacular y llamaba la atención, lo que la metía en innecesarios problemas con mis padres. ¿No sabía que bastaba con que no se diera a notar, obtuviera buenas calificaciones y fingiera estar bien para que consiguiera prácticamente cualquier cosa?

Aprendí a moderar mis impulsos sombríos, y buscar mi equilibrio entre dos mundos se volvió una manía, un secreto. Con todo, ahora había un bebé de por medio y ningún margen de maniobra. Cuidar de él no era algo que yo pudiera simular ni hacer de manera mecánica. No podía poner su vida en piloto automático.

¿Qué me diferencia de alguien capaz de llevar una vida así, retacarse de café y deslomarse hasta que sus hijos lleguen a la edad escolar y duerma mejor, o hasta que haya dinero para comprar una casa o tomar unas vacaciones en familia? ¿Qué me diferencia de alguien que permanece diez, veinte, cincuenta años en un matrimonio? Pienso en las mañanas en que me sentía fatal y me preguntaba si todo se reducía a mi mala actitud, a mi impaciencia. Si acaso era inmadura, no hacía el esfuerzo, no trabajaba en equipo. ¿O es que el avieso gusanito de la depresión, el alcohol y la falta de sueño era insalvable con cualquier actitud? La privación de sueño es una forma de tortura, como todo nuevo padre gusta de recordar a los demás. Cuando la gente pregunta qué sucedió con mi matrimonio, a veces contesto sin rodeos: *No dormí bien varios años y perdí la razón.* Ignoro por qué se siente bien dar esta respuesta, soltar la bomba de la inestabilidad mental, pero lo hace. Aun así, no acostumbro responder de esa manera. Si me interrogan, recurro más bien a una parodia alegre y comprimo años de angustia en un par de frases aceptables. *No sabíamos en la que nos metíamos*, contesto, como si alguien lo supiera, o *¡Nos llevamos mejor divorciados que casados!*, aunque no sea cierto, sólo el comentario que una divorciada razonable puede ofrecer. Siempre me sorprendió que las personas indagaran sobre mi divorcio. ¿Creían que lo deseaba? "Los divorcios y las separaciones son una forma de llamar la atención", escribió Elizabeth Hardwick en *Sleepless Nights*. Aunque aprecio las bromas que pronto derivan en sinceridad, es muy molesto sentarse en un patio de juegos y que alguien se entrometa en ese rincón íntimo. ¿Qué piensa que ocurrió, además? Ocurrió el matrimonio. Me dan ganas de preguntar: *¿Acaso no es más fácil dejar morir una relación que sostenerla?*

Claro que siempre estaba presente el contrapeso de la felicidad, de las risas y la calidez, de la música. Cada febrero pegábamos corazones en la ventana. La atracción circulaba libremente entre nosotros, ronroneaba sin falta como un gato saciado. Para confirmarlo estaban las maliciosas sonrisas que nos dirigíamos a la menor oportunidad. A mi parecer, era incuestionable que la maternidad había hecho de mí una persona mejor, pese a que me arrebató piezas básicas. Los días eran demasiado largos, pero algún tesoro momentáneo recompensaba mi paciencia. Los fines de semana tirábamos de la carriola hasta una cafetería o íbamos en coche al bosque y nos subíamos a una locomotora de vapor en la que mi hijo, cubierto con un abrigo idéntico al de su papá, resoplaba de placer y yo pensaba: *¡Mira nada más la madre en que me convertí!*

El bebé nos obsesionaba. El dúo que formamos al principio se volvió un triángulo. Nos hacía reír, sobre todo mientras aprendía a hablar y nos imitaba con ese brillo en los ojos que los niños exhiben cuando saben que les prestas atención. Evitábamos las malas palabras, acortábamos la frase "¿Qué coño...?" en "¿Qué c?", que el niño transformaría en "¿Qué caray...?", una pregunta retórica que pensé abarcaba maravillosamente los misterios encantadores y enloquecedores de estar vivo. Cada vez que la pronunciaba, su magnitud filosófica y accidental profundidad me conmovía. *¡¿Qué caray...?!*, pienso aún cuando estoy molesta o confundida.

Mi esposo era diestro y fuerte. Hasta entonces, en cuanto departamento renté rogaba al cielo que nada marchara mal y esquivaba todos los problemas que surgían; para él, en cambio, vivir en una casa se reducía a una serie de proyectos fáciles.

Poseía una resuelta combinación de buena suerte, aptitud y
seguridad que era casi enfadosa: horneaba pan, armaba grandes objetos, ahumaba carne once horas seguidas, se complacía
en los embrollados preparativos de excursiones y viajes en carretera. De pronto decidió probar suerte en el cultivo de marihuana y semanas más tarde la cochera ya estaba llena de
frondosas plantas, a una de las cuales le puso mi nombre y
bautizó las demás con los de mis amigas, escritos con marcador sobre cinta adhesiva en cada cubeta. *¡Claire está cada vez
más fuerte!*, decía después de que las revisaba. *Pero a la pobre
Miranda no le vendría mal algo de luz.* Las cosechábamos y po-
dábamos, y desechábamos la maleza en grandes botes de alba-
ñil, como los eficientes californianos que ya éramos.

Luego de trabar amistad con la pareja que vivía al lado,
nos enteramos de que la esposa era la chef de un famoso restaurante de Berkeley. Varias veces a la semana llevábamos a
su casa el monitor del bebé y nos desvelábamos entre risas,
cocteles de factura casera y cenas hechas con la abigarrada
exuberancia del área de la bahía, que conocí gracias a ella: pér-
simos y puntarelle, achicorias y muffins, carnes de res y pescado remojadas en espesos caldillos, de chermoula, salsa verde,
romesco elaborado con los más lozanos pimientos. Todavía
recreo en mi mente el tono de la luz de esa cocina, su olor a
tomillo fresco, el placer que me causaba hacer reír a mi esposo
mientras revolvía el bourbon en su copa, el brillo de sus dientes perfectos. "Que tengas lo que quieres y quieras lo que tienes", reza un brindis nupcial de añeja tradición en mi familia,
que desde niña interpreté como que tener lo que quieres es la
parte sencilla, porque querer lo que tienes se dificulta con el
tiempo y puede requerir varios trucos mentales simultáneos.
Yo quería en ese entonces lo que tenía: una familia hermosa, múltiples motivos de felicidad, el ritmo ascendente de una

vida diaria que no estaba expuesta al hambre ni a la pobreza. Y si bien me sentía lejos de mis raíces, razonaba que hacía algo nuevo.

A pesar de que esta relación fue la menos complicada que he tenido, no me di por satisfecha. "Nunca era suficiente lo que queríamos", dice *Twelve Steps and Twelve Traditions* (*Doce pasos y doce tradiciones*), libro de AA. ¿Una fuerza oscura me llamaba? Los codependientes estamos tan acostumbrados al caos que su ausencia nos pone nerviosos. Nos agrada tender a la crisis, y con el retorno de K llegó un conocido sonsonete —el temor— a cuyo ritmo empecé a mover el pie. Había sido educada como una trabajadora social del corazón; ¿necesitaba un caso más urgente del que ocuparme, una dosis de amor más puro?

Mi esposo poseía una mente matemática, eficiente y poco inclinada a las emociones. Administraba nuestro presupuesto con una hoja de cálculo que él mismo había elaborado. Antes de cada viaje en avión me apaciguaba con razones tomadas de la física y la ingeniería que explicaban que la nave *necesita* volar. Yo reía cuando aseguraba que el papel de los científicos es descascarar el muro de la verdad objetiva. *¡Pero si la noción de objetividad es un invento humano!*, le reclamaba. En lo referente a ciertas cuestiones filosóficas, teníamos que consentir que disentíamos. Aun así, su visión del mundo me impresionaba, parecía que le ahorrara tiempo y aflicciones, y esperaba que se me contagiara. En una de nuestras primeras navidades le regalé un volumen de cartas del médico Richard Feynman. "Para mi científico residente", le escribí.

Su racionalidad me hería en ocasiones. Antes de que nuestro hijo naciera, le sugerí que nos inscribiéramos en un curso para padres de seis sesiones en igual número de semanas, y en cada clase nocturna nos sentábamos junto con otras parejas en la alfombra de un centro de educación perinatal a oír a una comadrona que nos explicaba el milagro de la vida. Cuando llegó a los detalles puntuales de esa experiencia —un catálogo de horrores: los tapones provocados por el moco y el despliegue de sangre, la dilatación del perineo— yo me sentaba entre las piernas abiertas de mi esposo y me recargaba en su larga, cordial y envolvente figura al modo de una pareja en un filme. Sentía su latido en mi espalda y pensaba en el pulso del bebé, en que los tres nos ensamblábamos como una concha para escuchar el saludable y animado bombeo de nuestros corazones. Al final de la última clase no nos quedamos como los demás a intercambiar números telefónicos, fuimos los primeros en volver a la húmeda noche de Berkeley y caminamos media cuadra hasta nuestro automóvil bajo un grato y meditativo silencio.

¿Qué te pareció?, le pregunté mientras tiraba del cinturón de seguridad sobre el tenso torpedo de mi vientre.

¿Esta sesión o todo el curso?, inquirió.

Todo el curso, respondí.

Ah, dijo, ya un tanto ausente en lo que se apartaba de la acera y activaba la señal para dar vuelta. *¿Qué me pareció?*, repitió distraído. *Creo que el curso entero habría cabido en una diapositiva de PowerPoint.*

Nuestro hijo nació en la primavera, así que para el día de las madres tenía seis semanas, enroscado e inquieto en su afelpada ropa de colores suaves y con la apariencia ocasional de que estaba todavía en el útero. Me pregunté qué guiño a las convenciones domésticas haría mi esposo, con su ironía infalible, para conmemorar mi primer día de las madres: ¿un vale de regalo de un facial o una visita a la concurrida cafetería francesa de la Shattuck Avenue para saborear unos waffles empalagosos? No hizo nada especial.

¡Podrías haberme regalado una tarjeta!, le dije en tono burlón cuando vi que no me aguardaba ninguna sorpresa.

¡Perdón, mi amor! dijo. *¡Es increíble que no lo haya previsto!*

Ofrecía disculpas cuando pasaban cosas así y yo estaba segura de que no actuaba de mala fe. Más aún, me las ingeniaba para llenar los blancos que él dejaba: "¡Es muy joven, tiene buenas intenciones! Sabe que me repugna la vulgaridad de los días festivos". Pero llevaba la cuenta en mi corazón.

Al correr de los años he conocido —coleccionado— a otras madres que, como yo, toparon con los límites de su matrimonio, mujeres que ante circunstancias de aspecto estable se sintieron de pronto tristemente atrapadas en la paradoja conyugal de la soledad y la asfixia. Es frecuente que me haga amiga de mujeres así, que dediquemos nuestras primeras tazas de café a arrastrarnos desde detrás de versiones corregidas de nuestro caso, el divorcio de aparador que cada una describe como banal para quienes están casados aún. Compartimos el asombro por las parejas afortunadas (¿cómo lo lograron?) y también la vergüenza (¿por qué yo no pude hacerlo?) y hablamos del laborioso desmantelamiento, ladrillo a ladrillo, de nuestro edificio marital, lo que implica intercambiar mensajes de texto con el ex, salir con otras personas, criar a los hijos en dos hogares y enfrentar las desoladoras preguntas existenciales que los obligamos a formular con tanta anticipación y para las que sólo tenemos respuestas malas o titubeantes. Hablamos por igual de la sensación de liberación que experimentamos cuando ese territorio desconocido se abre ante nosotras, una enigmática autopista bajo un cielo estrellado que quién sabe adónde conduce. Como escribió Deborah Levy sobre su divorcio en su libro testimonial *The Cost of Living*, "la vida se diluye, hacemos hasta lo imposible para que conserve su coherencia y luego nos percatamos de que no queremos que lo haga". Esta aterradora y estimulante sensación es muy similar a la del principio de un romance. Quizá sea la forma como empezamos a descubrir en qué consiste el amor a uno mismo.

La vía de salida de un matrimonio es distinta en cada caso, pero para quienes se marchan cuando sus hijos son pequeños suele equivaler al descenso desde un avión accidentado en compañía de una nueva pareja por la que sienten un loco amor. Tengo una amiga casada que se volvió bailarina de un club desnudista en Portland y se enamoró de un cliente. No resistió la tentación del horario flexible, y desde luego de la posibilidad de ganar mucho dinero, aunque creo que tampoco a la idea seductora —y brillante novedad— de que ella pudiera ser lo contrario de una esposa, al menos por un tiempo. Un día me enseñó su cuenta de Instagram como bailarina, una sucesión de oscuras fotografías de su espalda arqueada, la curva de su cintura, la piel bajo su ombligo y su imponente trasero (producto del yoga) cubierto con una tanga negra. Muchas de esas imágenes ofrecían destellos de los incitantes zarcillos de su larga cabellera, pero en ninguna aparecía su cabeza o su rostro, así que ella no pasaba de ser una mujer insinuada, un rumor. Su libertad parecía especialmente embriagadora.

Aunque siempre cultivé la fervorosa creencia en un ideal romántico totalizador, una pareja que me complementara y con la que llevaría una vida eufórica y manejable al mismo tiempo, temía convertirme en esposa. Quería ser todo para alguien, pero sabía que en un matrimonio el deseo se evapora rápido. (¿Por qué? Del mío no se había evaporado, y aun así creí oportuno ausentarme antes de que eso sucediera.) La esposa es un tizón consumido por el fuego.

En mi juventud descubrí el poema "For My Lover, Re-
turning to His Wife", de Anne Sexton, e incluso escuché una
grabación en la que la autora lo leía con su carrasposa voz
de Nueva Inglaterra, con la que embarraba cada verso con
una resignación semejante a una capa de mantequilla en pan
caliente.

> Ella siempre ha estado ahí, cariño.
> Cierto, es exquisita.
> Fuegos artificiales a mitad de febrero,
> tan real como una olla de hierro forjado.

La amante se queja de que sea "momentánea", efímera. Esa olla
de hierro forjado quedó grabada en mí y retornó a mi mente
cuando desenvolví la mía en ocasión de mi boda. Su propósito
en el poema es evocar la solidez y confiabilidad del matrimonio. Dará cabida a un guiso tras otro, será un recipiente para
el sustento, lo mismo que la casa, en la que habrá una lámpara
encendida para el esposo que regresa tarde, y lo mismo que
la esposa, que portará y "aportará" a los hijos, la sustancia de la
familia. La autora añade que lo *real* de la esposa hace de ella
"algo que necesitas tener". Yo siempre he interpretado esta situación a la inversa, y sospecho que ésta es la razón de que haya
sido mejor amante que cónyuge. Por momentánea que una
amante pueda ser, ella es en verdad lo que necesitas tener,
¿no? Ella es la que anima, la que ocasiona el apremio que so-
brecoge a una persona, que le produce ansiedad. La esposa es
la comida sobrante en el refrigerador, y yo no podía soportar
eso. La esposa es mi madre, una bella, alegre y deslumbrante
mujer dotada del ágil ingenio de un zorro y capaz de hacer
igual ollas de sopa que bebés sin que esto le haya valido lo suficiente, porque de todos modos él le mintió, iba en busca de

mujeres y perseguía "almejas jóvenes fuera de temporada". En
el poema de Sexton, la amante le concede al esposo la libertad
de que regrese con su mujer: "Te devuelvo tu corazón, te doy
permiso", le dice, tal vez con la intención de que sintamos su
soledad. Ser momentánea es difícil, qué duda cabe, pero aun
ese gesto representa una señal de su poder, pues le permite
devolver un corazón con el desparpajo con que devolvería en
una tienda una prenda que no le quedó.

He aquí un fragmento de otro poema, "Wife", de Ada
Limón:

> Ama de casa
> verdulera, esposa mala, esposa buena, cuál es
> la palabra para llamar a quien mira largamente
> la mañana sin que sea capaz de hacer el té
> algunas veces, en que la tetera ruge
> como el silbato de un tren, quien llora
> en las mañanas, la que abre un agujero
> en la tierra y no puede dejar de sufrir
> la que querría amarte
> pero ni siquiera es buena para eso
> la que no desea valer menos
> por lo mucho que quiere ser tuya.

Yo no quería que me subestimaran, y por eso fui un fracaso
en el matrimonio. No soportaba la idea de ser para siempre
el objeto de una mirada fija, de cualquier cosa que no fuera
una mirada de veneración. Pensé que lograría convertirme en
Esposa, pero al final sentí que no había una palabra que me
nombrara, o que no quería que la hubiera. Fui a buscar respuestas y consuelo donde habita el dolor de las mujeres. Me
asomé a los libros de autoayuda y hallé respuestas fáciles y

limitadas; se han ideado mil maneras de decir *Quédate*. Escuché canciones, contemplé obras de arte, apreté el oído sobre la tierra que pisaron las madres más valientes de la antigüedad y ellas me dijeron *Corre*. Y corrí.

Capítulo dieciséis

No había hablado con K en un periodo de diez años cuando me encontró en Facebook e intentó halagarme con un extenso mensaje en el que aseguró que me había buscado desde tiempo atrás. Suponía que ya estaría casada para entonces con Ian Svenonius, el apuesto líder de The Nation of Ulysses, mi antigua banda preferida. ¿Había permanecido todo ese tiempo en la zona de la bahía de San Francisco? ¿Vivíamos a unos cuantos kilómetros uno de otro? ¡Era increíble! No quería causarme problemas, añadió —un sentir del que después iba a reírme—, pero si estaba dispuesta a tomar una taza de café, le encantaría verme. *Llevo un año sobrio y viviendo en Mamilandia*, escribió con su frescura característica, una burla casual de sí mismo destinada a disfrazar un autodesprecio abismal.

Mamilandia. Supongo que este juego de palabras me gustó tanto que decidí no detenerme en la información que transmitía: que él tenía treinta y nueve años y vivía con su madre. Mamilandia era Lafayette, un suburbio comercial a cuarenta minutos de la ciudad donde su madre tenía un negocio y un pequeño santuario de animales en una casa de dos niveles, con un perro, gatos, aves parlantes y un cerdo inmenso llamado Guido.

Tomamos café. No recuerdo en qué sitio. Se lo avisé a mi esposo y no sintió amenaza alguna, en todo caso desinterés. Mi leve depresión era una presencia palpable en nuestra vida y se manifestaba principalmente como tristeza, episodios de llanto durante los cuales me limpiaba los mocos con las mangas, me incorporaba, sorbía ruidosamente mi nariz y decía: *Estoy bien, sólo necesitaba poner en orden mis tonterías.* Y aunque la intensidad de esa tristeza era preocupante, no parecía destructiva. Éramos felices.

K y yo confluimos en una concurrida esquina frente a una farmacia cvs, y todavía llevo impresa en mi mente su amplia sonrisa cuando vio que me acercaba. Le correspondí con un gesto idéntico, un desliz con el que bajaba la guardia y revelaba una franca, divertida desnudez.

Elegí con mucho cuidado mi atuendo, para lo que pedí la opinión de Claire, mi mejor amiga en California, y de mi madre, quien vivía en ese tiempo en Berkeley y cargó a mi adormecido bebé mientras yo me probaba la mitad de mi ropa. No le mencioné lo de la sobriedad; era absurdo que complicara las cosas cuando aquél sería apenas un rápido café con un antiguo amor.

Aun cuando me bastaría con una camiseta y unos jeans, seleccionar la combinación indicada adquirió una importancia enorme.

¿Qué perseguimos?, me preguntó Claire una semana antes mientras bebíamos vino blanco en el comedor de mi casa. *¿Es una situación de "Mira lo que te perdiste" o "Querría que me quisieras pero no me puedes tener"?*

¿Son distintas?, inquirí.

¡Por supuesto!, su sentido de la moda era envidiablemente refinado. *"Mira lo que te perdiste" implica una apariencia recatada, como si dijeras: "Ya soy madre, dejaste pasar tu oportunidad, ¿cómo te atreves a mirarme así?" La segunda es provocativa, quizás un escote profundo* —rio—, *algo más sugerente.*

Ésta, reí también, *la segunda, ¡aunque nada que le haga suponer que voy a darle una nueva oportunidad! ¡Tengo un esposo, caramba! Y ese maldito rompió mi pequeño corazón adolescente.*

Nos decidimos por unos decolorados pantalones negros de su propiedad y una gastada y ligera blusa blanca que dejaba ver lo suficiente de mi brasier negro. En virtud del inclemente frío de Berkeley añadí una vieja chamarra de mezclilla y me envolví en la más costosa bufanda de Claire, de un pálido color durazno con bordados oscuros. Este encuentro sería la oportunidad de demostrarle a K de qué se había perdido, permitir que contemplara por una hora la agradable burbuja formal que era mi vida: un departamento estilo Craftsman rentado en una calle tranquila, un matrimonio con un hombre guapo y de estatura elevada que ocupaba un alto puesto, una camioneta de un negro lustroso y un hijo angelical. No tenía la intención de revelar ningún desperfecto en mi armadura.

Pese a que había varios recuerdos de él entre los cuales elegir —me hizo mucho daño, algo a lo que no había cesado de darle vueltas en mi cabeza desde que restableció el contacto—, el que más me motivó ese día fue el de sus últimas palabras cuando nos despedimos, más de una década atrás. *Algún día serás una mujer extraordinaria*, me dijo. Tenía entonces dieciocho años, y aun así —o debido a esto— su comentario me enfureció, con aquellos buenos deseos que ocultaban en realidad una condescendencia altanera. *Serás una mujer extraordinaria*, reí para mí. Había acertado, ¡claro!, y yo no lo supe esa vez. Pero ya no era una adolescente; ahora era una esposa, madre y estudiante de doctorado con muchos desamores reflejados en mi espejo retrovisor y el fresco recuerdo de un parto —esa incisiva y espectacular pérdida de la inocencia— como un amuleto en mi bolsillo. Era dura, sabia y más atractiva que en nuestro encuentro más reciente. *Atrévete a probarlo*, pensé.

Creí saber en lo que me metía. Llegué preparada para hacer lo que hacen las exparejas cuando vuelven a encontrarse después de mucho tiempo: mirarse con ojos radiantes, hablar incidentalmente de lo que fue, hacer un gesto juguetón respecto a lo que pudo haber sido y exagerar en sus alardes de lo que es. Recordaba el carisma de K, lo encantadores que podían ser sus miradas y sus chistes, pero jamás imaginé que sería capaz de abrir las puertas de la vida que yo me había forjado y adentrarse en ella. Nunca pensé que lo dejaría entrar de nuevo. No sentí que hubiera espacio para él.

Varios meses después de que reanudé mi "amistad" con K —casta y a plena luz del día, que no había llegado aún a la infidelidad, entre un millar de refrescos—, una tarde acosté a mi hijo para que tomara una siesta y saqué de la cochera las cajas con mis pertenencias personales: revistas, fotografías, casetes, mis diarios, viejos volantes de conciertos. Mi esposo las había rotulado. Se encargó de vaciar nuestro departamento mientras yo estaba en Nueva York, y en su apresurada letra creí adivinar la irritación que eso le había producido. NINA: BASURA DIVERSA, se leía en un grupo de cajas, con la inclinada caligrafía de escuela primaria que tantos adultos poseen. *¡Qué justificada fue la descarga de cólera que sentí! ¿Mis diarios son basura diversa? ¡Esto soy yo!*, pensé. *¡El ser que creí que querías pero al que no tienes el menor deseo de reconocer, que de repente no cabe en nuestro universo centrado en ti!* Sin embargo, la culpa y la responsabilidad no eran suyas. Yo había permitido que los objetos que alguna vez juzgué importantes, mi esencia, la prueba de mi creatividad, mi historia familiar, mi activismo y el mundo del punk rock que había dado sustento, se enmohecieran en nuestro frío y húmedo garaje. Literalmente.

Cuando mi esposo llegó a casa ese día, mi hijo veía las caricaturas y yo estaba sentada en el piso de la sala, en medio de una balsa salvavidas hecha de una pila inestable de cosas que me habían pertenecido en otro tiempo. Sin duda él intuyó que se avecinaban problemas. Destapó una cerveza y ordenó por teléfono comida preparada mientras yo llenaba un vaso de jugo con Bulleit Rye y me mantenía en comunión con mi adolescente interna, a fin de que pudiera recordar algo acerca de quién había sido yo, quién había querido ser. Tomé fotos de algunos de esos volantes y se las mandé a K, segura de que entendería. Mi corazón se llenó de añoranza. Me senté en el sofá, abrí las cajas de mi pasado y sentí que mi auténtico ser estaba ahí. El mismo que K había conocido y que, al parecer, sólo él tenía el poder de invocar, de hacer que volviera a la vida.

Un día fui a su departamento, al que se mudó cuando se puso otra vez en pie y dejó Mamilandia. Me senté en el suelo y eché un vistazo a sus discos, una colección muy inferior a la que antes tenía porque había vendido todo para drogarse en un sinnúmero de ocasiones. Se sentía como estar en su habitación muchos años atrás. Ahora, en la víspera de su cumpleaños número cuarenta, él vivía en la misma forma, un disco giraba en el tornamesa sobre el suelo, la puerta de su recámara se mantenía cerrada a las áreas comunes del apartamento en Richmond que compartía con un músico flacucho. Regresó de la cocina con una botella de agua y dos manzanas verdes, nos sentamos en la cama y las comimos. Agradecí esta distracción, la posibilidad de sostener algo y masticarlo. La acidez hizo que salivara y me doliera el fondo de la boca, más allá de los molares. Él se levantó un momento y cambió el disco, puso algo bajo y pesado que nunca antes había oído. Se sentó en la cama con las piernas cruzadas y yo pensé en la clásica rima infantil *Crisscross applesauce*, que alude justamente a esa posición.

Quiero mostrarte algo, dijo, *aunque temo que te disgustará.*

No, ¿por qué?, repuse.

¿Cómo lo sabes?, preguntó.

Bueno, aun así quiero verlo.

Sacó su cartera del bolsillo trasero, la abrió, extrajo un pequeño trozo de papel y me lo tendió. Era una copia a color de una foto mía de cabina cuando tenía dieciocho años, con un moño y lentes oscuros, en la que aparecía mordiendo la larga punta de una barra de caramelo. Pertenecía a una serie que Rachel y yo nos habíamos tomado cuando acabamos la preparatoria y gastamos todo nuestro dinero en una docena de muecas y gestos de desdén.

¡Vaya!, exclamé y recordé que se la había regalado.

La he llevado en mi cartera trece años, dijo, *a pesar de mis novias*, rio entre dientes y yo también. Quise ser esa chica fuera del tiempo. Que hubiera mujeres a las que él amara menos —mujeres que se enfurecerían si sabían que terminó con la chica de la foto— me dio la sensación eléctrica que siempre perseguía.

Bueno, yo todavía guardo en mi botiquín un frasco de tu ungüento, le dije. *A veces lo saco, lo huelo y pienso en ti.*

¿De veras?, preguntó.

Sí. Pero eso no es tan espeluznante.

De hecho podría serlo más. ¿La foto lo es?

No, respondí. *La foto es... ¡no puedo creer que la tengas! Es increíblemente romántico.*

Al final de ese día ya había besado a un hombre que no era mi esposo. Semanas más tarde tuve sexo con él. En las horas en que no podíamos vernos, no cesábamos de enviarnos mensajes de texto. No sé lo que hace el promedio de la gente, en la era de los mensajes de texto, para sobrevivir al periodo de limerencia, esa locura química del amor temprano. Cómo evitamos estrellar nuestros automóviles, topar con paredes o arrojarnos por la ventana. Recuerdo ciertas horas de baño o de la cena cuando mi esposo trabajaba hasta tarde y yo me distraía con el calor del teléfono en mi mano. El único problema era que no podía escribir tan rápido como quería, que no podía decir todo lo que deseaba decirle a K. Nuestro arriesgado amor también implicaba mucho tiempo muerto. ¿Cuántas horas de mi vida pasé a la espera de que contestara un mensaje? Entretanto, hacía algo de quehacer o aseo personal. Examinaba las puntas abiertas de mi cabello. Me miraba con absoluta concentración. A veces hacía demasiadas cosas y contestaba mensajes al tiempo que me vestía, abría un yogur o limpiaba a mi hijo. ¡Cada uno de mis movimientos incorporaba incalculables pausas! K interrumpía todo lo que hacía. Y si nuestros mensajes —que, decíamos en broma, eran leídos en alguna parte por un extasiado empleado de una compañía telefónica— se hubieran pegado en una banda continua, le habrían dado nueve vueltas al globo. Era tanto lo que teníamos que decirnos que me alucinaba, tal nuestra disposición a besarnos exhaustivamente a lo largo del día. Me recordaba las libretas que compartía con mis amigas en la secundaria y la preparatoria, en las que registrábamos todos nuestros anhelos y habladurías, nuestro burbujeante desbordamiento mental.

K y yo verificábamos nuestra realidad del mismo modo —la vida de cada cual y el gran sinsentido de nuestra relación—, mediante el intercambio de detalles. Estábamos construyendo nuestra narrativa y haciéndonos compañía. Pese a la sensación de compulsión que esto transmitía, significaba que yo revoloteaba todo el tiempo. Tenía que hacerlo. Cobraba nueva vida gracias a la insistencia de esta nueva relación, al sentido de que era irrefrenable.

Que hubiera introducido a otra persona en nuestra existencia no significaba que estuviera lista para abandonar a mi esposo. No lo estaba; lo quería. No deseaba dejar la vida de que disfrutaba, aunque cuando estaba con K esa vida desaparecía. Era como si nada de su contenido hubiera ocurrido nunca, como si no le hubiese jurado fidelidad a mi esposo. El tiempo se aplanó, nada más existía el ahora, una sucesión de ahoras, una urgencia a la vez insistente y relajante, o quizá relajante en su insistencia. Para aplacar a mi nuevo amante tenía que fingir que los sentimientos de mi marido no me importaban, y sin embargo la culpa me asediaba. Y pese a que todos los días lloraba de angustia y vergüenza, persistía en mi camino. Sentía pena por mi esposo, quien debía vivir la humillación y confusión de nuestro matrimonio en quiebra. También sentía pena por K, a quien le había jurado eterna devoción y quien estaba a la espera de ayudarme en la liberación de mi matrimonio. Y sobre todo sentía pena por mí, porque tenía que llevar una doble vida y asimilar el dolor de mi esposo, la confusión de mi hijo y el enfado de mi amante. No parecía justo; mi única intención era ser feliz. La vida todavía me asestaba reveses. Yo era una víctima del amor y me sentía doblemente castigada por mi renuencia a herir los sentimientos ajenos.

El divorcio de quienes buscan complacer a los demás no es una pesadilla porque sea dramático, sino porque apenas puede emprender el camino. Apenas es posible decidir si se trata de un hecho real, si debería serlo. Jamás sabía si hacía lo correcto, qué era lo correcto; si tenía derecho a la felicidad, derecho a incomodar a los demás, a causarles dolor y sufrimiento. Otro lugar común de la codependencia es que quienes la padecemos ignoramos qué sentimos. No sabemos cómo tener acceso a lo que la gente llama una *corazonada*. Como nuestros lazos más firmes se forjaron en el caos y el cuidado, no sabemos cómo tener acceso a esa verdad interior que nos guía en la vida, nos aleja del peligro y nos dirige al bienestar. Y aun si somos capaces de identificar un sentimiento, a menudo no podemos expresarlo. *Nunca, nunca, nunca, jamás digo lo que quiero decir*, explicó memorablemente un chico en una reunión de Al-Anon. En cambio, perseguimos el resultado deseado por medio de la culpa, la manipulación o el control de los demás, o a través de la inacción.

¿Salvaba mi vida o la echaba a perder? Corría a cvs por pañales Huggies GoodNites y una botella de Smirnoff y me tomaba selfies en el estacionamiento, en busca de mí, bajo la oscuridad turbia e indefinida. Miraba la vergonzosa curva de mi nariz, que la cámara agrandaba siempre, a menos que en verdad fuera así de grande, y por igual mi boca, todavía voluptuosa, y mis dientes irregulares. Tomaba una foto tras otra, intentos dispersos de reclamar algo, buscar algo, hallar algo que decir sobre quién era y quién quería ser. Como toda mujer, como cualquier ser humano, quería que me vieran y conocieran, pero no me tranquilizaba ni me mantenía abierta lo suficiente para permitir que eso pasara. Empecé a sentir que eso no era posible en mi matrimonio casi suburbano y heteronormativo. Aun así, era improbable que K y yo reelaboráramos los roles de género tradicionales. ¿Iba a marcharme con la única finalidad de cuidarlo?

Mi esposo y K me odiaban de manera intermitente. Mis promesas e indecisión les irritaban. Decidieron reunirse. Para medirse entre sí, para hablar ¿o para que mi esposo pudiera pasar la estafeta? Ignoraba el motivo de que desearan verse e imaginarlos juntos me atemorizaba, pero en mi calidad de causante de las circunstancias no tenía derecho a objetar.

Acordaron encontrarse una noche de entre semana en una calle cerca del campus de Berkeley. Me quedé en casa con mi hijo. Permití que se durmiera en nuestra cama y extendí con dulzura una manta tejida sobre su cuerpo, sobre la pijama azul salpicada de extraterrestres y naves espaciales. También el perro se subió a la cama y, confinada por la pesada respiración de ambos, vi con desgano una película en mi laptop. ¿Cómo era posible que me concentrara si sabía que K y mi esposo estaban... qué? ¿Juntos en un coche? ¿Sentados en un bar vecino en el que intercambiaban impresiones? Le envié a Claire un mensaje de texto a las diez, y luego a las once y media.

¿aún sin noticias?, escribió a medianoche.

ninguna, contesté.

¿crees que se peleen?

creo que ya están borrachos

sí, completamente borrachos

acabo de imaginarlos cantando karaoke...

ja, eso es muy posible. ¿estás bien?

no sé cómo estoy, respondí.

Mi esposo llegó tropezando en la oscuridad y dejó caer ruidosamente sus llaves al tiempo que se metía al vestidor de nuestra estrecha recámara. *Hola*, le dije cuando desperté y recordé en mi cuerpo la insoportable ansiedad de hacía unas horas. *¿Estás bien?*, pregunté. Oí su voz pastosa antes de que hablara; la forma en que abrió la boca delató su borrachera. *Sí, yo estoy bien*, contestó, con un sarcástico énfasis de "Deberías ver cómo está el otro" en la palabra "yo".

¿K sigue vivo?, pregunté.

Sí, se quitó la camiseta y se acomodó junto a nuestro hijo para levantarlo con delicadeza y llevarlo a su cuna. *Pero está en la cárcel*, añadió en tanto elevaba ese lánguido cuerpo y atravesaba la habitación.

¿En serio?, me cubrí la cara con las manos.

Regresó y dijo entre risas: *Sí, es cierto.*

Las copas se les habían subido muy pronto y caminaron juntos mientras bebían más. Cuando hicieron una pausa para orinar, llegó la policía. Mi esposo lanzó un envase de cerveza contra la patrulla. El policía les pidió sus identificaciones y K, quien no se había presentado en el tribunal a propósito de una previa infracción de tránsito, fue detenido.

¿Lo subieron al asiento trasero de la patrulla y todo?, pregunté.

Sí, ¡vaya final para esta noche!, dijo. *Le prometí ir a sacarlo mañana. Fue culpa mía.*

¿De qué hablaron todo el tiempo?, insistí.

De todo, respondió. *De muchas cosas. De ti, obviamente. De que quizás ambos deberíamos dejarte.*

A la mañana siguiente se levantó y se vistió, sin que dejara de rezongar durante su inicial encuentro con la resaca. Oí la acostumbrada secuencia del tirón de la taza del inodoro, la apertura de la llave de la regadera y la preparación del café con que acometía cada mañana, y el sonido de su risa cuando su teléfono zumbó en la cocina y revisó el mensaje. Su carcajada retumbó en la inmovilidad matutina. Aún reía cuando entré, absorto en su respuesta a quien acababa de divertirlo.

¿Quién era?, pregunté.

K, contestó. *Supongo que ya le devolvieron su teléfono. Iré a recogerlo y lo llevaré al tren.*

¿Qué decía?, continué.

"Ponte algo bonito. Papá tuvo una larga noche", sonrió de nuevo, con la desquiciada, irreverente y reconocible sonrisa de quien ha caído bajo el encanto de K.

Capítulo diecisiete

Mi esposo y yo hicimos varios intentos más de salvar nuestro matrimonio. Fuimos a ver a un terapeuta de pareja que nos sentó a una mesita para que representáramos con muñecas nuestros traumas infantiles. Era imperativo que entendiéramos, dijo, que la sanación de nuestro matrimonio dependía de que nos reveláramos uno a otro las heridas de nuestra niñez. Después de la sesión, en la camioneta de mi esposo reímos con la constatación de que esa terapia había sido más traumática que lo que experimentamos de niños. *Nunca olvidaré esa muñeca de ojos desenfrenados*, dijo él. Buscamos otro terapeuta, y éste nos dijo que estábamos muy acostumbrados a tratar nuestra situación con humor negro y que debíamos tomarla en serio. *Esto es grave, chicos*, sentenció con el tono severo pero bondadoso de los orientadores. *Pasan ahora por algo muy difícil. ¿Quiere convencernos de que sigamos juntos por miedo?*, me dieron ganas de preguntarle. Teníamos por costumbre divertirnos, era lo que mejor hacíamos, pero incluso a nosotros nos sorprendía caer presa en ocasiones de una risa irreprimible mientras nuestro matrimonio se derrumbaba. Quizás el terapeuta había tenido razón al reprendernos y eso nos unió más —puede ser que ésta haya sido su intención—, porque nos hizo sentir unos niños que se meten juntos en dificultades. Cuando le describimos brevemente la biografía de cada cual, comentó que yo buscaba controlar la principal escena de la impotencia en mi juventud —la adicción de mi hermana a la heroína— mediante el recurso de enamorarme de un heroinómano al que esperaba rehabilitar, y mi esposo opinó que era probable que fuera cierto; yo consideré esa observación evidentemente absurda.

Dejé esas sesiones porque me sentí estigmatizada, patologizada. Le dije a mi marido que el terapeuta no me conocía lo suficiente para que hiciera esas afirmaciones. Pero sin duda yo quería eludir el subtexto de todo lo que él había dicho, lo cual era que una persona sana trataría de resucitar un amor profundo y verdadero que está en riesgo de perderse. Una codependiente como yo —una mártir manipuladora, una egoísta, una víctima herida, una obstinada olla a fuego lento de rencores retorcidos a punto de hacer ebullición— deja de lado ese amor en beneficio de uno nuevo. Y entonces considera *este* nuevo amor, esa nueva fuente externa de validación, y piensa: *Quizás éste me cure, me repare, me llene.* "Nuestro deseo de amor, nuestra ansia de amor, nuestro amar mismo se vuelven una adicción", escribió Robin Norwood en *Las mujeres que aman demasiado.*

Empecé a sentir que K arruinaba mi vida y prometí renunciar a él. Así lo hice, pasaron varias semanas durante las cuales no lo vi ni le mandé mensajes de texto, y entretanto reunía mis borradores en un solo documento y me decía que pronto le enviaría un correo con esas toscas páginas aforísticas, un resumen de mis preocupaciones y cada uno de mis pensamientos. Veía sus redes sociales y me preguntaba si acaso ciertos textos no serían mensajes en clave dirigidos a mí. Imaginaba que él imaginaba que los leía.

En medio de nuestra tentativa de ser una pareja normal, mi esposo y yo fuimos con nuestro hijo a visitar a unos amigos a Los Ángeles y en ese viaje me embaracé, sentí que sucedía. Busqué en Google: "¿Puedes sentir que te embarazas?" y hallé la misma respuesta que se da en internet a todas las inquietudes de salud de las mujeres: que aunque algunas dicen que lo sienten, lo más probable es que estén locas.

Yo no estaba loca. En ausencia de mi hijo, que había ingresado ya al jardín de niños, me apliqué un examen y obtuve de nuevo la fantasmal mancha rosada de un signo de más.

¡Hola, vida!

Primero sentí pánico, un persistente NO-NO-NO que se perseguía a sí mismo dentro de mi cuerpo, a la manera de una luz estroboscópica. Después me puse un suéter y salí a dar una vuelta por mi barrio, con el corazón acelerado y un tarareo como el que practico a menudo cuando subo a un avión. Es un sonido grave y casi imperceptible que me centra, me recuerda que estoy viva, que soy real, que estaré bien. El sol se ocultó radiante entre la celosía de las hojas y produjo patrones de luz y sombra en los cuadros de la acera, que pisé.

Eso no podía estar sucediendo en ese momento. Pero sucedía, ¡vaya que sucedía! ¿Era posible que el bebé fuera hijo de K? El calendario indicaba lo contrario, y el cáncer había dejado estéril a K. Pero ¿y si en realidad no lo era? ¿Si yo había olvidado algo? ¿Si tenía al bebé y resultaba que él —él, ella, una persona completa y chillona— era de K? Yo no sobreviviría a eso, a esa humillación. Tendría que acabar conmigo, al estilo de Ana Karenina. Tal vez debía hacer eso de cualquier forma. Pero no: estaba mi hijo.

Cuando pensé en él, en otro como él —¡Hermanos! fue un grito que estalló mi corazón—, hubo alegría. Nada amo más en el mundo que a los bebés. Su boca desdentada y sus pies que no cesan de patalear, su pronta calma de Buda, el extraño y complejo entramado de sus venas, finas como hilos, que incluso puedes ver dentro de su cabeza. Pensé en la cabeza de un bebé dormido sobre mi palma, que despertaba, que sus extraterrestres ojos perforaban hipnóticamente los míos y sentí un deseo tan grande de estar otra vez en esa díada que se me derritió el corazón. Sí: tendría un embarazo. Quizás el universo intervenía de este modo y tomaba una decisión por mí, me arrancaba del cuestionamiento perpetuo y me devolvía adonde debía estar, a un cuerpo no inundado de deseos egoístas y contradictorios, sino que era un mero recipiente dedicado al cuidado de otra persona, y que traería al mundo una vida inocente, sin riesgos ni incomodidades. Conservaría a mi bebé, lo conservaríamos. Después de todo, quizá yo era capaz de hacer el bien, de ser buena.

Me enteré de que K salía con otra porque ya habíamos "roto", frase que no significaba nada si se considera que yo estaba unida en matrimonio. Deseé que significara algo. Deseé ser capaz de darles a él, a mi esposo y a mi hijo todo lo que necesitaban, y que ellos pudieran amarme. *¿Cuánto me ama K si de todas formas ya anda con otra?*, pensé, una rubia menudita cuya presencia en línea investigué también de modo compulsivo, con el propósito de ver su ropa, su departamento, de comprender la naturaleza precisa de la atracción entre ambos, de alcanzar a ver al fondo la punta del zapato deportivo de él. Esto empezó en las redes sociales pero, como suele suceder, terminó en búsquedas afines en Google y otros ciberguetos, una liga a una liga a una liga a una liga y así sin fin aparente. Fui a dar a oscuros agujeros virtuales y vecindarios electrónicos ajenos, de amigos que eran amigos de los amigos de la amiga. Conglomerados, galaxias, todos los conocidos de ella, sus abundantes y alegres mundos en miniatura que estaban ahí para ser comprendidos y malinterpretados por igual. Pasaba miserablemente de una liga a otra y otra más, en las que descubría algo y nada. Ella era como el resto de nosotras. El resto de nosotras era como el resto de nosotras. No éramos nada: ¿qué éramos? Senos, piernas y muslos. Decenas de miles de millones de fotografías de la manicura de otras mujeres que viajaban por un cable de fibra óptica en el fondo del mar.

Mi embarazo me impulsó a renovar mi compromiso con mi matrimonio. Un día, en un estacionamiento de Target, mi esposo me dijo que se había acostado con una de mis mejores amigas. Me paralicé. Un par de meses antes me había confesado un acto de infidelidad en represalia, que dejé pasar como el vengativo error de un borracho, lo que según él era. Pensé que me lo merecía y me limité a asentir durante la conversación, lo acepté como un castigo indiscutible. Tenía que escarmentar.

Resentí como un golpe bajo que ahora hubiera sido con mi amiga. Él lo confirmó cuando se lo pregunté. El peso de esta información fue casi satisfactorio. Nunca antes alguien me había traicionado de esa manera. Dediqué mucho tiempo a hablar con esa amiga acerca de la primera infidelidad: cómo la sentí, lo que significó, sin sospechar siquiera que ella sería la siguiente. ¡Qué tonta y ridícula fui!

¿Al menos están enamorados? ¿Tienen la necesidad de estar juntos? Porque ésta es la única razón que entendería, le dije. *Debería entender.*

No, no. Estábamos muy, muy borrachos, contestó, como si esta explicación sirviera de algo.

Vi que le afligía decir todo eso. Aún recordaba la repugnancia que sentí cuando se enteró de K. Quizás había algo útil y productivo en que él sintiera eso también. ¿Las cosas se neutralizarían gracias a ello? ¿Nos habríamos pagado ojo por ojo? ¿Él aceptaría el hallazgo de que puedes amar profundamente a alguien y traicionarlo de todos modos, y esto lo movería a perdonarme al fin?

Siempre había imaginado que una revelación así estaría acompañada por unos nervios insoportables, que querría desollarme viva en un momento como ése, pero me sentí torpe y pesada en mi asiento. Inmóvil. No recuerdo lo que dije. Me maravilla que algunos de mis recuerdos se hayan borrado. Ese vacío es un acto de benevolencia evolutiva que asegura que haya cosas a las que nunca volveremos. Ésta es una de ellas. Intento recordar lo que se dijo y no encuentro nada. Recuerdo que, colgadas sin fuerza sobre mis rodillas, las manos me sudaban. Aunque todavía no había evidencias de ello, mi cintura se había agrandado al instante —había "reventado", como dicen absurdamente los libros de maternidad—, así que improvisé unos jeans de maternidad, mediante el recurso de no abotonarlos, pasar una liga por el ojal y enredarla en el botón. Mientras mi marido revelaba tembloroso los detalles que estaba dispuesto a confesar, pensé en el triángulo de piel sobre mi ropa interior, la sección de carne marcada por la liga, expuesta por el zíper abierto y que en poco tiempo se estiraría más para contener a esta pobre criatura, para nutrirla y que naciera sana —una niña con suerte— de padres imprudentes y degenerados que se iban a la cama con los amigos o amigas del otro. Pensé en la superficie intacta del cuerpo de mi amiga y me pregunté dónde se había entretenido él. Ése no era el cuerpo de una madre. No era como mi cuerpo, como el sector dieciséis, alguna vez terso y con un bronceado café con crema que ahora daba la impresión de haber soportado fuego de mortero.

Lo obvio en una situación así era beber —una zambullida larga y anestésica en una piscina de martinis semejaba ser el único remedio—, pero no pondría en peligro a mi bebé, mi pequeña huésped, con la que en ese momento experimenté un creciente sentido de confabulación. *Somos dos y él nada más uno, ese estúpido y maldito idiota*, pensé y me llevé una mano al vientre. La simbiosis entre nosotras era absoluta.

Tenía una necesidad tan apremiante de algo que me calmara que asistí a reuniones de AA y conseguí un padrino. En el grupo que me tocó abundaban las lesbianas de mediana edad, quienes me mostraron una bondad tan pura que lloraba cada vez que las veía. Asentían con sabiduría mientras hablaba. Me dijeron que ellas también habían pasado por eso. En *El libro grande* leí acerca de la reconstrucción de la familia tras la ocurrencia de desastres alcohólicos.

En ese periodo acudí por igual a grupos de Al-Anon. En uno de los pocos de calidad tropecé con la novia de K rodeada de admiradores. No me vio. Me sentí la niña en la cafetería de la escuela que no tiene dónde sentarse y no volví. Encontré otro grupo en Berkeley, más pequeño, tranquilo y adinerado, pero también ahí me sentí fuera de lugar, no sé por qué. ¿Creía que todos estaban más cuerdos que yo, no quería mejorar o ambas cosas?

Por lo menos ya no era la única mala en mi hogar. Probé la doble presunción de la sobriedad y el agravio reciente y descubrí que era un bebida extraordinaria. Me levanté exhausta pero llena de vigor.

El embarazo era una trampa y una maldición, pero también el regalo más grande. Una medida de protección que me mantendría descansada, bien alimentada y hasta cierto punto acompañada. "Aunque me siento sola, no lo estoy nunca; hago crecer a esta persona en forma de melón", escribí en mi diario. Acurrucado en mi cuerpo —su posesión, su isla—, mi hijo hablaba sin cesar del bebé que estaba en la panza de mamá, del nombre que le pondríamos, lo mucho que iba a quererlo y a jugar con él, lo *bueeeeno* que sería, susurraba, y de que ya no saltaría tanto encima de mamá porque ahí dentro estaba, señalaba con aire de conspiración y dando palmaditas sobre el globo que era yo, *un bebé chiquitito*.

Rachel se encontraba de visita cuando nos enteramos de que el bebé era una niña. Fue un día soleado. Nos acompañó a la cita médica en un deprimente edificio de un solo piso en Telegraph. En días así, con invitados en casa, mi esposo y yo hacíamos una tregua en nuestras hostilidades. Esa mañana tomamos café como si no pasara nada. Más tarde nos dimos la mano, y yo tomé las de Rachel, en la lóbrega sala de auscultación, y los tres lloramos cuando oímos el inverosímil y pequeño latido a medio galope, el zumbido intergaláctico del ultrasonido.

En otoño yo era ya una casa inexpugnable. En la tienda de artículos usados había adquirido envoltorios de algodón negro y una capa negra de lana, único atuendo en el que podía esconderme. Leí en internet que a las mujeres embarazadas se les secan los ojos, pero yo lloraba en los baños de los edificios de la universidad y entre las pilas de libros de la biblioteca. En KingPin Donuts, en Durant, compraba una rosca francesa del tamaño de mi antebrazo y lloraba en el coche mientras la comía. Me puse a tejer para la bebé un suéter color lavanda y lloraba al tiempo que hacía un derecho y un revés frente al televisor. Un día que sentí añoranza de Nueva York descubrí la receta de la sopa de col de Veselka y la comí a la mitad de la noche. Era salobre, con vetas de manteca de res, y sabía tan agridulce, tan judía, evocaba con tanta fidelidad el aroma de la bulliciosa casa de mi abuela en los días de fiesta, que eso también llevó lágrimas a mis ojos.

Un día antes del Año Nuevo judío, embutí mi ancho trasero en una sillita de plástico azul del jardín de niños de mi hijo, sumergí manzanas en la miel en procura de un dulce año nuevo y entoné canciones a la par que él se recargaba en mis rodillas, con igual orgullo que timidez y cubierto con unos pantalones de pana café y una corona de cartulina. *¡Ummm, qué rico! ¡Qué buen panadero eres!*, le dije mientras mordisqueaba el pétreo y salado trozo de jalá que él había hecho, y rodeó mi cuello con sus brazos. *¿Alguna vez hiciste jalá en tu escuela, mamá?*, preguntó. *Sí, pero no era tan rico como el tuyo*, lo besé en la cabeza.

Miré el salón a mi alrededor, cada centímetro tapiado con imágenes de dedos multicolores, las banderas de la nación de la infancia. Casi todos los niños iban acompañados de papá y mamá, y ese lujo me asombró, me pregunté por qué al parecer nadie tenía que trabajar en Berkeley, si las mamás habían presionado a los papás para que se presentaran o ellos lo habían hecho por voluntad propia. Me pregunté si a la gente le gustaba hacer cosas así y si yo debía hacerlas. Me pregunté por el estado del matrimonio de los demás, mi pasatiempo favorito, pues de noche miraba las ventanas iluminadas de personas desconocidas.

Era muy raro que mi esposo se materializara en eventos como éste. *¡Discúlpame con él y que se diviertan!*, me había texteado desde su oficina. No soportaba tener que enfrentar sola estas cosas, tener que aguantarlo todo —los nervios, el sudor, las sonrisas, los sentimientos de mi hijo y los míos propios—, pero tampoco le exigía que asistiera. ¿Su presencia habría logrado que me sintiera mejor? ¿Me habría convenido tener un esposo tan apocado como éstos, como el señor que había grabado los coros en su teléfono y rellenado con jugo de uva mi vaso de papel? Cada vez que sentimientos de crítica o cólera contra mi esposo se acumulaban en mi interior, los censuraba de inmediato, al modo en que la anoréxica castiga su piel con una banda elástica para que no sienta hambre. Lo mismo me sucedía con mis padres y mis hermanas. *¿Por qué no está aquí conmigo?*, pensaba, y me respondía al instante: *¡Tiene que trabajar! No es necesario que interrumpa sus actividades cuando yo puedo estar aquí. Tiene un trabajo de verdad, no asiste a una escuela de posgrado.*

La benigna informalidad de mi esposo me recordaba la de mi padre, en particular la manera en que yo lo justificaba. No era culpa suya. Después de todo, no me fallaba a propósito, simplemente nunca pensaba en mí.

Terminada la ceremonia hui a mi coche, temerosa de más pláticas insustanciales, y esquivé a las demás madres como si hubiera habido una alarma de bomba. *Mamá regresará por ti en un par de horas*, le dije a mi hijo. Aunque debía prepararme para mis exámenes orales, escribir largas reseñas bibliográficas que demostraran mi dominio de diversos campos de la antropología, circulé por toda Berkeley en busca de los estacionamientos más vacíos y me quedé en mi coche a escuchar música, leer y tomar algunas selfies en el asiento del conductor, las del peor tipo imaginable.

El embarazo de mi hijo había sido relatado por mi madre. Cruzamos juntas el país cuando yo tenía siete meses de ingravidez y ella me retrató recostada y risueña en una cama de hotel en Indiana. Cuando llegamos a California fuimos a pasear al perro a Albany Bulb, un relleno sanitario convertido en península, y sacó fotos en las que me veía inmensa, feliz y radiante con la correa del perro colgada al cuello y unos grandes lentes oscuros de ojos de pescado que compré en Target. En cambio, este embarazo sorpresa no fue documentado en absoluto. Nadie me quería entonces lo suficiente como para recogerlo en fotografías, pensaba. *¡Esta niña creerá que la trajo la cigüeña!*, le dije entre risas a mi esposo en vez de que le pidiera: *¿Me tomarías unas fotos, por favor?* Intenté remediar el asunto con mi nuevo iPhone y su app Hipstamatic, que me sobreexponía de un modo muy glamoroso, atenuaba mis ojeras y arrugas e hizo que mi cabello se viera obscenamente brillante. Una imagen totalmente falsa. Pero no había ángulo alguno que diera cabida a la amplitud de mi cuerpo, que reprodujese en una forma creíble la apacible alegría de ese mismo cuerpo sentado en ese mismo coche o sobre los mismos muebles tres años atrás.

Mi esposo y yo pasábamos del cariño y la cortesía a la franca hostilidad. Me preocupaba que el feto fuera como una esponja y absorbiera mi inquietud y confusión. ¿La tristeza se lleva en la sangre? ¿Mi embrollo emocional volvería esquizofrénica a mi hija? Quizá la deprimiría. ¿Cómo saludaría ella al mundo? Imaginé que emergía débilmente, ya suspicaz, y emitía un desganado *wah*.

En busca de nuevas aventuras, como si fuera un Kennedy, mi esposo compró una motocicleta. *Prométeme que nunca conducirás con un par de copas encima*, le dije, en un fallido intento de fijar límites. Las semanas pasaron, condujo borracho y sufrió un accidente. Aunque no se lastimó de gravedad, se asustó, o se demostró algo, una posibilidad. Decidió que dejaría de beber y abandonaría temporalmente la casa. En medio de más oscuridad y nuevas lluvias en Berkeley, se mudó con unas bolsas de lona a un departamento amueblado, y yo establecí mi nido en el nuestro. Evitaba a la gente y permanecía encerrada con mi hijo, mi vientre y el perro. Mi suegra venía a cuidar al niño para que mi esposo y yo reiniciáramos nuestra terapia; ahora que yo estaba sobria y llevaba en mi vientre a la primera nieta de una familia de puros hombres, me sentía otra vez digna de su amor. La cara de mi marido era repentinamente nueva después de una separación de varios días, y siempre que lo veía tenía que dedicar unos minutos a reorientarme. ¿Seguíamos juntos?, preguntó el terapeuta. ¿Él iba a volver? ¿Cómo protegeríamos mi sobriedad? *No lo sabemos*, contesté. Aun así, daba la impresión de que las cosas mejorarían. El parto inminente traería un cambio, al menos. Yo estaba cada vez más hinchada, no tardaría en estallar y esto arrasaría con algo a su paso.

Yo era entonces profesora asistente de un curso de introducción a los estudios sobre mujeres, un curso de investigación para estudiantes de licenciatura que atraía sobre todo a hombres de clase baja con cara de niños. Mis asesores de posgrado habían reaccionado sin aspavientos a la noticia de mi primer embarazo. Si bien no se alentaba la maternidad en coincidencia con un doctorado, ocurría ocasionalmente. Un bebé era un complemento aceptable y se entendía que una mujer ambiciosa prosiguiera sus estudios si así lo decidía. Muchos profesores tenían hijos únicos que merodeaban por la oficina en días de asueto escolar. No obstante, cuando años después aparecí con un segundo embarazo, se me vio con malos ojos. No fue necesario que nadie dijera nada; sabía qué pensaban, o creía saberlo: que debía haber esperado a la aprobación de mis exámenes, la ejecución de mi trabajo de campo o la puesta en marcha de mi tesis. A menos que tuvieras esposa, dos hijos estaban vedados. En términos académicos, yo estaba frita.

Ese diciembre me presenté a impartir mi disertación, en la que hablé apasionadamente de las sustanciales restricciones contra la igualdad de las mujeres y la construcción social del rol de la maternidad. No me pasó inadvertida la ironía de que enseñara acerca de esa lucha desde lo que sentía entonces como la cárcel de un cuerpo obscenamente embarazado. El último día del semestre tomé asiento en uno de los pupitres del aula para vigilar el examen, y apenas cupe en él.

Mi hija llegó con dos semanas de anticipación, y con tal cele-
ridad que la partera no pudo presentarse a tiempo. Cuando le
llamamos, estaba en una fiesta en Sebastopol, a hora y media
de camino, y tuvo que hablar a gritos para hacerse oír sobre el
alboroto.

*Dice que tal vez sea falsa alarma y que pruebes darte un
baño*, repitió con tiento mi esposo mientras se apartaba del
teléfono y transmitía el mensaje de la partera.

¡NO, nada de baño!, dije muy fuerte para que ella me escuchara. *¡No es eso!* La pausa entre una contracción y otra era ya
de unos cuantos minutos y yo hundía la cara en mi almohada
mientras circulaban con violencia por mi cuerpo. *Mátame, mátame, mátame*, pensaba, e imaginaba que mis vértebras eran
los rieles debajo de ese veloz vagón de sufrimiento. Las guías
hippies de parto que había leído instaban a las mujeres a concebir una contracción como una "descarga", una sensación
intensa en lugar de una oclusión o encogimiento. Pese a que
jamás conseguiría dominar una idea así, de momento fui capaz de invocar un vacío, la visión de una nada que cambiaba de
color, un espacio bidimensional que transitaba del rosa al durazno, el naranja y el rojo. El semestre había concluido dos
días antes. Por un instante pensé en la pila de trabajos finales
que debía calificar aún, pero entonces la mancha creciente del
dolor arribó de nuevo y me dejó sin pensamiento alguno. Incluso en su brutalidad, había algo grato en eso. Supongo que
si sientes que la vida se derrumba, este dolor extremo es, entre
otras cosas, un aplazamiento.

Mi madre había pensado participar en el parto; ésta era
la razón de su visita. Para aquellos días había presenciado el
nacimiento de mi hijo y de dos de los de Anya, y demostrado que era una asistente ideal: segura, sabia, tranquilizadora e intuitiva. La quería junto a mí, que sostuviera mi mano,

que acomodara sudorosos mechones de mi cabello detrás de
mi oreja, así que sentí un gran alivio cuando me avisó que
se quedaría varias semanas en torno a la fecha prevista para
que no se perdiera el acto principal. En cambio, Lucia me había dicho que, impresionada por mi decisión de dar a luz en
casa, saldría con gracia si "las cosas salían mal" y se alojaría en
un hotel cercano. *No lo soportaré*, me confesó, *¿no te importa?
Volveré una vez que la bebé haya nacido*. Le dije que la entendía muy bien, que no debía sentirse presionada a quedarse y
que de todas formas aún faltaban un par de semanas para el
gran día. Pero la fecha se adelantó y no había tiempo que perder. Lucia y mi madre habían llegado a California el día anterior y de pronto yo estaba en trabajo de parto, aullaba en mi
almohada, sentía la presión de la bebé como una sandía que
me aplastara y el impulso del suceso se intensificaba al grado
mismo de la urgencia. No había adónde más ir en ese departamento de cien metros cuadrados; era como si estuviéramos
atrapadas en un barco. Lucia entró a mi recámara con los ojos
muy abiertos.

Lo siento, dije en medio de un par de contracciones. Nos
miramos una a otra, atemorizadas. Su largo cabello teñido de
oscuro le llegaba por debajo de los hombros. Se parecía a mí.

¡¿De qué te disculpas?!, exclamó.

¡Dijiste que no querías estar aquí durante esta parte!, grité
avergonzada.

Sonrió y posó sus manos sobre mis hombros.

Bueno, encogió los hombros, *aquí estoy*. Reímos y nuestros ojos se humedecieron. *¿Necesitas algo?*, preguntó. *¿Pone-
mos a hervir agua?*

En el desconcierto de una nueva contracción, dejé de
verla bien, de distinguir los contornos de la habitación, pero
temí que perdería la oportunidad de agradecerle que hubiera

conservado la calma. *¡Gracias, Lu!*, farfullé mientras ella salía de la habitación y nos dejaba a mi esposo y a mí a cargo de nuestra desordenada escena de natividad, que parecía salida de otro siglo.

Todo terminó en un par de horas. Mi esposo recibió a mi hija en el bañito de nuestra casa rentada, justo en el caos de nuestro matrimonio en ruinas y al tiempo que el perro aullaba, el árbol de Navidad emitía un tenue fulgor y mi hijo de dos años dormía. Todo menos el terror, la esperanza y la abrasadora herida del parto se disipó mientras me apoyaba en el lavabo y entregaba a mi hija en manos de mi marido. Él me miró a los ojos, abrió sus manos gigantescas como si aguardara un balón de futbol americano y dijo: *Está bien, está bien*.

Nadie vio el reloj cuando nuestra hija llegó al mundo, alrededor de medianoche, así que nunca sabremos con exactitud qué día nació, una bella historia del génesis de una niña impredecible. Esa noche fuimos involuntariamente como los primeros colonos, lloramos, reímos, buscamos tijeras en la cocina con las cuales cortar el cordón. Nos sentimos delirantemente potenciados, libres y felices. Mi madre me llevó cereal a la cama y Lucia, impresionada por la escena, pasó un trapeador sobre las manchas de sangre en el suelo.

Cuando la partera llegó y pesó a nuestra hija en una báscula, de la que sobresalían las largas plantas de sus pies con el color rojo de la arcilla, ella tenía casi una hora de nacida. Pedí en mi mente que la sensación que tenía entonces perdurara, no sólo la serenidad tras el arribo a la línea de meta, sino también aquella comunión, el amor de mi familia. ¿De veras necesitaba algo más que esa alegría doméstica, con la vida que acababa de traer al mundo justo frente a mis ojos? ¡Qué arrogancia la mía que hubiera pensado que podía haber más! Aunque repetí varias versiones de esa plegaria —*Llévate mi egoísmo, mi oscuridad, enséñame a hacer esto, que esto sea suficiente*—, ignoraba a quién se la dirigía y qué pedía exactamente.

Al día siguiente llevé aparte a Lucia y le pregunté si me haría un favor. *El que quieras*, respondió. Le tendí en una hojita el número telefónico de K. *Dile que ya tuve a la bebé*, le pedí. *Que estoy bien*. Tomó la hoja sin chistar y asintió.

Capítulo dieciocho

"¡Destructor de almas, te saludo!", era la frase que dirigía a los cantineros la defensora de la moderación Carrie Nation. A principios del siglo XX, treinta y cinco años antes de la fundación de Alcohólicos Anónimos (AA), la severa Nation, de uno ochenta de estatura y ansiosa de alertar al país de la "terrible maldición del alcohol", adoptó la costumbre de presentarse cargando un hacha en la lustrosa barra de roble de las populares tabernas de Kansas. Para entonces ya había realizado marchas pacíficas y apelado con pasión a los legisladores para que contuvieran el alcoholismo ilegal en ese estado, con escasos efectos.

Nation conocía íntimamente los sinsabores del alcoholismo. Su primer esposo, el doctor Charles Gloyd, había padecido esa enfermedad. Gloyd combatió en el ejército de la Unión e impresionó a Nation por su intensidad y elocuencia y porque representaba un cambio radical de la cultura de su conservadora familia. Le escribió cartas vehementes en las que le refería la instantánea e innegable atracción que había sentido por ella. Anhelaba casarse, porque entonces "nuestro profundo y puro amor se desbordará de vida a vida y de corazón a corazón". Se unieron en 1867, pero su breve matrimonio fue una decepción amarga. Gloyd era insensible y retraído, y distaba de ser "el amante que yo esperaba", como ella escribiría más tarde en su autobiografía. Murió víctima de su alcoholismo en 1869, cuando su hijo aún no cumplía un año.

Carrie se casó entonces con David Nation, un periodista,

abogado y ministro casi veinte años mayor que ella. Además de administrar un hotel, asumió la jefatura de la sección de la Women's Christian Temperance Union (WCTU) en Medicine Lodge, Kansas, a partir de ese momento se valió de la oración para saber cómo ayudaría mejor a la causa. Para reforzar su labor en esa organización, cantaba himnos y tocaba un órgano portátil a la puerta de las cantinas. Pronto afirmaba que Dios le había pedido que fuera a la vecina ciudad de Kiowa y destruyera una taberna. En la década siguiente sufrió golpizas y arrestos y pasaría muchas horas en la cárcel. En compañía de sus seguidores, en su mayoría mujeres que adoptaron el nombre de Home Defenders Army, destruiría más de cien tabernas en todo el territorio de Kansas, lo que forzó al gobierno estatal a aplicar más rigurosamente las leyes contra la afición a la bebida. Nation bautizó como "hachazos" la destrucción de bares, porque el hacha era su arma principal, y asumió con orgullo una imagen pública temible. "¡Haré aullar al mismísimo infierno!", proclamó en una celda en Wichita.

Carrie era una versión muy radical del movimiento a favor de la sobriedad que se extendía por todo el país. La expresión de la intolerancia de las mujeres se había ceñido hasta entonces a las convenciones del cristianismo y la feminidad tradicional. También los hombres lamentaban los efectos del alcohol. Un panfleto de 1853 sobre el "Martha Washingtonianism", escrito por Lorenzo Dow Johnson, se iniciaba con una cita anónima acerca del duro golpe que ese vicio representaba para las mujeres: "El alcohol, enemigo de la humanidad, es la maldición diabólica de la esfera doméstica, el asesino de incontables millares de esposas y madres, el criminal que le ha robado a la mujer su belleza, sus comodidades, sus derechos, su salud, su hogar, su razón y su vida. Las lágrimas que la mujer ha derramado formarían un río; las quejas que ha pronunciado serían, reunidas y concentradas, más ruidosas que el terrorífico clamor de un terremoto".

Aun cuando la tristeza y el dolor eran aceptables, en la sociedad estadunidense había escaso margen para la expresión pública de la ira femenina. No obstante, es probable que en el eje del espíritu de la moderación hubiera una rabia que no se atrevía a decir su nombre, y Carrie Nation le dio voz. "Represento a la consternada, sufriente y amorosa maternidad del mundo", escribiría más tarde, "que, animada por una justa furia, se rebeló contra esa tortura". La tortura era vivir con un alcohólico, y esas líneas contienen la experiencia entera de las codependientes, impuesta a una mujer con pocos medios para huir. Distracción, sufrimiento y amor inútiles: éstos son los ingredientes de la furia. Yo pensé en los borradores de mis correos a K: el hirviente frenesí de ira que sentía cuando tecleaba *jódete jódete jódete jódete jódete*.

Nation fue blanco fácil de la burla porque, a diferencia de gran parte de sus contemporáneos, era incapaz de ajustar su ira a las expectativas de la feminidad tradicional. El mismo año en que ella dio su primer "hachazo", Edison Studios estrenó la breve comedia cinematográfica *Why Mr. Nation Wants a Divorce*. En ella, el personaje que interpreta al esposo de Nation debe cuidar la casa y a los hijos. Cuando Carrie vuelve al final de su jornada, lo encuentra relajándose con un trago, así que lo acuesta sobre sus rodillas y le propina unas buenas nalgadas. Muchos informes de la época, que incluían todo un género de ficción sobre la templanza, dramatizaban los daños provocados por el alcohol, pero este cortometraje invertía el argumento usual y proponía que la causa de la ruina de las familias no eran los bebedores sino las mujeres radicales a favor de la templanza. Este filme ilustra que, en palabras del documentalista Ken Burns, muchos consideraban a Nation "medio chiflada", "una figura divertida y hasta ridícula".

Nation adquirió la estatura de héroe popular. Hasta la fecha, en los bares hay letreros que dicen: ALL NATIONS WELCOME, EXCEPT CARRIE. Su esposo la abandonó a la postre, alegando abandono de hogar. Ella editó más tarde la publicación *The Smasher's Mail*, cuyas actividades financiaba con la venta de prendedores en forma de hachas.

A los hombres les era muy sencillo caracterizar como aguafiestas a las defensoras de la moderación: constituían una amenaza literal para las cantinas, donde ellos se divertían y les era posible mantener un límite entre su vida pública y privada, la cual sucedía en el hogar. Pese a su reputación, sin embargo, Nation era una mujer complicada. Y si vamos más allá de sus hachazos, podría acreditársele la invención del método que Al-Anon llamaría "amor exigente". En muchos sentidos, Carrie Nation fue una de las primeras representantes y propugnadoras del "amor exigente", un distanciamiento atento pero frío combinado con un aire de superioridad moral. Cuando se plantó afuera de una cantina en Topeka, instó a los hombres que se hallaban ahí: "¡Déjenme pasar, muchachos! Mamá quiere hablar con ustedes. [...] No estoy enojada. ¡No los odio, por más que traiga conmigo mi hacha!".

En la bibliografía de Al-Anon de décadas después, la exhortación a no reprender ni mostrar enojo se reformuló con el lenguaje de la impotencia. La cólera era inútil porque la admisión más elemental que se exige de las codependientes es la de su impotencia para cambiar al alcohólico con el que viven. El regaño era también un infructuoso intento de controlar lo que se les escapa de las manos. "Cada cual es responsable de sí y por sí", se lee en la introducción de *The Dilemma of the*

Alcoholic Marriage, libro publicado en 1967. Por el contrario, se ponía énfasis en la individualidad, la responsabilidad personal y el amor.

Capítulo diecinueve

En 1956, el psicoanalista germano-estadunidense Erich Fromm escribió *El arte de amar*, libro que partía de la idea de que la gente no cuestiona el tema del amor, de que "difícilmente alguien piensa que deba aprender algo sobre el amor". No quería decir que las personas no encontraran convincente el amor —reconocía que se arrojan a él como si fuera su salvación—, sino que no lo concebían como un área de estudio, algo en lo que se pudiera adquirir habilidades y mejorar. Fromm objetó la idea del enamoramiento y escribió que este "tipo de amor es perecedero por naturaleza. Dos personas acaban por conocerse bien, y su intimidad pierde sin falta su milagroso carácter hasta que su antagonismo, sus desilusiones, su mutuo aburrimiento aniquilan lo que resta de la emoción inicial. Sin embargo, al principio no saben nada de esto; de hecho, interpretan la intensidad de su encaprichamiento, de ese estar 'locos' el uno por el otro, como prueba de la intensidad de su amor, cuando lo único que demuestra es el grado de su precedente soledad".

¿El amor es una meritocracia? ¿Algunos destacan en él porque cultivan un talento especial, practican una serie de ejercicios y mejoran con el paso del tiempo? Fromm lo creía así. Propuso una teoría del amor según la cual éste es una habilidad que puede dominarse como cualquier otra y afirmó que "el amor es una acción, la práctica de una facultad humana, que sólo puede ejercerse en libertad y nunca como consecuencia de la compulsión. El amor es una actividad, no un afecto pasivo; es un 'estar continuado', no un 'súbito arranque'".

Algo similar me diría en cierta ocasión una terapeuta, uno en una larga retahíla de arteros arquetipos maternos ligeramente cargados de reproches que seleccioné en el curso de los años tras la separación de mi esposo, quizá para obligarme a ser buena de nuevo a fuerza de imponerme castigos. Esta particular madre/doctora, que se ponía (si no es que sujetaba entre sus dedos) perlas de verdad, me instó incesantemente a que abandonara las apasionantes proclamas de amor que estimaba tan románticas —¿qué era todo eso sino palabras?— y a que sopesara en cambio las acciones. Las mías y las de las personas a las que decía amar y que decían amarme. ¿Qué habían hecho por mí a últimas fechas?, me preguntó. *El amor es un verbo de acción*, dijo. Aunque parecía una frase sacada de los materiales mercadológicos de un seminario de fin de semana para salvar el matrimonio, la repetí como un mantra durante varios días para ver si me convencía de su veracidad y podía ayudarme.

Comprendía esta premisa básica: que un amor sano es inherente a la repetida ejecución de varios deberes. Pero cuando imaginaba el amor como un verbo de acción, lo único en que pensaba era en los cotidianos, constantes y reiterados movimientos de la maternidad. En el repetitivo carácter de todo eso, como un montaje cinematográfico: el tirón de la pegajosa lengüeta de los pañales, el rítmico e industrial apretón del extractor de leche. Éstas eran cosas que me agradaban aun si me agotaban y aburrían, porque las hacía en bien de la más alta forma de amor. Pensaba en las manos de mi madre cuando untaba de mantequilla innumerables rebanadas de pan tostado con canela, confeccionaba cientos de colas de caballo y peinaba miles de trenzas. Esto era sin duda un "estar en el amor", amar como acto. Pero ¿no era también "estar continuado" la versión más extrema de eso? En los momentos en que yo no realizaba mecánicamente las menudas tareas de la maternidad, ¿el radiante y palpitante amor que sentía no era justamente, en palabras de Fromm, un "afecto pasivo", que solía observar sin chistar al tiempo que se estrellaba contra mí? Ese amor me hacía sentir vencida, anexada.

Si esa terapeuta iba a recetarme una relación sana, yo sospechaba que me recomendaría una relación repleta de gestos espectaculares, no del todo imprácticos y oportunos. No las cosas de escala monumental que ves en las películas; en la vida real, ese grado de entrega inspira desconfianza. Ella querría que buscara una pareja capaz de llevarme de viaje sin que lo pensara dos veces, de hacerme un hermoso regalo en forma inesperada. Alguien que me diera sorpresas razonables, sorpresas *instagramables*. Pero en el centro del amor que esa madre/doctora quería que yo codiciara se hallaba un hombre contento con jugar un juego largo, sin dejarse intimidar por el compromiso o por lo rutinario, y que estaba dispuesto a embarcarse en la tediosa vida de *Groundhog Day* (*El día de la marmota*). Yo imaginaba a un hombre sano y de mirada bondadosa, un escultural modelo de catálogo con un lindo suéter y un rostro tenuemente cincelado con arrugas alrededor de los ojos, las marcas de toda una vida de apasionada cordialidad. Igual que mi esposo, sólo que más atento. Con una persona así yo debía formar patrones en la superficie de mis días y descubrir en el ínterin que un saludable amor romántico podía ser igual que el de un bebé. Éste era en esencia el mensaje que esa madre/doctora deseaba transmitirme. Esto involucraba también actividades y tareas que debían repetirse hasta que abrieran un surco en la vida diaria. Y el surco mismo era una forma de romance. El surco era devoción.

¿Qué había hecho alguien por mí que me hubiera hecho sentir verdaderamente amada?, me preguntó en el encuentro

siguiente. Pensé en la ocasión en que K, con una beatífica sonrisa poscoital, escribió I LOVE U con mi sangre menstrual sobre
la pared de su habitación, justo arriba de su cama, tras haber
sumergido largamente su dedo cordial en mí como una pluma
en un tintero mientras yo observaba, reía y abría los ojos como
tazas de té. ¿Ese gesto fue un hacer o un mero decir? ¿Fue un
verbo de acción? ¿Estaba vacío o era una promesa? Ver hacer
eso a K me hizo experimentar lo que siempre había entendido
que era el amor: algo callado, resonante, un poco malévolo,
un tanto rebelde. Una magia aberrante, especial y secreta cuya
imprevisión y descaro te trastornan. Con momentos así no
puedes abrir un surco en la vida diaria; son singulares y extraños por naturaleza. No le mencioné ese incidente a la terapeuta —rara vez le hablaba de sexo, y juzgaba trágico jugar a la
adolescente rebelde que escandaliza a un adulto—, pero pensé
en él todo el día, en lo maravillosamente abierta y en carne
viva que me había hecho sentir. En el asombro y temor que
me causó. Como siempre, en mi nuevo diario —un programa
de cómputo que compré para tal efecto— escribí un montón de
preguntas. ¿No era el amor un escondite? ¿No lo bordeaba la
oscuridad? ¿No era acaso un lugar de disonancia, y por tanto
de revelación? "¿El amor compatible con pagar las cuentas,
educar a los hijos, limpiar la cochera?", me pregunté incrédula. Pero pero pero. "¿No se supone que debe interponerse en
tu camino?"

Una de las primeras punzadas de curiosidad que sentí
por los hombres me ocurrió con Lord Licorice, el villano victoriano del juego de mesa Candy Land, quien subsiste en mi
memoria levemente inclinado y cubierto con un muy ajustado traje rojo oscuro mientras retuerce diabólicamente su bigote. Calculo que entonces tenía seis años y ya buscaba en
un siniestro personaje de caricatura mensajes subrepticios

de deseo. "Ten cuidado", decía su descripción en las instrucciones; "¡podría cerrarte el paso con su pegajoso y asqueroso regaliz!"

Lo que yo buscaba era un marco explicativo que volviera aceptable para mí ese aflictivo periodo de cambio constante. Esto me distraería de una explicación más simple, la de que yo era descaradamente egoísta; en medio de las penalidades y tensiones de la vida normal, perseguía algo nuevo y brillante. Arrancaba la página en la que estaba y empezaba otra vez. Quizá lo único que me faltaba era que me esforzara, hiciera la prueba, practicase el régimen de desarrollo de habilidades de Fromm y me ganara con el tiempo las insignias de una experta en el amor, una coronela del amor. Una tenienta del amor especialista en el arte de la vida cotidiana, en resistir la soledad, asumir el silencio y el tiempo, lavar y volver a lavar la olla de hierro forjado.

Capítulo veinte

El final de un matrimonio tiene un ímpetu que le es propio. Sucedía al mismo tiempo que debatíamos si debía ocurrir o no y que hacíamos ejercicios de franqueza, remordimiento y claridad. Recordé a mis padres cuando fumaban en el pórtico apartado mediante mamparas.

El espectacular arribo de nuestra hija fue nuestro apoteósico final, el último momento de colaboración intencionada, profunda y amorosa entre nosotros, acompañado de una explosión. Me recuperé pronto del parto —sentía culpa, no creía tener derecho a concesiones, se trataba nada más de una bebé, mi situación era llevadera— y procedimos a desmontar nuestra vida en común.

Por un par de meses alquilé un departamento en el sótano de una casa en el norte de Berkeley, a unas calles de la casa que había compartido con mi esposo. Pese a que no era un lugar agradable, era mi espacio, el primero donde me sentía en libertad de estar con K. Cuando él llamó a la puerta la noche de la mudanza, permanecimos tanto tiempo abrazados y sin decir palabra que pensé que había transcurrido una hora. Los niños estaban dormidos, él en la recámara extra y ella, tan pequeña que ni siquiera rodaba aún, sobre las tensas sábanas florales de mi cama, en el centro de un fuerte construido con los cojines del sillón. La puerta principal daba a la sala, salpicada de cajas y bolsas llenas de ropa. K olfateó mi cabello y me besó en la cabeza en tanto yo lloraba sobre su chamarra. *Lo único que quiero en este mundo es hacerte feliz,* dijo al cabo. Abrió su mochila y sacó una bolsa con dos pares de shorts y calcetas idénticos; supuse que había pasado por la American Apparel de Haight Street una vez que salió de trabajar. *Es nuestro uniforme*, dijo. *Póntelo y te espero en el sillón*. Fui al baño, me sequé los ojos, me soné la nariz en lo que orinaba, me vestí con el conjunto deportivo y cuando salí vi que él ya estaba en el sofá con el suyo puesto, apoyado en un codo al estilo de un modelo de cartel de los años setenta, y que fijaba en mí una mirada sugerente. Me acosté a su lado entre risas.

Te ves fabulosa con esas calcetas, Pimiento, sacudió la cabeza.

¡Gracias por este obsequio!, respondí riendo.

Bueno, ahora somos un equipo.

Tomé una foto de nuestras piernas enlazadas y cubiertas con los shorts y calcetas iguales y luego nos besamos y lloramos hasta que la bebé despertó.

El día siguiente fue aquél en que él tomó una sobredosis con su amigo Will y llegó a casa soñoliento, taciturno y con los electrodos adheridos al pecho. Aunque permanecí callada el par de horas que pasamos acostados con mi hija, más tarde rompí a llorar. No estallé en furia, no me quejé, me limité a pedir.

¡No hagas esto, cariño, por favor, no puedes hacerlo ahora!, le dije. *¡No te mueras en este momento! Te necesito, te necesitamos. Esta vida* —señalé las cajas por desempacar en la habitación— *comienza apenas y no quiero resolverlo todo sola.* Posó su enorme mano sobre mi cabeza y se llevó mis dedos a la boca para besarlos.

¡Perdóname!, dijo. *Te prometo que no me volveré a morir.*

También quería hacerlo feliz. Abandoné el doctorado, exhausta y derrotada. ¿Deserté siquiera? Nada más dejé de presentarme y a nadie le importó. Conseguí empleo como redactora e investigadora en una agencia de gestión de marcas en el centro de San Francisco, e iba a trabajar dentro de una nube. Y si bien volví a beber, ejercía autodominio y me medía, lo hacía sólo mientras los niños descansaban. Llegaba a casa con un vodka sabor vainilla y una lata grande de jugo de piña —de las que se usaban en la primaria a la hora del almuerzo y que deben abrirse con la punta triangular de un destapador—, disponía un vaso con hielo, llenaba tres cuartos con el vodka —que me había costado la ridícula suma de 9.99 dólares—, lo completaba con el jugo de piña, añadía en ocasiones una cereza al marrasquino (tomada de un frasco que duró tanto tiempo en la vinatería que sobre la tapa se había formado una fina película de polvo) y listo: ¡ahí estaba mi piña colada casera! Llegaba por igual con marihuana y sus sucedáneos: caramelos y gomitas —que podías masticar, succionar y chupar— a base de frutas y hierbas cuya aparición era reciente en esa época y que se conseguían con facilidad. Quería doparme en serio y hacerlo con K, pero ser también la chica relajada que se lo permitía, la enfermera que sacaba las paletas con fentanilo. Me negaba a ser como sus usuales novias yonquis, que le arrebataban las drogas como sabandijas y hasta le estropeaban el día robándole su dosis de la mañana. Yo no era una de ellas, era una madre. Si no iba a ser siempre el buen momento de K, al menos se lo cuidaría; lo prepararía, se lo facilitaría, crearía las condiciones para que se sintiera bien.

La bebé era tan pequeña que no podía alejarse ni un instante de mí, así que aunque mi hijo pasaba tiempo con su padre, ella se quedaba invariablemente conmigo, pegada a mi cuerpo en el supermercado y la tienda Sephora, librerías y cafeterías, la casa de Claire y los juegos del parque; un apéndice omnisciente que lanzaba miradas de reojo desde el portabebés de tela y que a las seis semanas de nacida ya había aprendido a reír con un bullicioso trino que creaba en su mejilla derecha un hoyuelo encantador. Estuvo conmigo mientras instalaba el departamento, y meses después cuando nos mudamos a la casa siguiente. En brazos de K parecía más pequeña. Una mañana me reporté enferma, llevamos a mi hijo a sus clases y nos detuvimos en una fonda con la niña, aún ataviada con su mameluco amarillo y blanco y cuyos caireles de muñequita giraban en desorden alrededor de su cabeza. K la cargó y mientras yo tomaba mi café le permitió que jugara con una cuchara: le golpeaba la nariz y los pómulos, él ponía cara de extrañeza y la agarraba, y cuando ella reía enloquecida, él le besaba las manos y el cuello. *¿Qué harás ahora?*, preguntaba en son de broma. La bebé lo veía con veneración y asombro, a la espera de saber lo que haría, igual que yo.

Capítulo veintiuno

"*Te amo* es siempre una referencia que citamos", afirmó Jeanette Winterson en la primera página de *Written on the Body* (*Escrito en el cuerpo*), la biblia de los libros sobre el amor, el Buda en el centro de mi santuario a la obsesión erótica, a la infidelidad justificada por la locura pasajera. Tiene razón: "Te amo" es una referencia al pasado propio, a todo el pasado, a la historia. Es singular y repetitiva a la vez. Remite a milenios de seres humanos que han clamado por la presencia de significado, por la inmortalidad: una sinfonía en una nota.

Conforme el amor entre K y yo florecía en todo su desenfrenado esplendor, yo buscaba alivio en Winterson y otros autores, me sosegaba con relatos ajenos del amor desesperado, historias que, comprendí, había coleccionado toda la vida de modo más bien compulsivo. Mi arsenal del amor constaba de cientos de canciones, novelas y películas, y mi amor por K me daba una oportunidad —o un pretexto— de recuperarlas al mismo tiempo que se tejía el tapiz de nuestra historia, tan emocionante y trágica como las que yo había coleccionado, como cualquiera de las sucedidas con anterioridad a la nuestra. Siempre había hecho esto, era una manera de centrarme, de situar mi narración en medio de otras que conocía y apreciaba. Era también, quizás, una forma de elevarnos.

Después de todo, una intensa atención literaria a los detalles había compuesto la base de mi vida como un ente de deseos. Mi noción del amor romántico se había inspirado en la idea de un hombre híper sintonizado con la especificidad, capaz de ensoñar con el broche del collar de una mujer, con los pliegues que sus medias forman en los tobillos. "En la esquina, con un impermeable y cabello reluciente, está sentada una silenciosa mujer con rostro de pájaro", escribió James Salter en *A Sport and a Pastime* (*Juego y distracción*). "Uno de esos pequeños rostros duros, con los huesos prominentes. Un rostro apasionado, el rostro de una mujer que podría mudarse a la ciudad."

En ese entonces yo era de la opinión de que la tecnología había destruido ciertas modalidades no sólo del amor romántico, sino también del interés y la curiosidad, de que cierta clase de obsesión se había extinguido. En el tren, la gente se abstraía en su teléfono. Volcaba su biografía en anuncios personales y usaba computadoras para buscar pareja. Ordenaba uno a uno incontables libros a tiendas controladas por robots. Con todo el catálogo humano de imágenes y actos pornográficos a disposición de cualquiera en internet, se habría dicho que no quedaba nada que imaginar y que a nadie le importaba.

Sin embargo, en la obsesión de K conmigo había una fijación encantadora de otra época que yo apreciaba mucho, una minuciosa atención a los pormenores de mi persona que era tan intensa que sobrecogía.

En el rayo láser de su mirada yo cobraba una vida radiante. En forma extraña e inconfundible, de pronto era descifrable, un libro abierto. Su amor me invitaba a representar toda la feminidad que pudiera desear, a todos los personajes sobre los que hubiera leído alguna vez, a todas las actrices incipientes que había querido ser algún día. Él *veía* todo eso. Lo quería todo, cada centímetro de mí, cada palabra, impulso, hormona, cada muda de ropa. Yo me sentía como lo había querido siempre: bonita y a salvo, como una mariposa clavada que aún guarda misterios en sus diáfanas alas. Era una belleza, una golfa, una profesional madura y fatigada que llegaba a casa a preparar un salteado de verduras y a quejarse con su marido de cómo le había ido durante el día. Era una adolescente con cólicos, una de las primeras colonas que colgaba la ropa en el tendedero y entrecerraba los ojos contra una ráfaga de viento en la llanura, la esposa de un mafioso con ropa de encaje negro y lápiz labial color sangre que le preparaba la cena. Era un valioso objeto de deseo. No era nada especial y no me importaba, porque estaba con él.

Lo amaba como un perro. Cuando él describía el síndrome de abstinencia como una sensación casi existencial de un pavor apabullante, yo pensaba que eso no era diferente a lo que yo sentía cuando las cosas iban mal entre nosotros, o no podía localizarlo, o él afirmaba que me abandonaría. K me obsesionaba tanto como a él drogarse.

Pero un amor absoluto no es inocuo. Cuando él desaparecía, yo creía morir.

Cuando imaginaba que él moría, pensaba que nunca volvería a amar.

En el libro *Desire/Love*, Lauren Berlant aseguró que "las tramas amorosas que saturan la esfera pública son vehículos centrales de la reproducción de una feminidad normativa o 'genérica'". Esto no significa que también el amor sea genérico; más bien, continuó, la ilusión de singularidad es parte integral de la forma misma: "La trama heteronormativa del amor es sumamente ideológica cuando produce sujetos que creen que su historia de amor expresa sus verdaderos, sutiles y muy particulares sentimientos, su destino personal". Para ella, esto es similar a la visión mercantilista del capitalismo que oculta las relaciones que animan su producción. El amor y la proliferación de narraciones sobre su singularidad se utilizan para reproducir la forma tradicional de la feminidad normativa. Y las mujeres se mantienen como las guardianas del amor, ya que "las instituciones e ideologías del amor romántico/familiar declaran a la mujer/mujeres como las jueces, fuentes, gestoras, agentes y víctimas de la intimidad", al punto de no darnos cuenta de que perpetuamos sin querer los mismos ciclos, las mismas maneras y expectativas.

   ¿Era esto de lo que se enamoró mi abuela? ¿Y también mi madre? ¿Todo amor romántico te engaña con la certidumbre de su singularidad y se delata más tarde como un mito concebido para que no te percates de tu cautiverio?

De niña fui esclava de la tímida y para mí apabullante hermosura de mis amigas de raza blanca, anglosajonas y protestantes que poseían una cara inexpresiva de pálida belleza, en realidad un lienzo sobre el que era posible proyectar cualquier idea o fantasía. Amaba y odiaba a esas páginas en blanco, y tal odio y amor eran la cara y cruz de una misma moneda: la envidia. Cuando veía en las revistas los ostentosos despliegues de modas, me sentía enferma de ansiedad, aterrada por la idea de que tuviera que pasar el resto de mi vida —una eternidad plana e indiferenciada— bajo la maldición de mi apariencia. Guardé el secreto. Creía un deber ocultar la vergüenza del odio a sí mismo y la aspiración desesperada. Más absurdo aún que desear algo de todo corazón era reconocerlo en voz alta o, peor todavía, pegar fotos de modelos en el espejo de tu recámara, como lo hacían algunas de mis conocidas. Estas colecciones de imágenes se llaman ahora *thinspiration* (una apología a la extrema delgadez), pero yo ya sudaba lo suficiente y me mantenía delgada. Antes que la fina jaula de las

costillas y los brazos o la esbeltez de los muslos, codiciaba un
rostro pequeño y bien proporcionado con una naricita no se-
mítica (una nariz adorable salpicada de pecas) y una cabellera lacia del color de las galletas Wheat Thins. "Étnica" era el
término con que se me describía más a menudo —estaba bien
visto aún, a la gente le encantaba—, o bien "exótica". A mi juicio, mis hermanas habían heredado una belleza delicada y la
mía era severa: cabello negro y grueso, ojos de párpados caídos, nariz grande y retorcida. Cuando inicié la preparatoria,
alguien me dijo que me parecía a la actriz Rossy de Palma, una
de las musas de Almodóvar; como esto sucedió antes de que
hubiera internet, no hallé a la mano ninguna foto de Rossy y
me contenté con memorizar su nombre y pensar en mi seme-
janza con una estrella del cine europeo. Cuando al fin la vi, en
una foto fija de la película *Kika* —una mujer a la que apreciaría
más tarde, con el imponente aspecto de un cuadro cubista—,
lloré en mi almohada.

Mis hermanas y yo no queríamos ser distintas sino mitad
mujeres y mitad ardillas, como las demás. Como Winnie Coo-
per y Kelly Kapowski. Éramos adolescentes de los ochenta, ra-
tas de centros comerciales, en el valle de las Jennifers y las
Stephanies y en medio de una belleza larguirucha, blanca y ataviada con prendas de color neón. Yo tenía amigas menuditas
con un cutis de porcelana y un fino cabello color mantequilla
cuya cola de caballo tenía el mismo grosor que mi meñique, y
mi arrolladora ansia de ser como ellas me quitaba el sueño. Mi
madre no ayudaba en nada a minimizar nuestra sensación de
ser diferentes. Una vez trabé amistad con una niña cuya gran
familia mormona acababa de mudarse de Utah. Era la mayor
de cinco hermanos y vestía como si fuera la esposa. En la escuela recogía su largo cabello rubio, idéntico al de sus hermanos, por medio de un listón, como la novelista Laura Ingalls

Wilder. Cuando le conté a mi mamá que la niña nueva me había invitado a su casa, volteó sin que dejara de hacer la cena y
me dijo: "Los mormones no soportan a los judíos".

Nuestro deseo de cambiar de aspecto era tan fuerte que
los domingos, cuando papá nos llevaba a Grand Union en la
Route 1 para hacer "grandes compras" que debían durar toda la
semana, lo obligábamos a que nos llamara con otros nombres.
No Lucia, Nina y Anya, tres pequeñas clones de Gilda Radner
(la comediante) que recorrían los pasillos gritando a voz en
cuello y enfundadas en mallas con estampados, sino Heather,
Hillary y Holly, florituras aliteradas que los cristianos de nuestra ciudad adoraban. Muchas familias que conocíamos tenían
hijos consecutivos con las mismas iniciales, como si llenaran
un archivero. *¿Traes los muffins por favor, Nina?*, decía papá, y
Lucia le lanzaba una mirada impaciente. *¡Perdón!*, se disculpaba él. Papá fue siempre muy dócil, permitía que le maqui-
lláramos toda la cara mientras veía los partidos de los Celtics,
y aunque en ocasiones tenía que ladear la cabeza para ver la
pantalla, jamás opuso ningún reparo —no esbozaba siquiera
una sonrisa— y se dejaba montar como un caballo en la sala.
Los muffins, Hillary, por favor.

Era la nariz, pero el cabello era igual de grave: que fuera
tan rizado, rasgo que se acentuó con las molestas hormonas,
que parecían aún más poderosas por llegar por triplicado y estaban llegando a su plenitud. El día del baile de séptimo grado
dediqué una hora a convertir una recalcitrante sección de mi
pelo en un fleco lacio, lo que derivó en una tiesa batuta que
sobresalía de mi frente y que tuve que aflojar lavándome la
cabeza bajo el grifo, con lo que sólo conseguí esponjarla más.
Sentía que el aire pasaba por mi "fleco" —el cual no había se-
cado aún y se abultaba como semillas de chía en una figura de
barro— cuando atravesé la puerta de la escuela y me dirigí al

auditorio, un recinto alfombrado y pestilente que esa noche destellaba como un círculo del infierno.

Teníamos diez, doce y catorce años cuando mamá nos contó que en los sesenta ella y sus amigas se alaciaban el pelo con una plancha estándar, con la que creaban las clásicas cortinas hippies que les llegaban a la cintura. Una de ellas se inclinaba y posaba la cabeza en la tabla de planchar mientras otra pasaba el pesado aparato por sus rizos como si fueran trapos de cocina. Esa noche —literalmente unos minutos después de que asimilamos aquella lección—, bajé con mis hermanas al sótano a hacer la prueba. La plancha era tan pesada que los brazos nos dolieron pronto, de forma que nuestra obsesión de acercarnos a la raíz nos causó varias quemaduras y aun así reíamos y nos quejábamos al tiempo que la acción del calor nos producía diminutos surcos de piel achicharrada. Pese a todo, ¡este milagroso remedio *nos quitó lo judío*! El anhelo de ser como las demás era irrefrenable. Nos peinamos con calor hasta la cutícula y nuestro cabello fue lacio desde entonces.

De todos modos, no estaba satisfecha conmigo misma. Sabía que tenía cualidades y que mi familia transmitía una vaga sensación de superioridad cultural e intelectual, pero no dejaba de sentirme insegura, sobre todo de mi apariencia, y siempre estaba en guardia contra los abusos de las adolescentes tipo porristas. Desde el punto de vista estético, sentía que un chico hacía un sacrificio si estaba conmigo. Con base en ciertas evidencias, desarrollé la teoría de que, después de que habían sido mis novios, los hombres se refugiaban en una joven menos riesgosa, más convencional. Esto parece ridículo, porque sugiere que yo era una opción "peligrosa" y no lo era, sino más bien algo un gusto adquirido. Imaginaba a la novia siguiente de mi novio en turno, evocaba con extremo detalle la imagen de la chica que me sucedería. Siempre aparecía en

mi mente de la misma manera. Poseía una simetría pulcra, angelical. Se veía limpia. Aunque no enormes, sus senos eran de
dimensiones considerables, respetablemente sensuales, sensualmente respetables, quizás un tanto desproporcionados
en relación con su afilada mitad inferior, así que era posible
describirlos como grandes, o grandecitos. Su tez decolorada la
eximía de toda biografía particular. Era bonita y de un color
lechoso, con ojos y cabello de un té rebajado. Podía ser de un
siglo cualquiera, casi de cualquier país en el norte del mundo.
Una vez que yo hubiera tenido un número suficiente de relaciones sustanciales, dispondría del conjunto de datos necesario para probar la veracidad de esa teoría y demostrar que yo
era una escala entre Emilys y de camino a una Kim, una Kate
o una Sarah. Que era una desviación, una distracción.

   ¡Sé tú misma!, vociferaban a mi alrededor los mensajes sobre el poder de las mujeres. Pero encerrada en una prisión de
inseguridad juvenil, me faltaba entusiasmo para alcanzar ese
objetivo. Ciertas relaciones con amigas o chicos, en especial
con aquellos con quienes me sentía genéticamente inferior,
sacaban a relucir un fuerte impulso a la conformidad. Abandonaba mi usual atuendo negro y adoptaba el crema y blanco e iba a clases con jeans y calzado deportivo. Al cabo, esto
me hacía sentir mal; la ropa de colores claros era particularmente falsa, la nota equivocada en una cuerda. Tendrían que
transcurrir muchos años antes de que yo siguiera la dirección
opuesta, la contraria a la rubia, antes de que comprendiera el
valor de aceptar aquello con lo que se nace. Me correspondió
aceptar entonces que mi cara estaba chueca y yo era morena y
tempestuosa, un sucio y desaliñado Modigliani con lentes oscuros. Éstas fueron las fases en las que intenté ser Petal, Coral,
Blush o Punch y mi maquillaje se llamaba Chocolate Cherry,
Vixen, Garnet, Merlot, Sable, Raven o Blood, sólo para que

más tarde fluctuara al otro extremo. A veces me divertía haciéndome pasar por una vivaz judía entre gentiles. El hecho es que jamás sabía cuál de mis personalidades era la "verdadera".

Mi matrimonio representó una oscilación a lo rubio. Mi relación con K era el péndulo de regreso, como en un ciclo electoral. De regreso a la adolescencia, el punk rock, el cabello teñido y los tatuajes. De regreso a ese año casi completo que pasé en San Francisco, durante el cual me sentí final, fugazmente libre.

Capítulo veintidós

Tiempo después, cuando ya me había separado de K, una amiga que acababa de ser madre me preguntó en son de crítica: *¿No te molestaba saber que él tenía un problema con las drogas?* Habíamos tomado dos martinis, estábamos en un bar en el centro de San Francisco y marchábamos a pasos agigantados hacia la revelación de las partes más oscuras de la vida de cada una de nosotras, como lo hacen dos personas cualesquiera cuando toman una copa al anochecer. Apretujada entre individuos que vestían de traje y bebían cerveza en plena hora feliz, confesé con cautela que aquello nunca me trastornó demasiado. La verdad era que todos mis conocidos estaban tocados por la adicción, o establecidos al menos dentro de su amplio círculo de influencia. Tras la experiencia con mi hermana, creí que nunca permitiría que la heroína volviera a entrar en mi vida —una decisión que juzgué irrevocable—, pero más allá de eso toleraba la danza diaria entre las personas y las sustancias que elegían para mitigar u olvidar las penas de la vida. Yo misma participaba en ella.

El consumo de alcohol era reducido en mi familia, típicamente judía. En nuestra ciudad de raza blanca, anglosajona y protestante, beber era territorio exclusivo de ellos, los aficionados al gin and tonic con sus carritos de servicio etílico, casas grandes y narices pequeñas que jugaban golf y tenis y respetaban la hora del coctel. En el estante de licores de mi abuela, sobre los frascos de mostaza con nueces enteras, germen de trigo y pasitas, estaba una pegajosa botella de Slivovitz llegada del otro lado de la Cortina de Hierro y de la que sólo se había vaciado un tercio, así como una espigada botella de Wishniak de cereza kosher que alguien había traído de Israel y nadie tocaba nunca. En los días de fiesta había Manischewitz. El tercer esposo de mi abuela tenía permiso de beber un par de sorbos de whisky durante el café. Y en su clásico pastel mosaico, ella vertía poco a poco una botella de Harveys Bristol Creme Sherry. Pero ¿beber como recurso para lubricar el trato social? ¡En absoluto!

Cuando yo era niña, mi padre bebía una Heineken cada noche. El verde marino de la botella perlada por el frío y el regusto a cereal en el aliento de papá cuando nos dio el beso de buenas noches se contaron entre las agradables marcas distintivas de esas noches de infancia, pero todo eso era por completo inocente. Él nos enseñó a moderarnos en todo. Mi madre tomaba de vez en cuando una copa de vino blanco zinfandel o una bebida refrescante que contenía algo de vino. Lo que abundaba en nuestra adolescencia y rara vez se ocultaba a la vista era la marihuana. La mayoría de los adultos de mi entorno, aunque efusivos y complicados, eran personas amables y *baby boomers*. La hierba estaba siempre en circulación, cambiaba de manos, era liada y encendida. Alguien la cultivaba, la vendía, se la compraba a otro pariente. Algunos la consumían con frecuencia, con mayor temeridad que otros, pero eso los volvía más dispersos, más amigables, no ponía en peligro su vida. Mis padres, sus hermanos y amigos formaban una comunidad muy alegre, que amaba a los niños y nunca perdía los estribos. Cuando empecé a salir con chicos, me sorprendía mucho que a los padres de algunos de ellos se les pasaran las copas en cenas o festividades familiares. *Al menos deberían tener la decencia de drogarse y no de emborracharse*, pensaba. Esto era divertido, aunque también bochornoso y alarmante. Cuando los adultos bebían, algo se relajaba. Yo consideraba excesivo e irracional que una madre se descarriara así de noche, abandonara el muelle de su hogar y vagara con ojos vidriosos por un océano de Tanqueray.

Tan pronto como llegó la edad adulta, sin embargo, busqué con entusiasmo esa misma sensación. Una vez fuera de casa inicié un largo periodo de profuso consumo de alcohol, y todos mis amigos hacían lo mismo. Eran escritores y músicos que bebían a causa de sus éxtasis o sufrimientos en la creación de obras de arte dignas de ese nombre. Trabajaban en bares y restaurantes y tomaban una copa detrás del mostrador, o se desenvolvían en los oscuros rincones administrativos de organizaciones no lucrativas o bajo las lámparas fluorescentes de cubículos, y bebían para disipar la tensión. Bebíamos para explayarnos, para sincerarnos, para ser vistos, para matar el tiempo, y bebíamos para hacer el amor. Bebíamos para tener el valor de hacer lo que queríamos y para aliviar la desilusión de haberlo hecho cuando comprendíamos que muchos de los supuestos momentos culminantes de la vida eran mediocres. Bebíamos para conocer gente y conocíamos gente para beber, y bebíamos porque él había llamado o porque no lo había hecho, o porque dijo que lo haría y no lo había hecho aún. Bebíamos porque conocíamos al cantinero o para conocerlo. Porque habíamos salido temprano o trabajado hasta tarde. Bebíamos porque la empresa pagaba. Porque era barra libre, la última oportunidad, el primer viernes, la hora feliz, el almuerzo. Como dijo un día un veterano de AA: *Sólo bebía en ocasiones especiales, como la gran inauguración de una cajetilla de cigarros.* Bebíamos y soñábamos que bebíamos otras cosas, en Moscú o París, en trenes y aviones, donde brindábamos por nuestro glamur y nuestro éxito. Bebíamos porque habíamos leído los libros y visto las películas donde se tomaba de ese modo y

ahora era nuestro turno. Como escribió Sarah Hepola acerca
de su mudanza a Nueva York en su libro testimonial *Blackout*,
"quería experiencias propias y sabía que beber era el com-
bustible de cualquier aventura". No un accesorio prestigioso
sino la gasolina, el líquido que enciende todo placer y excitación y sin el cual sencillamente no arrancarías. Y también el
más explosivo de todos si no tenías cuidado. Aun así, "las mejores noches eran aquellas que bien podías lamentar", agregó
Hepola.

      Beber consistía parcialmente en recuperarse de haberlo
hecho, y había muchos lazos por establecer en el patíbulo de la
resaca. Yo adoraba las permisivas relaciones empapadas de
desdicha que podía forjar en el crisol del alcohol, sobre todo
en Nueva York, ciudad que parecería haber sido expresamente
hecha para beber. Salía todas las noches en mi primer empleo
tras haberme graduado de la universidad. El suspiro colectivo
del grupo de despeinados compañeros que se escabullían en
un garito oscuro al final de la jornada me permitía fingir una
fatiga que distaba mucho de ser real. Invitaba a amigos a que
me alcanzaran, o caminaba de Broadway al East Village y me
reunía con ellos cuando la noche empezaba a perder sus contornos. Me agradaba incluso el mensaje en Gchat de la mañana
siguiente, minutos después de que me sentaba a mi escritorio
con un imbebible café helado, que decía: ME QUIERO MORIR.
Era de un compañero de viaje de la resaca, listo para disecar la
noche anterior y conmiserarse conmigo de sus efectos; ésta
era compañía de verdad, pensaba yo. Terminé por ver el alcoholismo moderado como una conducta humana normal, y que,
en comparación con otras drogas, el alcohol no era la peor.
Siempre tenía en el bolsillo la experiencia con mi hermana.
Podía sacarla y recordar sus excesos, que había agujas, lágrimas, rastros y muerte, ¡por Dios!, y que estas... estas copas

aquí, en este bar, en las que se reflejaba la titilante luz de las lámparas, eran sólo unos tragos, nada más.

Creía que la adicción era un espectro que nos abarcaba a todos, en uno u otro punto. ¿Los que no estaban en ese caso? ¿Quienes dormían a intervalos regulares, comían a sus horas y tenían un razonable juicio romántico? Estas personas no permanecían mucho tiempo en mi vida. Eran aburridas.

También K tenía una historia digna de compasión. Llegó a la heroína igual que tantos otros en estos días: a través de una receta de OxyContin, que recibió mientras combatía el cáncer. Tenía treinta años. Era la segunda ocasión que enfrentaba ese problema, destino que lo convenció de que no viviría mucho tiempo, así que tal vez adoptó el medicamento con demasiado entusiasmo. En ese entonces, una noche a la semana era el disc jockey de un bar en San Francisco, y hacer girar los discos, oír en la oscuridad y a todo volumen sus almibarados temas favoritos en pleno viaje de Oxys era una experiencia mágica de la que se prendó. Por recomendación de amigos más sórdidos, decidió "no desperdiciar" las pastillas sino inyectárselas. Semanas más tarde ya compraba heroína en la calle y se había integrado a la estadística más indeseable de todas: la de los usuarios de drogas intravenosas.

La sobriedad suele interpretarse (equivocadamente, en mi opinión) como ascetismo, como el cese de cierta viveza, la vehemencia y la creatividad. Pero es también una nueva oportunidad en la vida, una nueva lente para ver el mundo que abre grandes posibilidades. He pensado mucho en la razón de que el historial de drogas de K no me haya asustado, cuando habría alarmado en extremo a numerosas personas que conozco, madres en particular. No obstante, la vida de un exdrogadicto sobrio era para mí una de las formas de vida más significativas, porque desafía a la muerte y triunfa. Podría haberme ofuscado y visto la sobriedad como un anuncio de recaída, inestabilidad o muerte, pero decidí no hacerlo. La sobriedad me sedujo.

Cuando regresó a mi vida, desconocía los detalles de la historia de K. Qué drogas consumía, cuánto tiempo lo había hecho, con cuántas personas se había acostado, qué daños había infligido. Oía lo que quería: que estaba en proceso de recuperación, en revisión, y ponía su desastre en orden. En un capítulo de *El libro grande* de AA, los artífices de este programa tienen la prudencia de especificar que "dejar de beber es apenas el comienzo". Admitir impotencia ante el alcohol es sólo el primer paso. "Una demostración más importante de nuestros principios nos aguarda en nuestros respectivos hogares, ocupaciones y asuntos", advierten. La labor implicada por esas reparaciones se describe como "agotadora" y se considera un compromiso de por vida. Es muy emocionante conocer a un individuo —un hombre— inmerso en una agotadora labor personal y que al parecer está a punto de asumir una vida ejemplar sin precedentes. La idea de presenciar ese hecho en primera fila posee un enorme atractivo.

Claro que esto varía de un género a otro. No imaginamos que a un hombre le conmueva saber que una mujer lleva sobria cierto lapso, vive en su casa, evalúa sus malas decisiones de vida, ve de nuevo sus películas preferidas y come lo que su madre le prepara. De las mujeres suele esperarse la autoconciencia que exige la sobriedad. Hoy es más probable que las mujeres formulemos nuestra vida como un viaje hacia la realización personal. Sobria o no, apenas se juzga valioso que una mujer se construya para vivir "mejor". También en esto influye el género, porque por tradición nuestra visión cultural de las adictas ha sido sombría, por decir lo menos. A las mujeres que dependen de sustancias se les estima en gran medida un fracaso en los demás roles que la cultura les asigna. El catálogo de alcohólicos a los que se tiene por genios atormentados es numeroso, mientras que más allá de unas cuantas "arpías" afamadas por su mordacidad, como Tallulah Bankhead y Dorothy Parker (pocas de ellas han sido madres), no existe un corolario equivalente para las mujeres.

La autorreflexión que implica la recuperación de los Doce Pasos requiere una imperiosa interrupción de varios derechos, lo cual es poco probable en un varón. Una pizca de disculpa, un espíritu de genuflexión están presentes en el proceso de inventariar miedos y rencores, defectos y daños causados, así que conocer a un hombre comprometido en esa inspección de tipo forense tiene un efecto afrodisiaco. Igualmente, las personas sobrias conocen de sacrificios. No sólo de enfrentar el ciclo de insufribles resacas —pagos interminables por la excesiva autocomplacencia—, sino también de renunciar a todo aquello que da confianza y transitar por el mundo con una vulnerabilidad insólita. La sobriedad de K entrañaba una promesa de conciencia de sí mismo, apertura, disposición a cambiar y, sobre todo, a trabajar, o al menos eso parecía. Me recordaba a Jim, el novio de mamá, cuyos periodos de sobriedad se caracterizaban por titánicas irrupciones en la práctica del basquetbol, la preparación de platillos del suroeste y el montaje de muebles de IKEA. Volteaba las sillas sobre la mesa del comedor con una agilidad digna de un conserje y se ponía a fregar el piso con una obstinación maniaca.

De manera trágica, a menudo me he concebido como aficionada al caos. Pero visto desde otro ángulo, quizá lo mío no sea afición al caos sino a la promesa de redención que éste ofrece, a la semilla de una futura estabilidad gratificante y ardua de conseguir en la que yo desempeñaría un papel singular, vital. Quizá la supervivencia de Lucia, que durante mucho tiempo se antojó improbable, me indujo a creer que en todo desenfreno existe la posibilidad de que las cosas se calmen, se asienten y mejoren. Tardé mi juventud entera y parte importante de mi vida adulta en darme cuenta de que cuando la gente se desenfrena, a veces es mejor hacerse a un lado.

Capítulo veintitrés

Una vez que la bebé cumple un año —y ya tiene edad para alejarse de mí y de mis pechos—, la semana se divide y sus dos mitades se separan. Mi esposo se encarga de una de ellas y yo de la otra. Ambos nos hemos mudado de nuevo, a departamentos más permanentes, y cuidamos a nuestros pequeños básicamente en soledad, separados por un escaso número de calles. La tristeza es indescriptible. Todos los días me asombra que este dolor no cese de crecer, lo cual es revelador, totalmente alucinante por su complejidad, por su imparable novedad.

Siento que he prolongado las privaciones de los primeros años de maternidad cuando creé una situación en la que debo hacer sola casi todo, considerando además que soy una persona non grata para mis suegros y algunos de nuestros amigos. A veces K nada más está ahí y otras ayuda. Sirve el solo hecho de que sea impredecible y entretenido. La yuxtaposición en el sofá de los rostros francos de mis hijos, sus suaves rizos y ropa de colores brillantes, y la figura curtida y descomunal de él me divierte. Se presta en verdad a jugar con niños y perros —el tipo de adulto que más me gusta—, a echarse al suelo y hacer ruidos ridículos, a humillarse si con eso es capaz de entretener. Hace reír a mis hijos hasta que se les va el aliento, con jadeantes, contagiosas carcajadas, cuando los lleva de caballito, da voz a su maltrecho ejército de juguetes de peluche o forma unos colmillos de vampiro con un simple par de ejotes. Y aunque se aprende el nombre de cada Beanie Boo y es tan apreciado como una mascota o un tío loco, no es lo que yo necesito:

una persona confiable. El hombre de la casa. Ni siquiera un
adulto más en la casa. Es otra energía impetuosa que debo
acorralar llegada la hora de poner la mesa o meter a bañar a
los niños. Es uno de ellos. Con el paso del tiempo, veo que empieza a enamorarse de mis pequeños y pienso: *Si no se desin-
toxica por mí, podría hacerlo por ellos.* Me empeño en producir
las condiciones que le permitan experimentar una felicidad
duradera, una sensación de amor e intimidad familiar digna
para reajustar su química. Para terminar de instalarme en el
nuevo departamento, cubro una enorme pared con libreros
blancos de IKEA y dedico tres noches a llenarlos con mi impresionante y muy selecta colección de libros, y después *ins-
tagramo* el resultado. En ese minúsculo marco, mi vida ofrece
una apariencia ordenada. Quiero hacer de este nuevo sitio un
hogar apropiado, pese a que esté en una colonia terrible y es-
cuchemos disparos casi todos los días. Una tarde llego a casa
y veo que nuestra calle está acordonada y unos policías rodean un cadáver, del que obtengo un breve atisbo —una mancha bermellón sobre una camiseta azul pálido— cuando doy
la vuelta en la esquina. Recuerdo muertes de películas en las
que el asesino hunde un cuchillo en la cintura de la víctima
y tira hacia arriba. Me pregunto si es eso lo que acabo de mirar. No sé qué vi, pero el rojo y la carne viva permanecen en
mi memoria. La policía toca en ocasiones a mi puerta luego
de que ha ocurrido algo así, sin duda para indagar si sabemos
algo. Nunca abro.

　　Adentro hay música. Alegre, cuando cocino, apago el ruido de la lluvia o me sacudo el sueño y enfrento una mañana de sábado. Tranquila, cuando los niños ya están dormidos,
dejo de ir y venir del congelador y traigo la botella a la mesita
del café para preparar más rápido mis martinis. ¡Vaya "martinis" los míos! Un vasito de jugo con vodka, tres aceitunas y

salmuera del frasco. Hace mucho eliminé el vermut sin ceremonia alguna, los hago rápido y tan salados como el agua del
mar y mi lápiz labial adorna la orilla de mi copa con cada sorbo salobre. Igual que hace años, K y yo pasamos horas enteras
acostados en el sillón oyendo música y nos deleitamos con su
compañía, hablamos de nimiedades y comparamos los catálo-
gos en nuestra cabeza. Considerados en conjunto, se diría que
conocemos todas las melodías que se hayan cantado alguna
vez. Hablamos de la banda que podríamos iniciar un día, uno
de esos grupos compuestos por un par de casados de aspecto
solemne, ropa negra ajustada y que miran inexpresivamente a
la cámara. Jamás los verás sonriendo en una fotografía.

El fin de semana arrastro a los niños al mercado y me
abastezco para toda la semana de rozagantes manojos de productos orgánicos: rábanos como rubíes sin tallar, sucios beta-
beles con un mate dorado y rechonchas manzanas Mutsu del
color mortecino del apio. Una vez en casa pongo flores frescas
y dejo la fruta en un tazón de jadeíta. Un frasco de mermelada
con retoños del jardín adorna la mesa verde pálido de los niños cuando les sirvo su avena. K y yo la hallamos un día en la
calle, la trajimos y la limpiamos. Más tarde encontré las sillas
usadas que la completan. La llamamos la Cafetería de la Pequeña Mesa. Está frente a los libreros altos y es visible desde
la cocina. Cuando los niños comen o colorean ahí, bajo la serie de fotografías con marcos desiguales colgadas a la izquierda, él con su mata de cabello rubio, ella que apenas ha dejado
de ser bebé y da sus primeros pasos, se ven como en una revista de diseño escandinava. Pienso que la maternidad se re-
duce a eso, a crear tales imágenes, las pequeñas escenas que
en ocasiones lucen como si fueran fotos de revistas, instantá-
neas que podrían archivarse bajo el rubro de la felicidad familiar. Reflejan que lo haces —que haces *algo*— bien. En mi caso,

estas escenas son pausas momentáneas en mis circunstancias actuales. Los niños, limpios y ataviados con prendas a rayas, comiendo rebanadas de ciruelas orgánicas. Mi hijo dibujando casas felices con plumones de gel y el vigoroso macizo de flores con caritas sonrientes bajo un robusto sol amarillo. Para vencer el insidioso temor de que no soy una buena persona, debo coleccionar muchas de estas imágenes, momentos de tarjeta postal que me hagan pensar cuando los contemplo: *No puedo ser tan mala, ¿verdad?*

Encuentro un nuevo grupo de Al-Anon en el que no veo a nadie conocido e intento asistir con regularidad, aunque es raro que este recurso me brinde tanto alivio como quisiera. Comparto mi número telefónico con algunas de sus integrantes a fin de hacer amigas y formar una comunidad tan laxa y efervescente como otras que ya existen ahí. Me da la impresión de que todas mis compañeras están más sanas que yo —nadie dice que viva con un adicto en activo—, pero después pienso que esta idea es producto de mi complejo de víctima y que ése es justo el motivo de que esté aquí. Tomo de mis libreros los viejos volúmenes de meditaciones diarias y juro leer éstos al menos, aun si no voy a las reuniones, y asimilar sus enseñanzas. Sé que padezco lo que esos libros llamarían *pensamiento distorsionado*, una excesiva consideración de mi capacidad para cambiar a la gente y una cólera irremediable e inútil cuando no puedo hacerlo. Sé que el alcoholismo y la drogadicción de K ocupan mucho espacio en mi conciencia y que debo hallar la forma de ser más grande y más humilde al mismo tiempo, de alcanzar mi "dimensión correcta", como se dice en las aulas, en relación con él y con el amor. Ignoro cómo hacerlo por mí, pero debo hacerlo por mis hijos.

Cada día reaparece la vibrante conciencia de que su padre y yo rompimos el globo de nieve de su infancia y permitimos que su reluciente contenido, todas nuestras esperanzas e intenciones, se filtrara en las tablas del suelo. Aun así —o quizás a causa de eso— quiero que las cosas sean agradables. Seguras. Cómodas. Bonitas. La fuerza, el cariño de este deseo es tan agudo que se deja sentir con todo su poder y provoca que las rodillas se me doblen mientras agito la pasta sobre la estufa y espolvoreo canela en los dos platitos con budín de arroz. Mis hijos quieren estar conmigo, encima de mí, en todo momento y yo siempre los corrijo y los critico, palmeo su cabeza y acaricio sus mejillas, los beso y los beso y los beso en medio de sus quejas y aprieto los dientes para contener el impulso de reducirlos a cenizas. Me entero de que esta sensación tiene un nombre: agresividad por lo bello. Es el furor que experimentamos cuando vemos a bebés, cachorros u otros adorables seres vivos. La agresividad por lo bello que siento por mis hijos es abrumadora, y combinada con mi depresión me alarma en ocasiones. Soy demasiado animal, pesada y terrenal. Camino dando tumbos por doquier y quiero comerme a mis crías.

Pensar que mi esposo hace lo mismo, tratar de formar un hogar, aunque solo, como hombre, me trastorna. También esta sensación irrumpe con insistencia y amenaza con derribarme. Soy como esas jirafas de plástico que teníamos de niños; apretabas un botón en la base del pedestal y la rígida jirafa se desplomaba, se colapsaba sobre sus articulaciones, hechas de cuerdas. Pienso en mi esposo y gesticulo un segundo, siento que el rostro se me contrae de lágrimas, que mi cuerpo languidece un instante, y me trago la emoción y reanudo mi tarea. Estoy tan sensible que ser madre soltera —la mera idea de esto, de que otras lo han hecho ya, así hayan sido víctimas de la viudez, el abandono o la aburrición— me parece lo más triste del mundo. Lo más callado. Los Cheerios, la limpieza, los juguetes, una docena de vagones portátiles, un vacío de tiempo entre la tarde del sábado y la noche del sábado. Llegar a casa desde el área de juegos del parque y abrir la puerta a la fresca oscuridad del departamento, con el tiempo que se extiende con la misma lentitud que la miel derramada sobre la mesa. Los días son largos y los años cortos, dicen de estos primeros años de la maternidad. (¿Quién lo dice? Para empezar, mi madre, aunque ella siempre se mostró encantada con sus labores, más feliz de lo que yo seré nunca. *¿No te aburrías?*, le pregunto. *¿Aburrirme?*, repite como si ésa no fuera la palabra correcta. *No, no, para nada.*) Pensar que los adultos ponen frente a los niños una cara de felicidad —o, peor todavía, son incapaces de hacerlo— resulta devastador. Que sostenemos esta insinceridad con ellos, que debemos hacerlo. Me propuse impedir que mis hijos se enteraran algún día de que ocuparse de ellos es difícil. Siempre imaginé que evitar que lo supieran era un rasgo esencial de una buena madre. Pero cuidar sola a dos hijos pequeños es tan agotador que me cuesta trabajo no revelarles el ingrato secreto de que constituyen todo un desafío, de que atenderlos es en verdad muy difícil. Hay mucho relajamiento en nuestra casa, aunque ensombrecido por mis suspiros sonoros, las manifestaciones de mi opresión. Me convierto en la madre mártir que invoca su labor incesante para que la compadezcan, se entretenga, farfulle, se niegue a prescindir de una carga o a dejar de mencionar su lista de tareas. La presencia de K exacerba este impulso. Quiero que vea lo difícil que es mi vida, que él podría volverla mucho más fácil, lo injusto que es que no lo haga. Tengo la idea de que es un mal hombre que roba mi tiempo y energía, y ésta debería ser una interpretación feminista de lo que sucede, cuando la verdad es que, en primer término, no conceptualizo mi tiempo como mío. Él no puede robar algo que no concibo que me pertenezca.

Ante una taza de café, una amiga de Al-Anon me dice que cree haber sanado tanto en el programa que ya está preparada para dejar a su esposo. No le teme más a la soltería ni a vivir sola, está lista. *Sin embargo*, se pregunta en voz alta, un tanto en broma, *¿qué será de mí ahora que ya no me vea sufrir?* ¿Qué sería de una codependiente si fuera a dar a un bosque donde no hubiera ningún alcohólico que la escuche?

La separación, que casi siempre señala el punto de partida de un divorcio, es un espacio liminar. El orden se desintegra y las categorías se vuelven maleables, sujetas a redefinición, a un nuevo sentido. Todo es improvisado, manipulable, parcial. Todo cambia. El mero acto de pasar a recoger a los hijos a casa del otro es demasiado traumático para consumarlo rápidamente, así que nos demoramos un rato cuando sucede, merodeamos como búfalos en el departamento ajeno, miramos los objetos recién adquiridos, seguimos lentamente la acción, a cierta distancia; listos, supongo, para admitir nuestra condición de huéspedes e intrusos y dar realce a la transferencia de poder, la señal de que ahora es el otro quien está a cargo. Somos reticentes, no queremos dar una forma definitiva a esta nueva experiencia de nuestro amor fallido, de nuestra amistad posterior a la relación. ¿Somos amigos? Quién sabe. Somos amigables, a veces mucho y luego no, bruscamente. Mis padres solían afirmar que su divorcio había sido amistoso, y algo en esa palabra me sonaba a actitud defensiva, como si preguntaran: *¿Quién pidió un adjetivo?* Ahora descubro que hago lo mismo, así sea sólo para mí. Siento la necesidad de demostrarme que somos capaces de ser amables y delicados en medio del desastre que provocamos. *Miren, nos llevamos bien*, pienso en su departamento mientras veo que prepara la mochila de los niños. Uno de nosotros ríe del chiste del otro. *Todo va a estar bien*, pienso. *¡Lo lograremos!*

K ha prometido en demasiadas ocasiones que éste es el principio de nuestra vida en común, que me cuidará como nadie lo ha hecho, pero la vida familiar le fastidia y la rehúye a menudo, a veces sin previo aviso. *No llegaré a cenar,* textea a las cinco. *Nos vemos luego. Me muero de ganas de mirar esa cara bonita.* Si mi rostro es tan bello, ven a cenar a casa, querría decirle y no lo hago. Va y viene a su antojo y yo me encargo del trabajo rudo, literal y figurado, de la casa. A estas alturas ya debería saber que las cosas no van a cambiar, pero su egoísmo e indiferencia me sublevan a diario. *¿No nos quieres?,* estallo cada día por dentro. *¿No te agrada esta vida?* En ocasiones se enoja tanto que recoge sus cosas y se va, dice algo cruel y azota la puerta al salir. Yo me alejo de los niños para que no vean mi rostro, cómo pestañea su patética madre de sorpresa y dolor. (¿Por qué esto todavía me sorprende?) Una sombra de pánico bate sus alas en mi pecho cuando pienso en el daño que estos momentos infligen a mis hijos. Mis padres jamás hicieron cosas así en nuestra casa, cálida y liberal, donde el enojo se juzgaba un disparate.

Aunque K vive con nosotros casi todo el tiempo, cuando bebe mucho o consume demasiadas drogas le digo que no puede estar aquí, que si está drogado no lo quiero cerca de los niños. *Todos los adultos se drogan,* dice. *No como tú,* replico. En una discusión, siempre se apresura a señalar que también mi esposo y yo bebemos mucho, que no somos padres perfectos, que él no es distinto. La vergüenza que me produce mi consumo nocturno de alcohol causa que acepte este comentario cada vez que lo hace. Soy consciente de que podría ser mejor, siempre podría ser mejor, que he estropeado todo en una forma irremediable, fundamental, esencial y determinante para mis hijos y que esto no podrá negarse nunca. Al mismo tiempo, sin embargo, es imposible que vea mi sauvignon blanc y mi vodka nocturno de la misma manera que la heroína —el vaso escarchado que sirvo de nuevo mientras aguardo a que el pollo se ase y corto verdura fresca para la ensalada. ¡Por favor! No puedo ver mi realidad profesional de falda de tubo, el exigente trabajo de nueve a cinco de mi exesposo, en el mismo contexto que a K con sus malditos pantalones vaqueros y sus utensilios para drogarse bien metidos en el bolso frontal de su mochila, que huele a mugre y sudor incrustados. ¿Y todavía tiene el descaro de compararse con nosotros, que somos ciudadanos honrados? *La única diferencia radica en que es socialmente aceptable que ustedes necesiten un par de copas para sentirse normales luego de que han dedicado un día entero a interactuar con la humanidad*, me ha dicho más de una vez. *¿Y qué si yo necesito cada mañana una inyección de heroína para considerar siquiera la opción de que interactúe con la humanidad?* Pese a que entorno los ojos, una parte de mí comprende lo que dice. Resulta que mi vicio, de modo un tanto arbitrario, es legal. No obstante, su actitud me repugna siempre, hace que me aferre mentalmente a mi marido, que lo extrañe un poco. Echo de menos las noches en que miraba sus botellas vacías y me preguntaba si se terminaría un *six pack*, a sabiendas de que ello no cambiaría la velada sustancialmente. Con notables excepciones, éramos civilizados. Cuidábamos nuestra salud. Teníamos mundos enteros que controlar. Y además estaba el amor que sentíamos por nuestros hijos, una fuerza que nos unía, pese a todo y para siempre.

El consumo de sustancias de K era incompatible con una vida adulta normal. El alcohol lo volvía arisco y desagradable, después divertido, más tarde horrible, todo en una misma borrachera. O bien era incapaz de beber una cantidad que limara sus asperezas, o bien tenía una especie de alergia al alcohol; AA concibe todas las modalidades del alcoholismo como "una alergia del cuerpo y una obsesión de la mente". No había ninguna moderación. Bebía alcohol fuerte, de preferencia mezclado con Red Bull o jugo, en cantidades industriales. Si se trataba de píldoras, estaba alicaído, sonriente y fuera del alcance, el tipo de estado en el que la gente se duerme con el cigarro encendido e incendia su casa accidentalmente. Si era droga, asentía a todo con ojos desorbitados, o cerrados de forma intermitente. O si eran *speedballs*, asumía una mirada intensa. Yo lo echaba cuando las cosas se ponían así, y sus frecuentes expulsiones valían por lo que yo sabía que debía hacer: romper con él. Sin embargo, hacía lo que hacen los codependientes: sostenía una relación por su potencial. Mantenía una relación con la certeza de que si podía dejar las drogas, él sería bueno. ¡Sería maravilloso! Y quizá con mi amor lo volvería más grande aún. Me convenzo de que es más perjudicial para los niños que él desaparezca por completo a que desaparezca y reaparezca como lo hace. No rompo con él. En cambio, fragmento más las piezas de mi vida para que las cosas continúen viento en popa. Por periodos de meses, cuando los niños están conmigo, él se ausenta. Nos mantenemos ocupados con encuentros a jugar con sus amigos y las cenas que les ofrezco a los míos. Hay adultos alrededor, mis buenos amigos, que llegan con baguettes enormes, envases de medio litro de moras orgánicas, helado de vainilla y sonrisas para los niños y nos hacen compañía. El día de permuta los llevo a casa de su padre. Nos entretenemos platicando de naderías mientras ellos comen sus croquetas de pollo y entonces me marcho para estar con K. Durante años, lloro en cuanto los dejo con su padre. Al principio, hasta el ruido de la puerta del auto al cerrarse es triste e incisivo, y el silencio posterior tan absoluto que me ahoga. Lloro porque ya los extraño y lloro porque me odio. Pero no me estanco en este dolor, semejante al de la casa de la risa. Ya hice planes para lidiar con él.

Hay días en los que quisiera curarme de la enfermedad de amarlo sin tener que seguir una práctica. No quiero tener que caminar arriba y abajo a lo largo del "inventario moral intrépido y minucioso" de los Doce Pasos. Deseo algo tan rápido y decisivo como una bala. Como una droga.

Aun así, la independencia que he cultivado hace que me sienta orgullosa. He aprendido a formar un hogar por mí misma, y que soy hábil, que puedo dedicar un domingo a pintar una cuna comprada en Craigslist y entretener a los niños al mismo tiempo. Aun cuando no evito todavía mi obsesión con él —si está intoxicado, si está en el trabajo, si me engañará, si todo esto vale la pena— y pese a los volubles patrones atmosféricos de su afecto y su droga, me he vuelto un huracán. En soledad con los niños, cocino, salgo a dar caminatas, hago viajes por carretera y recibo a sus amigos, sea que vengan a una fiesta, a jugar o a quedarse a dormir. Cuando vuelo a casa de mis padres en la costa este, me miro en el espejo del baño del avión mientras pasamos por un tramo turbulento, mezo a mi hija, espero a que él termine de usar la taza y me siento una supermujer.

K me pone a prueba todavía y descubro que mi tolerancia no tiene límite. Una noche me pregunta si puede utilizar el auto, frase que me enfurece cuando estoy molesta con él porque *el auto es mío*, un sedán Subaru usado, y soy quien paga la gasolina y el mantenimiento, además del auto mismo, por supuesto.

Quiere ir a la inauguración de una exposición en el local de su amigo en San Francisco. Mi coche está de momento en el taller, así que uso el que me prestaron en la distribuidora, un flamante Subaru Forrester blanco que no quiero estropear en los pocos días que estará bajo mi cuidado.

Mmm, digo como si lo comprendiera. *Te diría que sí pero el coche es nuevo y temo que le pase algo.*

No le va a pasar nada, replica. *Bueno, tal vez ahora que ya lo conjuraste.*

¡Qué gracioso! No creo que debas usarlo.

El silencio que se hace entonces resulta demasiado incómodo. No tiene otra manera de ir al evento. Pero no es culpa mía. ¡Es sólo un viaje a San Francisco!

¿No hay nadie que pueda llevarte?

Todos están en la ciudad, responde, con lo que insinúa que él también viviría ahí si no estuviera conmigo.

Si no hay otro remedio, llévatelo. ¡Pero ten cuidado, por favor! En la resistencia de mi tono cuando digo "por favor" acecha la certeza de que algo marchará mal.

No vuelve a casa esa noche. Veo en la cama siete u ocho episodios de *The Golden Girls* al tiempo que la laptop me asa las piernas. Le envío varios mensajes de texto, una serie creciente de globos sin respuesta que culmina con mi texto más odioso, un signo de interrogación. Mi pulgar revolotea sobre el botón Enviar pero lo pulso. No me soporto. Cada vez que entro con suavidad a la cocina para llenar de nuevo mi copa de vino y mi pequeño tazón de pretzels, me detengo unos segundos en la habitación de los niños y escucho su variable y pacífica respiración. Su aliento siempre trae a mi mente la palabra *respiro*, que, como aprendí en la universidad, significa entre otras cosas recuperar la esperanza o la fuerza después de una experiencia difícil como la guerra. La casa está en paz. Me acerco a cada uno de ellos, toco su frente, siento el calor húmedo de su sueño e imagino que todos los que formamos este hogar —nuestro reducido ejército— reunimos y acumulamos fuerzas por ahora. Dotados de una nueva energía, los tres haremos una vida mejor que la que tenemos.

En la mañana vierto jarabe en la avena cuando K cruza la puerta, ebrio todavía. Lo sé por la lentitud de sus movimientos y el tono quebrado de su voz, propio del final de su viaje. Su entrada deja ver un pedazo de cielo de un blanco neón, un cielo frío que se imprime en mis globos oculares cuando volteo disgustada a la puerta y a él. *¿Llego tarde?*, pregunta, e imagino que quiere hacerse el gracioso pero veo que se jacta de veras de que devuelva el coche a tiempo para que yo lleve a los niños a la escuela y la guardería. *¡K!*, exclaman ellos llenos de júbilo, uno después de otro. Siempre que él aparece es como la mañana de Navidad, y esto no contribuye a subirme el ánimo. *Hola*, digo secamente.

Tengo una noticia buena y una mala, ¿cuál te doy primero?, inquiere. Más borracho que una cuba, tiene rasgados los ojos por las sustancias que tomó y el agotamiento. Me pregunto cuál podría ser la buena noticia.

La mala, contesto. Siempre la mala primero.

Nos abrieron el auto anoche, lo siento, dice esto último con voz seria, como de político que intentara convencer a su audiencia de que él también es un ser humano. *Lo siento*, repite. *Tim dejó su mochila en el asiento trasero por más que le dije que no lo hiciera...*

Alzo una mano en señal de que no necesito que me dé detalles y empiezo a exhalar por la nariz como un dragón, con una respiración colérica y ardiente que ocupa el lugar de las palabras. La sensación de que me ha defraudado es tan física como un resfriado. No espero a recibir la buena noticia.

Mientras los niños comen su avena, me visto. Me lavo la cara, me aplico filtro solar, crema hidratante, corrector, base y bronceador, todo ello en un lance rápido y automático. Trazo con el delineador líquido las dos perfectas alas de mis ojos y me pongo el labial rosa mate de costumbre. Me enderezo en el baño y me miro un largo rato en el espejo. Imagino que grito hasta que el espejo y todos los cristales de la casa vuelan por los aires y la fuerza de mi ira hace estallar el resto de las ventanillas del flamante coche blanco, así que un granizo de vidrio llega hasta la calle como un aguacero. Cuando me quejo de K con mis amigas, les digo que no quiero desperdiciar en esta relación mis "años mozos" y quedarme sin nada al final. Frunzo los labios ante el espejo y pienso: *¡Que se joda!* Soy bella aún, hay tiempo todavía. Pero tiempo para qué, ¿para otro hombre?

Para lo que *no lo hay* es para que pegue una bolsa de basura en el vidrio roto, aunque tampoco tengo cinta adhesiva. Llevo a los niños a la escuela bajo la intensa luz LED del cielo de la mañana a la vez que el viento entra ruidosamente por la inmensa abertura que el cristal dejó. Cuando me asomo por el espejo retrovisor, veo que mi hijo hace muecas a causa de la severidad del viento, el cual se ha vuelto casi cómico, y que está a punto de llorar. *¡Sube el vidrio!*, grita y apenas lo escucho porque ya estamos en la autopista y el viento sopla muy fuerte. Pienso en el cortisol que ha sido bombeado en mis venas y me pregunto si mis hijos sienten el estrés y la furia que irradio como las líneas hediondas en una caricatura. *¡Lo haría si pudiera, cariño!*, le digo. *Ya vamos a llegar a la escuela y mami arreglará el coche hoy mismo. Rompieron la ventana completa, ¿lo puedes creer?*

Informo a mi jefe que debo trabajar en casa —problemas con el coche— y llamo a varios sitios que instalan cristales para automóvil a fin de saber cuál es el más barato. Una compañía reemplaza ventanas a domicilio; pedí ese servicio en una ocasión anterior y los niños presenciaron todo desde su recámara —era mejor que la tele—, pero ahora no puedo pagarlo. Llevo el Forrester a Alameda y me siento frente a un horno de microondas en la sala de espera de una tienda de cristales. Un amplio surtido de bolsas de té herbal con envolturas de colores ha sido apretujado en un vaso de unicel. Hay también un vaso con agitadores de plástico de color café oscuro junto a una cafetera para dos tazas y una tetera eléctrica. Un televisor montado en la pared proyecta *The Ellen DeGeneres Show* y pienso que es probable que Ellen me haga sentir mejor, pero bajaron el volumen del aparato y no hay control remoto ni nadie a quien pueda pedírselo. Aunque saco de mi bolsa una novela, estoy demasiado enojada para abrirla y le texteo a Claire.

YO: *nuevo cristal en reemplazo de la ventana rota del auto en préstamo: $300. saber que eres responsable del remedo de vida de un cuarentón, no tiene precio*

CLAIRE: *QUÉ*

YO: *llegó a casa a las 7:30. debo agradecer que no esté muerto?*

CLAIRE: *no sé cómo haces para no matarlo. dónde durmió?*

YO: *qué es dormir*

no creo que lo haya hecho

CLAIRE: *oye amiga!!!*

cuánto más vas a aguantar?

No mucho más, contesto, pero ¿a quién engaño? La reparación del cristal tiene un costo de trescientos dólares —más que de costumbre, pero es que acaban de empezar a usar un nuevo tipo de vidrio, ¡desde luego!—, suma que cargo a una tarjeta de crédito como lo hago siempre que surgen pequeños imprevistos para los que no tengo dinero. Con K, estos casos se han multiplicado exponencialmente. Cuando subo al coche y me inclino para adelantar un poco el asiento del conductor, un tubo de lápiz labial rueda debajo de él. Es un tubo blanco dividido por una fina banda dorada similar a un anillo de bodas. La pigmentación es de un rojo pardusco y menstrual con un lustre metálico de destellos diminutos, un color que yo no usaría nunca. Cuando lo giro, exhibe un perfil grotesco, está gastado de un modo muy distinto a cualquiera de los míos, y la rareza de su forma lo vuelve en cierto modo más asqueroso. Mi corazón se agita en lo que lo devuelvo a su estuche y reanudo con insistencia mi respiración de dragón.

Hay muchas formas de estar con un adicto, muchos tipos de adictos con los cuales estar, y esta enfermedad posee demasiadas fases y grados. En algunas personas constituye un secreto: nadie lo sabe ni lo sospecha. En otras es un secreto a voces, como el de que hay pervertidos en la iglesia. Y después está la versión obvia, el accidente de tren, el espectáculo, cuando es imposible ocultar que eres un completo desastre, como nos ocurría a K y a mí.

Yo era para él una empresa de relaciones públicas constituido por una sola mujer. Mi trabajo consistía en protegerlo de las verdades de sí mismo y los juicios ajenos, atrancar la puerta, cerrar la ventanilla y cuidar el lugar. Y cuando lo odiaba y me enfadaba demasiado para soportarlo, me convertía en lo contrario: su enemiga, una bruja. Rompía nuestro contrato, les decía todo a todos. Les confiaba a mis amigas las cosas que él decía cuando se emborrachaba, cuánto dinero había gastado. Les hablaba del vómito y el llanto y las disculpas. Urdía una trama en la que yo era la víctima. Su adicción no era una fuerza que se aprovechara de él; *él* era una fuerza que se aprovechaba de *mí*.

Tan pronto como acabamos de instalarnos en el nuevo departamento, decidí hacer una fiesta para inaugurarlo. Cada vez me fastidiaba más la sensación de que K y yo llevábamos vidas separadas, de que teníamos amigos aparte. En vista de que nuestra relación había empezado como un secreto, era raro que yo la sacara a la luz. Pensé que una fiesta de inauguración nos daría la oportunidad de fundir nuestros mundos y crear una noción de normalidad. Me puse a hacer una larga lista de canciones y a efectuar el tipo de limpieza que consiste en meter en armarios y cajones un montón de ropa y una pila de papeles. Claire vino a ayudarme, colgamos lámparas en las ventanas de la sala, hicimos ponche de frutas en un gran tazón esmaltado decorado con motivos florales, y en jarras de plástico de Trader Joe's preparamos una mezcla de vodka barato con jugos tropicales de dos sabores. Mi círculo social me preocupaba entonces: lo que mis amigos de la escuela de posgrado sabían era que yo había recibido un permiso de ausencia indeterminado. Me apenaba haber dejado la academia y aceptado en San Francisco un puesto corporativo al que me presentaba de saco y tacones. Muchos de esos amigos eran sujetos tranquilos y educados con una personalidad modesta, gente buena, honrada y trabajadora a la que, en el colmo de mi egoísmo, imaginaba dueña de una vida sumamente ordenada. Además, estas personas habían conocido a mi esposo cuando cursamos juntos los dos primeros años del doctorado, y temía que su súbito reemplazo las confundiera. ¿Me preguntarían qué había pasado? Era probable que evitáramos todos los pormenores si bebíamos, hacíamos bromas inofensivas y nos embriagábamos un poco con el ponche. *¿Quieres invitar a alguno de tus amigos?*, le pregunté a K cuando, una noche, llegó a casa después del trabajo. Veía un programa en mi laptop cuando lo oí llegar. Aún pensaba en la ropa que llevaba puesta y la posición en la que se hallaba mi cuerpo cuando su llave empezó a girar en el cerrojo. Recordé en ese instante que, según la crítica de cine feminista Laura Mulvey, el papel que las mujeres representan en las películas es *el de ser miradas*. Éste era mi caso. Invariablemente me preguntaba cuál sería mi apariencia cuando K llegara. En esos días apuntaba a algo entre seductor y doméstico, como ropa interior de encaje, una camiseta y una mascarilla de un color pastel secándose en mi rostro, con una pierna desnuda encima del edredón. Él llegó, se inclinó sobre mí en el sofá y cuando me dio un beso suculento percibí que olía vagamente a humo de cigarros de terceros. Entró a la cocina, bebió un vaso grande de agua y limpió el sudor de su frente. *Estaba pensando que sería interesante que presentáramos entre sí a algunos de nuestros amigos*, continué. *¡Claro!*, respondió, *creo que podría invitar a Sam y a Bill. Invitaré a algunos.*

No pareces muy convencido, le dije. Entornó los ojos con un gesto teatral.

¿De veras? Porque acabo de decirte que lo haré, repuso.

Está bien, no te quiero presionar. ¿O crees que no deberíamos hacerlo? ¿Te preocupa que tus amigos no se diviertan o algo?

Se acercó al sillón. *No me preocupa nada*, dijo en forma concluyente.

Piensa en lo agradable que sería que uniéramos un poco nuestros mundos, agregué.

Sus ojos chispearon cuando miró los míos y dijo con un tono socarrón: *Sí, hagamos que mi mundo se una con el tuyo, Nina.*

¡Hablo en serio!, exclamé, pero él ya tendía su cuerpo sudoroso sobre mí.

¡Yo también!, replicó con una falsa nota de sordidez, se agitó y besó mi cuello en tanto yo gritaba y reía. *¡Unamos nuestros*

mundos! He esperado todo el día la oportunidad de hacerlo. Demasiadas promesas se disolvían en risas y sexo entre nosotros. Ignoro si había escuchado siquiera algo de lo que dije.

El viernes siguiente sostuve con él una conversación banal en nuestra recámara mientras me probaba atuendos para la fiesta y me ponía y quitaba media docena de pares de zapatos. Tenía muchos vestidos casi apropiados para una joven que transitaba a la maternidad, pero que ya eran demasiado atrevidos para una madre de dos. Además, nadie en California vestía sus mejores galas. Aun así, yo era la anfitriona, así que podría darme el lujo de lucir refinada sin que tuviera que soportar la cantarina interrogante de índole agresiva pasiva que se me dirigía en ocasiones en el campus: *¿Adónde piensas ir tan arreglada?* (una reformulación cortés de la pregunta evidentemente retórica *¿Quién te crees?*).

¿Quién crees que aparezca esta noche?, le pregunté mientras me calzaba unas viejas sandalias de tacón que acababa de hallar al fondo del clóset; daba la impresión de que estaban manchadas, ¿quizá se habían enmohecido un poco? *Debería tirarlas*, pensé. *Debería tirar todas estas cosas.* K se levantó detrás de mí; era muy común que me hablara estando a mis espaldas porque me observaba y perseguía siempre que yo hacía algo.

No sé, contestó con frialdad, *¿a quién invitaste?* Se resistía a dejarse atrapar por mi ansiosa energía atenta a los preparativos. No se movió de su sitio y pasé junto a él tres o cuatro veces de camino al baño, en el que disponía de un espejo más amplio y una luz más brillante y desde donde alcé la voz para que me oyera.

Me refiero a tus amigos, me alisé la falda.

Sí, no sé, salió de la recámara al pasillo.

¿A quién invitaste?, pregunté detrás de él. Se acercó al sillón y se sentó. Reformulé la pregunta. *¿Invitaste a alguien?*

A mis amigos no les gustan mierdas como ésta, hizo un ademán desdeñoso, con un movimiento francamente masturbatorio, en dirección a la casa, la decoración y la apresurada limpieza, que ahora parecía desesperada y excesiva.

¿No les gustan mierdas como cuál?, insistí y sentí en mi interior el conocido y hormigueante sofoco que me atacaba a raíz de estas humillaciones, una vergüenza que estalló como un brote de urticaria. Apreté la lengua contra el paladar como hacía siempre que quería contener el llanto. Volví a oír en mi mente mi primera pregunta —*¿Quién crees que aparezca esta noche?*— y la resuelta espontaneidad con que la hice me apenó, la idea de que a él le importaría cómo saliera la fiesta, la suposición de que estábamos juntos en esto, en todo. Me senté en el sillón y lo miré.

¿Vamos a discutir justo ahora?, inquirió. *¡Por favor no hagas esto! Tus amigos están a punto de llegar, ¡goza la fiesta!*

Contuve la indignación con un par de pestañeos y miré hacia la cocina. Había comprado buenas marcas de vodka, whisky y hasta ron y al menos media docena de botellas de vino. Una vara de incienso despedía una fina espiral de humo sobre la mesita del café. En la barra, grandes bolsas de totopos sin abrir esperaban como dirigibles a que se les decorara con el guacamole que Claire y yo habíamos preparado y que reposaba en el refrigerador envuelto en plástico transparente. Yo había imaginado durante la semana cómo sería el encuentro entre nuestros amigos y en mi cabeza todo había salido bien. Habría ponche suficiente para salvar los silencios, la sala sería lo bastante oscura y la música lo bastante ruidosa para que todos se sintieran afables y relajados. O tal vez sería como un mal baile escolar y nuestros conocidos formarían grupos aparte. Aborrecía los incómodos minutos iniciales de una fiesta, cuando la casa se ve demasiado limpia, ordenada y falsamente dispuesta, el esfuerzo para presentarla salta a la vista y los primeros invitados se mezclan en la cocina sin mirarse siquiera. Pero esta fiesta no sería ahora una cosa ni otra. De repente todo resultaba absurdo, incluso este momento. Entre K y yo no existía ningún nosotros. Fui yo quien sugirió que organizáramos una reunión, él nunca mencionó nada parecido, no ayudó a ordenar ni decorar, no aportó provisiones. Y aunque dijo que invitaría a sus amigos —lo único que le pedí—, no lo hizo ni lo lamentaba. Había dicho a todo que *sí* para hacer al cabo su voluntad.

Estos momentos iluminaron el amplio alcance de su desinterés por mí. Era incapaz de disculparse al instante de algo como esto, de decir *Perdón, querías que invitara a mis amigos pero la idea no fue de mi agrado o no me pareció atractiva.* (Yo era muy buena para pensar en lo que él debía decir y no decía, quería dirigir sus palabras con un *teleprompter* y que se comportara como yo deseaba.) Y ahora estaría emocionalmente ausente, fuera de servicio. Vi ante mí la noche que me aguardaba, un periodo de varias horas durante el cual él sería inaccesible y no me daría señales de claridad ni de cariño. Daría sola esta fiesta. Él se mostraría huraño, haría sentir mal a la gente y al final se refugiaría en la recámara para ver una película en la computadora.

Pensé en mi esposo, siempre seguro y desenvuelto en sociedad, manejable, traducible. Ambos encajábamos sin problemas en cualquier escenario. Recordé la fiesta de Navidad de su oficina en nuestro primer año en California, un evento ostentoso de una compañía tecnológica pionera al que acudimos sonrientes y elegantes y en el que conversamos con sus nuevos colegas sobre precios inmobiliarios, un tema sin ninguna trascendencia para nosotros. Bebimos los licores que la compañía nos ofreció, cenamos ostiones y reímos de nuestros mordaces comentarios acerca de ese ambiente, a pesar de lo cual nos veíamos bien, como los novios de azúcar de un pastel de bodas.

A menos de una hora de iniciada, mi fiesta era un éxito. Mis compañeros se habían soltado, lucían menos torpes y enviaban mensajes a sus amigos, quienes llegaban con otros más, gente distante, de buen aspecto y cubierta con suéteres de lana que aseguraba con candado su bicicleta y se despeinaba a propósito antes de entrar sonriendo a la casa, con cautela y labios tensos. El departamento se llenó hasta el tope, la gente conversó a rabiar, el tazón del ponche se vació de un cucharón tras otro y cuando fui a preparar otro alguien ya había preparado un tercero, con vodka y la limonada Santa Cruz que halló en el refrigerador. No sin un poco de miedo, busqué a K con la mirada. Quería compartir con él uno de esos momentos de una fiesta en que te le apareces a tu novio e intercambias con él una breve chispa de entendimiento, contacto visual y el retórico *Cómo te la estás pasando* sin otro fin que el de confirmar que se pertenecen uno a otro como a nadie. Aunque lo vi en la cocina al comienzo de la velada, ahora no lo encontraba en ninguna parte. Tranquila en apariencia, recorrí una a una todas las habitaciones con los ojos bien abiertos. *Ya conocí a tu nuevo galán*, me dijo mi amiga Olivia con voz pícara y aguda cuando pasé junto a ella en dirección al baño. *¡Está guapísimo!*, alzó las cejas. *Graaacias*, elevé las mías, sonreí y continué con la distraída búsqueda de mi nuevo, guapísimo galán. De pronto sentí un escalofrío y las piernas heladas. Ignoré mi pensamiento más frecuente sobre el área de la bahía: *¡¿Por qué siempre hace frío aquí?!*, aun bajo la luz caramelo de una concurrida fiesta en interiores. Justo entonces vi a K entre el gentío, que abría la puerta al otro lado del departamento. Pese a que lo llamé por su nombre, no volteó; la música estaba demasiado fuerte. Me abrí paso por una nube de humo, oí fragmentos de la conversación en la mesita del café e hice girar la perilla un segundo después de que él salió. Cuando abrí, vi que cambiaba el barullo de la fiesta por el silencio de la noche y un sedán color crema, del que bajó su amigo Sam para saludarlo. Se abrazaron, K le palmeó la espalda, Sam dijo entre sonrisas *¡Hola, viejo!* y se apartaron. *¡Líbrame de este infierno!*, rio K.

Estaba por volver a llamar a K por su nombre y preguntarle adónde iba cuando escuché aquello y me paralicé, flanqueada por la puerta. La luz del porche caía sobre mí. Afuera hacía más calor que adentro, aun con tantas personas en casa, un calor bochornoso de primavera. Me pregunté si fingiría que había salido por otra razón, para fumar tal vez, aunque había quienes fumaban en el patio de atrás y quienes fumaban marihuana adentro, pero entonces Sam me vio. *¡Hola!*, exclamó sorprendido. *Hola*, contesté. Aunque de seguro tenía la misma expresión humillada de antes, me propuse no mostrarla, no evidenciar ninguna emoción. K sonrió y se hizo el desentendido. *¡Ah, hola!*, saludó como si yo no hubiera oído lo que dijo. Era experto en fingir demencia cuando se le sorprendía *in fraganti*. Intenté sonreír y mi boca formó una delgada línea recta. *Regresaré más tarde*, me dijo desde la ventanilla mientras se alejaban y a mí se me hacía un nudo de vergüenza en la garganta. Levanté el mentón y asentí con frialdad.

El resto de la noche es un vacío en mi memoria, como tantas otras. Al modo de una lata de pintura derramada, la indiferencia de K cubrió la parte complementaria de la fiesta. Claire se quedó hasta que todos se marcharon y me ayudó a lavar los trastes del guacamole y los vasos de vidrio que usaron los invitados, pese a que dejamos un centenar de vasos de plástico junto a la bebida. Al final la gente abre siempre las alacenas y toma lo que necesita. Me encantaba hacer con Claire el resumen después del partido; nadie como ella para percibir los pormenores de las interacciones sociales, si bien tendía a excederse en sus apreciaciones, en especial de nuestros compañeros de posgrado. Por si fuera poco, también me superaba en destreza para el aseo. Mientras yo platicaba recargada en el mostrador, ella iba y venía con una esponja húmeda, ajustaba cosas de manera automática, las acomodaba. No sólo ayudaba a que todo volviera a la normalidad después de una reunión en mi casa; ponía tanto esmero en ello que la hacía brillar. Teníamos el semblante deshidratado y de ojos rojos del final de una noche, mi lápiz labial color uva impregnaba las arrugas de mi boca y nuestra voz ya era ronca y grave, pese a lo cual nos resistíamos a separarnos. La casa estaba sucia todavía y no cesábamos de reír. Ella vaciaba las botellas de cerveza restantes y las tiraba a la basura en tanto yo barría; el piso estaba pegajoso a causa de las bebidas derramadas y las huellas de zapatos y habría que trapearlo a la mañana siguiente.

Así que no... no sé, comenzó y tomó aire. *¿De veras él se fue a media fiesta?*

¡Sí!, dije con falsa animación. *Bueno, qué más da. Me hizo creer que ofreceríamos juntos esta velada y unas horas antes me dijo que estas cosas "no eran de su agrado". Parece que a sus amigos no les gustan las fiestas.*

Ja... ¿acaso les gusta otra cosa?, preguntó. *¿Están muy ocupados curándose del cáncer o algo así? Sé que a ti no te importa, pero pienso que eso estuvo muy mal.*

¡Claro que me importa!, reclamé.

Este hombre es impredecible, Nina, simplemente no lo entiendo. ¿Sabes qué es lo más extraño? Que al principio estuvo muy amable, se puso a platicar con Danielle, Marissa, el novio de ésta y yo y fue simpático y encantador, les preguntó sobre su investigación y yo pensé: ¡Vaya, alguien se comporta de maravilla esta noche!

Sí, dije, *él es ilógico*. Dejé de barrer, sostuve la escoba frente a mí al modo de Cenicienta, como si fuera a bailar con ella, y abrí la boca para contarle a Claire lo que oí que K le decía a Sam, a fin de que supiera que las cosas no quedaron en que él hubiera desparecido, sino que además le había llamado a un amigo para que viniese a recogerlo y lo sacara de aquí. La frase que dijo entonces —*¡Líbrame de este infierno!*— resonaba en mi cabeza todavía. Con todo, no se lo dije, ya fuera porque me moría de vergüenza o porque en ese momento me convencí de que aquello carecía de importancia. Ella sabía que él se había marchado y que era el colmo que fuéramos nosotras y no mi novio quienes laváramos y secáramos los trastes y sacáramos las bolsas repletas de basura al contenedor gris.

Ni siquiera el mismo infierno es tan feroz como la mujer que cuida de un alcohólico. *El libro grande* caracteriza al alcoholismo como una enfermedad que "devora a todos aquellos cuyas vidas tocan la de la víctima. Trae consigo malos entendidos, un rencor atroz, inseguridad financiera, disgustos con amigos y empleadores, la vida descarriada de hijos inocentes, la tristeza de esposas y padres". En un memorándum sin fecha, Lois Wilson describió sucintamente nuestro apuro: "O bien intentábamos conducir las cosas con un rigor extremo, nos atribuíamos la [...] culpa de que nuestro cónyuge bebiera y nos esforzábamos demasiado por detenerlo, o bien aliviábamos nuestro penar con copiosos baños de autocompasión, siendo que ninguna de ambas cosas es recomendable. A nuestra manera, si bien con menos afectación, cometíamos tantos excesos como nuestros bebedores compulsivos. [...] Consentir una cólera ardiente, el reproche violento, la frustración neurótica, la mayor distancia posible para huir de la vergüenza o de la lástima es un acto tan incontrolado como el alcoholismo de nuestra pareja. Lo reconociéramos o no, la nuestra era también una enfermedad, un trastorno mental en que habíamos caído".

En su primera versión, AA y los grupos auxiliares que terminaron por conocerse como los Al-Anon Family Groups promovían la visión de que el matrimonio de un alcohólico era doblemente imperfecto. Aunque *El libro grande* era muy radical en su franco juicio del desastre financiero, social y emocional provocado por el alcohol, muchas de sus prescripciones eran mojigatas. Una esposa debía abstenerse de reprender, no fuera a ser que alentara a su esposo a embriagarse. Debía omitir manifestaciones de rabia o desilusión. Algunas esposas se habían mostrado calladas y serenas ante el alcoholismo de su esposo sólo para darse cuenta de que eso lo volvía brusco y hostil. O sufrían dolores de cabeza o espalda y otros malestares relacionados con el estrés. El enojo ocupaba un lugar en el paradigma de Al-Anon, pero se recomendaba ampliamente la catarsis para que se le volviera productivo.

Muchas recomendaciones del *Dilemma of the Alcoholic Marriage* consisten en asumir esa furia desenfrenada y utilizarla en casa o en el jardín. "Para librarme de mis repulsivos sentimientos (¡la cólera me daba mucha energía!), salía al jardín y cavaba. Me hacía creer que cavaba la tumba de mi marido; ¡no sé cuántas veces lo enterré en el patio! Al final tuve una zanja bella y enorme en la cual sembrar". Esta integrante de Al-Anon cultivaba flores y verduras. Y continúa: "¡Todo el verano llevé mis rencores a las reuniones de Al-Anon en forma de unos ramos preciosos!".

Otra asidua de Al-Anon propone: "Si de repente te dan ganas de degollar a alguien, pica verduras para hacer una salsa y obtendrás una satisfacción inmensa y un beneficio adicional". Una tercera añade: "Cuando experimentes el deseo de 'acabar con alguien', usa esa energía para fregar el piso o pulir los muebles". Otra sugerencia era hornear pan: golpea y aporrea la masa, álzala y azótala sobre la mesa, "extiéndela como si hicieras trizas a alguien y el resultado será una hornada de exquisitos panes hechos en casa con un aroma delicioso".

Capítulo veinticuatro

Cuando disolví mi matrimonio, me compliqué la vida al punto mismo de lo irracional: esto nunca me pasó inadvertido. Pero recibí a cambio la materia más preciada en el mercado de la maternidad: tiempo. Recuerdo haber leído en la escuela un comentario de una feminista sueca. Dijo que la única esperanza de que haya paridad de género en el hogar es el divorcio. Yo comprobaba la veracidad de ese juicio. Pago con sufrimiento pero soy libre.

K y yo salimos las noches que tenemos desocupadas. Subimos el volumen del estéreo de mi coche y volamos por la ciudad con latas de pintura en aerosol que tintinean en el asiento trasero mientras entonamos a gritos antiguas canciones punks. En Grand Avenue nos tocan solamente luces verdes y clamo a voz en cuello *Oh yes, wait a minute, Mr. Postman* con un dedo apuntado al cielo. Cuando reanudamos nuestra amistad, solía preguntarme si alguna vez me sentiría lo bastante en confianza con K como para cantar en el coche, cantar de veras, como lo hacía cuando estaba sola, y bebo un sorbo de una botella de vodka New Amsterdam envuelta en papel, que sabe a alcohol puro y suelto sin vergüenza un desentonado canturreo que comparto con él. Traemos puestas nuestras parkas y los guantes sin dedos para combatir el frío glacial de las noches de San Francisco. A través de mi visión debilitada, la lluvia de los cristales del carro convierte los semáforos en manchones, y sobre las gotas se desliza ventana abajo el paisaje nocturno. A pie en la calle sorbemos otro medio litro de un vodka tibio y en el bar pedimos vodkas con soda. Vasos de color lechoso con arañazos entrecruzados, el desgaste de miles de ciclos calientes en la lavadora de trastes. La soda ha perdido gas y los limones están podridos. Sentimos una dicha efusiva, que no tocamos el suelo, los globos aerostáticos de la esperanza y la fatuidad alcohólica. Nos tomamos una tira de fotos en la cabina de Bender's. En una de ellas él rodea mi cuello con la mano y la vena de mi frente sobresale. Una pantomima de asfixia que es un sofoco real. En otra nos besamos, mi quijada dibuja una línea en el centro de la imagen. Noto que mi lengua está en su boca. Un fragmento de un recuerdo de otro sitio, donde una vez nos sentamos bajo una luz cálida y tenue, rojiza, que se concentraba en las mesas de madera de cada caseta. Esferas de luz recorren la pared del bar. Paso los dedos por las cicatrizadas grietas de los cojines de imitación piel y color salsa cátsup y leo las inscripciones talladas sobre la mesa. Décadas de tediosa inanidad cuya preservación las vuelve vagamente interesantes. Cada minucioso grafiti fue una noche callejera de alguien cargada de significado, llena de posibilidades, bromas. Ahí pedí vodka sin hielo y cuando la botella se inclinó, vi que el líquido formaba finas burbujas conforme lo servían. Pagué y bebí mi primer trago, su fuerte sabor no diluido, cada sorbo una decisión y yo hacía alto antes de que lo pasara, para estar alerta. Era como beber un trago de semen: por una fracción de segundo, un pánico ancestral —*¿Qué hago con esto?*—, luego una respiración honda y *ulp*. Lo trago. Como medicina. Mientras fumaba afuera vi que K ordenaba otras copas, examiné su chamarra y sus zapatos, el nacimiento de su cabello. Mi chico guapo, mi buen amigo. ¿Parecía un idiota? Era mi idiota. Si me apartaba de él, en el acto me sentía su protectora, a un par de metros y una ventana desde la cual observar.

Estas noches eran como las de Nueva York, el frío inclemente de principios del invierno cuando el aire olía a limpio, tan recién ahumado que dolía respirar y las sucias pilas de nieve y hielo a un lado de la calle parecían las nubes de un paisajista, una docena de tonalidades blancas trazadas con el matizado pincel de un centellante gris pardo, luego pizarra, después oscuro. De noche refresca tanto en San Francisco que mi cuerpo enrojece, se impacienta por dentro, se enfría hasta que aspira y exhala una feliz bocanada de vaho. Nos quedábamos fuera hasta las tres o cuatro de la mañana. La mayoría de la gente se resguardaba en su cama, y para mi contento yo no me encontraba en ese caso. Me gustaba sentirme exhausta, con arena en las pupilas como azúcar en los dientes, la grupa tan sudada como la de un caballo de carreras, que hubiera corrido toda la noche.

Cuando llegamos a casa, nos desvestimos y caemos rendidos. Él admira la curva de mi trasero, acaricia una y otra vez su pendiente como si contuviera las respuestas de los misterios del universo. Me acuesto pecho tierra, sonrío de una forma que siento sensual incluso dentro de mi boca —él me hace sentir así— y pasa la mano por el dorso de mis piernas, de los tobillos a las corvas y los muslos, hasta que se detiene donde terminan y el trasero comienza. Lo hace mil veces. ¿Qué desea saber? Me toca de otro modo, sin la usual certidumbre tiránica. Siento el atontado júbilo de sustancias que se tiende desde dentro como un derrame de petróleo y nos dormimos.

Amar a K es algo físico, un deporte de combate con un sabor diferente cada día. Él es el carnicero y yo la carne. Algunos días lo tomo con la seriedad de un entrenamiento, a la manera en que alguien recién abandonado adopta el kickboxing y se deleita en las gotas de un sudor decidido y resuelto. Otros días tiemblo, me siento nerviosa y parezco nueva, como

si no supiera qué es el sexo. Vivo una fantasía de mi desflo-
ramiento. Otros más tengo miedo, sufro una extraña agonía
extática y presencio muda el tiroteo, la agitación y las descargas de un auténtico dolor corporal. Un dolor etéreo, luminoso, como la dura eflorescencia del cristal en el interior de una
geoda. Un dolor que no he sentido desde que di a luz, pero
que resulta adecuado para una metáfora, aun si no llega más
allá de ella, más allá del lenguaje, como lo hace un parto. Que
perfora mi cuerpo con láseres. Se arrastra como bisturíes. Me
deja sin sentido como un tablón. "¿No existen acaso ciertas
circunstancias en las que la humillación no es un horror sino
una vía, un pasaje a algo más, a algo tranquilizador?", inquiere
Wayne Koestenbaum en su libro acerca de la humillación. K y
yo peleamos, forcejeamos, odiamos hacer el amor, reímos sin
fin, cogemos y luego lloro y cogemos más. Me abofetea, escu-
pe en mi boca, toma mi cuello con su mano vigorosa hasta que
los contornos de mi visión se difuminan. *Split me like timber*
[...] *beat me like egg yolks*, canta Cate LeBon en "I Can't Help
You". Soy un gato al que puede sujetar por el cuello, paralizado
por la impotencia. Cuando se la chupo, le gusta que me apoye
contra la pared, aunque no en una postura cómoda o que se
cuente entre las que creo habituales, sino agachada, asimétri-
camente acuclillada —una rodilla extendida a un lado, la otra
doblada como si fuera a hincarla en el suelo— y con el peso de
mi cuerpo sobre mis tobillos de huesos de pollo.

Oprime mi rostro con tal fuerza que durante una semana
veo en el espejo la marca de su pulgar en mi mejilla, un óvalo
pequeño e imperfecto del color de una bebida con sabor a uva.
En una pausa para comer, compro una bolsa de regaliz en tiras
de color rojo y una base de maquillaje de tono más claro y barata para cubrirla. Esto me da una excusa para hacer un largo
viaje al baño, donde sorbo como espagueti aquellas agujetas

dulces a la vez que paso por la herida mi corrector, un poco de base y unos polvos. Queda bien camuflada; el maquillaje es denso y sedoso, así que aunque la marca semeja todavía una imperfección simulada, al menos no se ve como lo que es. En lo que desaparece, cada mañana pongo extremo cuidado en este nuevo ritual, me restriego la cara y aplico mi conocido arsenal de cremas junto con la cubierta de tres capas. En un par de ocasiones pongo la mano donde estuvo la suya, aprieto mi rostro como él lo hizo. Mi piel tiene la elasticidad de una ciruela pasa.

Coger con él es como una "sesión", un asunto serio, tras de lo cual salgo del departamento y tomo el tren en el grato estado de coma en alerta del trauma reciente, un desplazamiento exquisito fuera del tiempo, como cuando un halo de estrellas y pajaritos rodea una cabeza en las caricaturas. Mascullo una combinación peculiar de asombro y hartazgo, una perplejidad casi enfadada, como los visitantes en el interior del cuerpo de John Malkovich en la película *Being John Malkovich* (*¿Quieres ser John Malkovich?*), quienes después de pasar quince minutos en la mente de ese actor son escupidos, bruscamente devueltos al mundo y arrojados a una cuneta en la autopista de New Jersey, en condiciones de desorientación y agotamiento.

K estaba tan seguro de su vínculo con todos los maleantes del mundo que recorría las calles de la ciudad con la presunción de un estafador de la década de 1970, buscando problemas. No necesariamente para meterse en ellos, sino tal vez para demostrar que podía hacerlo y dirigirles una señal de complicidad, como si dijera: *Te reconozco*. Pobreza, mendicidad, inmundicia: *las reconozco*. ¿Vandalismo, gangsterismo, hooliganismo,

mugre, hollín, oscuridad y delincuencia? Sé quiénes son. Los
veo y no les tengo miedo. Esto formaba parte de su teatralidad.
Era uno de los recursos con los que compensaba su agobian-
te vulnerabilidad al alcohol y las drogas, y puesto que hablaba
el lenguaje internacional del inframundo, la ciudad era más
suya que mía. Cuando pasaba junto a los desharrapados indigentes, los yonquis correosos y repulsivos que asentían a
medias en escaleras ajenas, las putas obstinadas en peinarse
mientras tocaban el sucio encaje de sus shorts, mantenía la
barbilla en alto o la alzaba un centímetro en su dirección. Era
un saludo. Ellos tampoco se metían con él.

    No todo era actuación, sin embargo. Su experiencia
como adicto le había dado una idea del sufrimiento sin sentido, asunto que abordaba con una empatía sorprendente.
Cuando un amigo suyo cayó en la cárcel tras haber hecho
todo lo posible por no intoxicarse, le escribió al juez para dejar constancia de la integridad de ese sujeto. Y aunque era raro
que tuviera dinero extra, siempre les daba uno o dos dólares a
los vagabundos de las esquinas. *No los desperdicien en comida*,
les decía, con lo que les arrancaba carcajadas.

    Sería un error afirmar que en su adicción había algo gla-
moroso. Conozco bien las adicciones para saber que no es así.
No había nada glamoroso en ella pero sí, a mi juicio, algo cau-
tivador, una política de desautorización que cabría atribuir al
punk rock. Un escepticismo tan genuino que resultaba estimulante. El mundo yonqui se ha volcado tanto hacia la industria farmacéutica en la última generación que es difícil
recordar que alguna vez se asoció con una estética o política, un nihilismo más estilizado, la producción creativa o cualquier cosa remotamente sofisticada, como la literatura o el
jazz. En la obtención de un pinchazo en una farmacia cvs hay
algo que excluye por completo al rocanrol.

Polemista notable, cuanto más descendía K en la adicción, más hábil era para defenderla como una postura ética. En una ocasión en que estaba dopado, vimos un documental sobre la guerra civil en Siria, y cuando apareció en la pantalla el cadáver de un niño arrojado a una playa turca —de un refugiado de tres años de edad llamado Alan Kurdi—, rompió a llorar. Nunca lo había visto así. Dijo algo ininteligible relacionado con mis hijos, tal vez que ese chico tenía una madre, y añadió: *¿Crees que me dan ganas de estar consciente en un mundo en el que el cadáver de un niño es arrojado a una playa sólo porque a nadie se le ocurrió ofrecerle un lugar donde vivir? ¿Debo seguir yendo a trabajar y fingir que cosas como ésta no suceden nunca?* Me dejó sin habla.

Si te lo tomabas en serio, ser yonqui también te libraba de la inseguridad. Todas las preocupaciones de K en el sentido de que no le agradaría a la gente, de que sería incapaz de conservar su máscara astutamente trabajada, su complejo de impostor, su miedo a no estar a mi altura y que la gente lo notara, desaparecían instantáneamente. Una vez comparó sus viajes de drogas de última hora con el relajado espacio emocional posterior a la masturbación. *La gente se masturba antes de ir a una cita o entrevista de trabajo*, dijo, *para que pueda disponer de unos minutos de calma y aislamiento. ¿Qué caso tiene que yo lo haga si puedo comprar esa misma sensación y metérmela por el brazo?*

Siempre me había tomado a orgullo mi adaptabilidad, mi aptitud camaleónica para desplazarme por diferentes ambientes sociales y sortear con gracia y soltura sus variadas expectativas. Me emocionaba tener un pie en dos mundos, experimentar la polaridad de una doble vida. Igual que muchos otros codependientes, sentía una recarga de autoestima cuando examinaba las contradictorias demandas que yo misma me imponía; lo vasta, complicada y difícil que era la vida que "controlaba", los numerosos detalles que mi mente era capaz de alojar en forma simultánea, los muchos platos que hacía girar. De joven sentía la misma emoción cuando escondía el secreto de que había tenido sexo toda la noche, salvo que ahora me sentaba en salas de conferencias cubierta con vestidos formales, anteojos y medias y ajustaba mi suéter tejido al tiempo que oía una presentación y pensaba en mi novio —quien era probable que en ese momento se inyectara crack, así que lo imaginaba clavándose la aguja, y que yo apartaba la vista— o fantaseaba sobre lo que les haría de cenar a mis hijos. *No muchas personas eran capaces de una proeza así*, pensaba con locura evidente. ¡Esto era "mantener las cosas en marcha"!

K sostenía una paradójica relación con la verdad. Por una parte, jamás la *decía*, le importaba un comino, les mentía a todos. Por otra, en su nihilismo y fatalismo había algo tan brutal e innegablemente verdadero que se saltaba de golpe todas las mierdas burguesas de mi existencia. Aspirar a una vida ética en un mundo moralmente arruinado era para él una broma. La disonancia cognitiva de vivir en medio de la guerra y bajo el capitalismo, la falsedad insaciable de los adultos eran cosas que no toleraba. Yo me identificaba tanto con esa actitud que a veces juzgaba positivo que uno de nosotros se apartara, fuera capaz de evadirse decididamente de lo grotesco del mundo. ¿Para qué hacer la prueba siquiera? ¿Por qué no vivir anestesiado en la descarnada intersección del arte, el sexo y el crimen? Percibía esto como algo punk, existencialista. A una parte de mí le agradaba asociarse con esa negación y financiar sus misteriosas operaciones como si se tratara de las de una célula terrorista a punto de atacar.

Al mismo tiempo que escribo esto, reconozco su ridiculez. A lo mejor lo único que yo quería era hallar significado en la incapacidad de K para cumplir su deber y ser un buen hombre. ¿Y ésta no es acaso una responsabilidad adicional para las mujeres? Tener que desenterrar y analizar los traumas de los hombres —una tarea no remunerada que ellos no realizarán—, atribuirles un razonamiento profundo que justifique que nos maltraten. ¡Qué generosas somos con el contexto! Escucho que las mujeres hacen esto todo el tiempo. Pero a veces muy levemente, para amortiguar el golpe.

Los opiáceos lo banalizan todo. Las personas adictas a la heroína no llevan una vida deslumbrante. Sus intereses y relaciones se desintegran y desaparecen sin cesar. Pero las representaciones de su adicción son tan descarnadoras que los adictos apenas parecen personas. Creo que los describimos así para que sigamos estigmatizando y criminalizando el consumo de drogas y mantengamos al adicto en una esfera no humana. Es más fácil seguir condenando a los adictos a la muerte social si los imaginamos como zombis inyectándose droga todo el día en casas abandonadas. Resulta mucho más complicado concebir al yonqui con empleo, atento a sus hijos, inserto en el mundo social y con deseos de desintoxicarse. También la tristeza de su familia se simplifica y banaliza: ésta lamenta que las drogas hayan cambiado a su ser querido. Las cartas que sollozantes parientes leen en el programa televisivo *Intervention* se ajustan a la plantilla de costumbre: "Querida adicción, hiciste cambiar a una persona especial para mí". Mucho más dolorosa e irregular es la verdadera experiencia de amar a un adicto y continuar haciéndolo porque, en ciertos días y de determinadas maneras, es aún como ha sido siempre: un ser adorable y exasperante. No todo es una catástrofe. La vida sigue su marcha. La salpican distintas cosas, tipos particulares de silencios y engaños, discusiones y promesas, momentos culminantes y crisis sin precedente. Pero es también vida y nada más, divertida, aburrida, compleja, siempre diferente y siempre igual. K y yo debatíamos horas enteras sobre nuestros conocidos, o de política, libros o televisión. Comíamos juntos, veíamos películas, nos besábamos. Viajábamos por el litoral californiano, poníamos un sinnúmero de canciones, uno instruía al otro de cómo oírlas: *Escucha bien la parte que viene*. Peleábamos demasiado. A veces daba la impresión de que su peor enfermedad era la idiotez. Cuando me enojaba, me convencía de que la totalidad de sus problemas se derivaba de un narcisismo esencial, de que creyera tener derecho a todo. *Eres la persona más egoísta que he conocido*, pensaba. *¡Y cómo no iba a ser así si eres un mugroso drogadicto!* Otras veces lo veía con cinismo: amaba a un hombre con una enfermedad mortal, un hecho que era estrictamente médico, físico, trágico, arbitrario. Él también lo veía de esa manera, sobre todo cuando la situación se agravaba. En varias ocasiones esperamos en la sala de urgencias a que una enfermera del turno matutino, enfundada en un ceñido uniforme color malva, llegara arrastrando los pies y se deslizara por la sala con unos suecos gastados para que abriera y desinfectara los abscesos de K, llenos de pus. Otras tantas aseguró estar dispuesto a recuperarse, pero no hallamos camas disponibles en ninguno de los centros de rehabilitación a los que llamamos. Conocidos suyos morían con frecuencia. *Esta cosa me va a matar*, me dijo una vez, echado en mis brazos, y dio la sensación de que hablara de algo tan terminal como un tumor maligno. Yo deseaba en ocasiones que fuera cáncer, algo visiblemente desafortunado e irreprochable, una afección de verdad que nos procurara un ánimo aclaratorio, nos hiciera apreciar la abundancia del entorno y la riqueza de nuestro amor. Algo que nos motivara a sembrar un huerto, que me permitiera decirles a mis amigos "El cáncer ha vuelto" y abrir la puerta a su solícita comprensión y sus

guisos. Aparte de estar estigmatizada y criminalizada, la adicción se mezcla de manera enloquecedora con el libre albedrío
que quienes vivimos en medio de ella oscilamos bruscamente
entre la compasión y la crueldad.

Un amor así te azota.

Es de comprender entonces que la noche en que K aparece con dos dientes frontales en su mano derecha y un ojo hin-
chado, no me detengo a pensar en la posibilidad de repelerlo.
Es una noche que he dedicado a esperar a que llegue del trabajo y durante la cual le envié incontables mensajes de texto
sin que obtuviera respuesta, una noche en la que mis hijos están con su padre y no hay nadie a quien cuidar. Estoy sola con
mis nervios, mis pensamientos y un leve indicio de algo más
—furia— que se forma apenas en los contornos de mi conciencia. Doy vueltas por el departamento, ordeno cosas, busco una tarea que me entretenga. Cuando al fin me duermo,
suena el timbre.

Su boca está horriblemente cubierta de costras. Ha envuelto el puño en su camiseta ensangrentada. ¿El puño está
herido también? La chamarra se halla a medio abrir sobre su
pecho desnudo. Guarda cierto parecido con el muñeco de acción G. I. Joe, aunque está drogado al límite y llora.

Para su desgracia, la empatía del codependiente es incesante. K tiene el rostro destrozado, y seguro le duele. Cuando
abre el puño para mostrar sus dientes, pienso de inmediato en
el bombardeado paisaje urbano de huesecillos grises al fondo
de mi boca, las dos pequeñas cavernas ahí talladas. Son los cas-
carones de mis endodoncias inconclusas, una vergonzosa preocupación personal. Paso instintivamente la lengua por ellas y
abro la palma ante mí. Él baja la vista, deposita los dientes en

mi mano y con la otra lo llevo hasta la recámara. ("No conde-
nes a tu esposo por lo que dice o hace", asevera *El libro grande*.
"Es un individuo enfermo y poco razonable.")

Antes debo pagarle al taxista, quien pide cincuenta y
ocho dólares por el viaje desde San Francisco. ("Cuando te
haga enojar, recuerda que está enfermo.")

Se acuesta y dice: *Lo siento, cariño, lo siento mucho*. Le
pregunto quién lo golpeó pero no quiere hablar de eso. Veo
los huecos en su sonrisa nueva, pese a que no sonríe, y le digo
que no se ve tan mal. Miento. Parece un indigente. Claro que
ahora lo único que le impide serlo soy yo.

Pensé que iban a matarme. No me importó, sólo pensé...

¿Pensaste qué?, pregunto y solloza. *¿Pensaste qué?*

Que jamás volvería a verte.

Aun en medio de ella, admito que esta situación es clásica, presente en todo, de *M.A.S.H.* a *Toro salvaje* y *The English
Patient* (*El paciente inglés*). Él llega recién golpeado y ella salta
con una toalla humedecida en... ¿qué? ¿Agua con jabón? ¿Iso-
propanol? Los hombres creen que somos expertas en resolver
crisis, él ni siquiera pregunta. Hace una mueca mientras limpio sus heridas, vomita y se duerme.

Luego de tragedias menores como ésta, una nueva determinación envuelve el departamento. Vibro de estímulo. Tengo una causa, soy una causa. Me muestro cariñosa, preocupada
y singularmente útil. Soy su médico de guerra, aliso mi falda y
cierro la puerta con suavidad para que descanse.

En respuesta a estos recordatorios de mi impotencia, a
veces intento lograr que todo ofrezca un aspecto natural y
tranquilo. Hago smoothies con col rizada y sustanciosos platillos hippies mientras me deslizo por la cocina con un caftán
y canturreo. Quemo incienso, horneo pan, pongo a macerar
en vinagre unas cáscaras de naranja con las cuales fabricar un

limpiador. Cualquier plan relacionado con la cocina, sea la preparación de un platillo o la realización de un poco de limpieza, es un medio eficaz para calmar mis nervios e imbuir el espacio de una energía sanadora y productiva. Me obstino en darle "verdor" a mi vida. *¡Fuera, fuera, maldita mancha!*

Esta vez los niños no regresarán en varios días. Pienso en ese par de dientes y sigo la dirección contraria. (De nuevo *El libro grande*: "Movidas por la desesperación, aun nosotras nos hemos achispado, en una borrachera que pondrá fin a todas. El efecto imprevisto fue que esto resultó del agrado de nuestro esposo".) Cuando a la mañana siguiente él abre una bolsita de Norcos —para el dolor—, tomo dos con mi café.

Aun cuando no debería hacer cosas así, lo cierto es que con esas píldoras atacaré mi dolor, aliviaré el pánico que siento por mi novio —quien de súbito está desprovisto de dientes importantes—, mitigaré la certeza de que podría perderlo cualquier día y controlaré mi cólera, cada vez más difícil de ignorar y con la que nunca he sabido qué hacer.

("Sólo con su ocupación durante el día y la morfina de noche, ella conseguía ahogar la terrible pregunta de qué pasaría si él dejara de amarla". Tolstói, acerca de Ana Karenina y su Vronsky.)

(O bien: "Si rondas demasiado la barbería, terminarás trasquilado". Mi madre.)

No debería hacer cosas así, pero cada vez quiero hacerlas más. ¡Qué novedad y travesura, simplicidad y tragedia en los lapsos soleados de la tarde ingerimos junto con las píldoras! Aunque me siento drogada, casi tan bueno como eso es que haya decidido hacerlo, bajar las persianas, sentir que la casa se oscurece y que un día absurdo despliega las alas.

Con todo, cuando suena la alarma de la vida, sólo uno de nosotros vuelve a ser un adulto responsable.

Lois y Bill Wilson se casaron en 1918, justo antes de que él, que pertenecía al ejército, se marchara al exterior. Cuando regresó en 1919, ignoraba qué hacer con su vida. Luego de ocupar varios puestos sin importancia, para todos los cuales se reveló inepto, ambos decidieron que viajarían a pie por Nueva Inglaterra. "Cuando nos agotábamos o no podíamos resolver un problema, íbamos al bosque, y ocasionalmente al mar", escribió ella. Lois usaba pantalones cortos —algo raro en una mujer de esa época, más todavía para un recorrido a campo traviesa—, así que los dos atraían miradas curiosas. En sus memorias, publicadas en 1979, ella escribió que temía que la reanudación de su enlace con Bill se complicara tras un largo periodo de independencia, pero tan pronto como él retornó, reiniciaron un amor alegre y divertido. Lois llevó un diario durante su caminata, en el que un día él le pidió que le permitiese escribir una entrada. "Dictado por W. C. W.", anotó ella al pie, "bajo la influencia del sol y casi dos litros de arándanos. No me hago responsable de las líneas anteriores ni respondo de su autenticidad. Firma, L. B. W."

Desde el comienzo de nuestro romance, K y yo también hacíamos expediciones a otras ciudades si nos cansábamos o éramos incapaces de resolver algún problema. Cruzábamos la espesa niebla de las playas de San Francisco y llegábamos por Highway 1 a Santa Cruz. A lo largo de la costa, vientos feroces sacudían la vegetación y hacían que el agua se azotara contra pálidas rocas. El cielo era cada vez más azul cuanto más al sur descendíamos. Bajo la influencia del sol y una malteada de menta, trazábamos dibujos en el reverso de una servilleta, con una pluma que rescaté de mi bolso. "Dos ratones, una malteada", escribí en un volante junto a un boceto de dos roedores de apariencia nerd. "Sé mi gnovia", garabateó él y dibujó una pequeña banda de mujeres estilo Ramones, una caricatura de roqueras-pandilleras con largas melenas oscuras.

Lois, quien era la instruida hija de un cirujano de Brooklyn Heights, redactó sus memorias, *Lois Remembers*, con un estilo serio y mesurado. Pese a que no obtenemos gran cosa de la descripción de su matrimonio, nos enteramos de que ella sufrió tres embarazos extrauterinos, y de que para el tercero Bill acostumbraba estar ebrio "varios días seguidos" y no la visitó en el hospital. Agregaría que él siempre asumió "con benevolencia y buen grado" su impedimento de tener hijos —¡qué tipazo!—, no obstante su afición a la bebida se incrementó en ese periodo, lo que la forzó más de una vez a cargar sola con el peso emocional de la situación. Aunque intentaron adoptar, no lo consiguieron. Lois sabría más tarde que lo que impidió a la agencia autorizar la adopción fue el alcoholismo de Bill.

Si bien Al-Anon representaba un desafío a la feminidad tradicional, ya que instaba a sus integrantes a hablar con libertad y franqueza de sus angustiosas experiencias con el alcoholismo, lo cierto es que en más de un sentido también reproducía y reforzaba las normas de género prevalecientes. Basta una somera revisión a la historia de los Wilson para saber que se amaban a la loca manera de la codependiente y el alcohólico. Sin embargo, las cosas se complicaron porque Bill era muy mujeriego. En el comentario publicado en *The New York Times* sobre la biografía de Bill Wilson escrita por Susan Cheever, Lois fue presentada como "una mujer notable que, tras casarse con Bill, de posición social inferior a la suya, dedicó su vida a la salvación y cruzada personal de él como redentor de almas perdidas y lo cuidó antes de que falleciera de enfisema en 1971". Aun así, ella es notable no sólo por su dedicación de varias décadas a Bill, sino también porque lidió con los amoríos de éste, entre ellos el que mantuvo por quince años con la actriz Helen Wynn, a la que le heredó incluso diez por ciento de las regalías de *El libro grande*. El noventa por ciento restante fue para Lois.

Si ella se sintió alguna vez llena de rabia, no lo mostró. En sus memorias relata el célebre episodio, ocurrido cuando Bill iniciaba su largo periodo de sobriedad, de que estaba tan harta que él asistiera a las juntas del Oxford Group (antecedente de AA) que un día le arrojó un zapato y le gritó: "¡Tú y tus malditas reuniones!". Ése fue el punto más alto de su ira, y una llamada de atención para que analizara su conducta. Por más que Bill había dejado de beber —la solución óptima para los miembros de una familia—, Lois no dejaba de ser "santurrona y petulante" y aún guardaba muchos rencores. Ella misma asegura que no se desanimó cuando fue informada del alcoholismo de Bill. "Tenía fe en mi capacidad para cambiarlo", escribió. "Vivir conmigo lo elevaría tanto, pensaba yo, que no precisaría del bálsamo del alcohol." Fue un "gran golpe" aceptar que ese plan no surtió efecto y que, una vez sobrio, Bill no la necesitaba más. La sobriedad de él significó para ella "la anulación" de su principal propósito en la vida. Con el tiempo comprendió que "mi ego fue inflamado durante sus años como bebedor por los relevantes roles que yo debía cubrir: madre, enfermera, sostén del hogar y decisora".

Lois halló serenidad en Al-Anon, y en particular en sus conversaciones con otras esposas acerca de la experiencia de vivir con alcohólicos. Antes de que esa organización adoptara dicho nombre, las señoras se reunían mientras sus esposos participaban en las sesiones de AA. "Al principio jugábamos bridge o chismorreábamos", escribió Lois, "pero poco después ya hablábamos de nuestros problemas y su probable solución". En *When Love is Not Enough: The Lois Wilson Story* (2010), película del Hallmark Hall of Fame de CBS en la que Winona Ryder interpreta a Lois, una larga hilera de coches se estaciona frente a la casa de los Wilson durante una de las primeras asambleas de AA. Cuando la cámara se aleja, el espectador ve que los ociosos conductores son las esposas, quienes han llevado ahí a sus maridos y los esperan para evitar que acaben en la cantina y consuman todo su sueldo ahí. En esta cinta, la primera aparición de las integrantes de Al-Anon tiene lugar cuando Lois sale a preguntarles si no desean pasar a su casa a tomar una taza de café.

Aunque me agrada que la historia del origen de Al-Anon tenga que ver con pastelillos, chismes y bridge, a veces me he maravillado de la forma en que estas mujeres canalizaron lo que debió haber sido una alacena épica de gélidos resentimientos en actividades femeninas frenéticas y cálidas, miles de viajes, tartas horneadas en moldes Bundt y ollas de café a favor de sus esposos en rehabilitación. Esto se debe en parte a que un gran número de esas codependientes en recuperación tenían puesta la mira en el premio de la permanencia de su matrimonio.

La díada alcohólica ocupó mucho tiempo el centro del pensamiento médico y psicológico sobre el alcoholismo. Además, el abordaje de éste y del problema complementario de la codependencia se concibió a menudo en términos del manejo de control de un exceso de sentimientos (o por lo menos del control de las propias respuestas a ellos).

En el contexto de AA, el proyecto de la sobriedad de los hombres perseguía parcialmente la rehabilitación de la dañada masculinidad del alcohólico. Pese a que este programa prescinde por completo de una presuntuosa concepción de la riqueza o el poder en favor de la humildad y ganancias modestas y constantes, muchas narrativas de recuperación de los hombres de la posguerra revelan una "honda dedicación al rol de sostén autosuficiente del hogar". En numerosas familias, la restauración del bienestar descansaba en el retorno a un equilibrio normativo entre los géneros.

Capítulo veinticinco

Hay mucho que hacer mientras él duerme. Citas con los médicos y el dentista, invitaciones de cumpleaños, inscripciones escolares, clases, deportes, compra de víveres, renta, gasolina, electricidad, pagos del coche, tarjetas de crédito, préstamos estudiantiles, cobradores, días de asueto, libros prestados de la biblioteca, tarjetas de agradecimiento, fiestas escolares, presentaciones, visitas de compañeros de juegos, ferias científicas, reuniones de padres de familia, recitales, conciertos, coros, álbumes de fotografías y de recortes, tarjetas de san Valentín. A veces olvido que soy mamá hasta que el primer aliento de mis hijos me sacude. ¿Quién quiere cereal, avena, crepas, plátano, aguacate, leche, jugo? Es hora de que se vistan, se laven los dientes, recojan sus mochilas, tomen la ropa extra, guarden las hojas de permisos escolares. Éstas son las necesidades básicas. Pero no las únicas. Porque también me comprometo a hacer otras cosas. Digo que sí a todo. Aporto uno de los platillos de una fiesta. Preparo ensalada de col rizada espolvoreada con queso pecorino. Me apunté para encabezar el comité de decoración del evento de recaudación de fondos del jardín de niños de mi hijo justo en plena mudanza a mi nuevo departamento, y de mi esposo al suyo. ¡Claro que lo hice! Durante los primeros días en ese sucio lugar subarrendado, y mientras K se refugiaba en la recámara, elaboré cadenas de papel y cientos de flores de papel de China para colgarlas en el techo del auditorio. Cuando los niños se acostaban a dormir, me sentaba en medio de aquellos materiales y una copa de vino blanco se entibiaba a mi lado. Me gustaba arrojar una frambuesa dentro de la copa: producía una sensación de fiesta. Apretujé los adornos en una bolsa negra de plástico y llegué a la escuela apenas a tiempo para colgarlos.

¿Usted es mamá?, me preguntó incrédula una de las madres ricas y presuntuosas de la escuela cuando entró al auditorio y me vio subida en una escalera vestida de negro, con una sudadera de K con el emblema de una banda de heavy metal que me llegaba abajo de las rodillas, un cabello que no había lavado en semanas y una facha propia de un cadáver en el mar, no de una madre.

Obvio, le lancé una amplia y falsa sonrisa. Mi esposo llegó minutos después, para ayudarme a colgar los adornos del techo. Había dejado con su madre a nuestros hijos.

¿Vienes de casa de tu mamá?, le pregunté.

No, los niños durmieron ahí anoche, respondió.

¡Ah! Permití que la extraña y dolorosa sensación de no saber de dónde venía me entrara por una oreja y me saliera por la otra y proseguimos con nuestra labor. El auditorio empezaba a llenarse de padres voluntarios, la mayoría de los cuales llegaban en parejas elegantemente vestidas para el evento, que también incluiría una subasta. Sobre grandes mesas de juegos de azar se elevaban canastas enormes cubiertas de plástico y llenas de los más diversos "regalos", donados por empresas locales.

¡No puedo creer que te hayas apuntado para hacer esto!, me dijo él minutos más tarde desde lo alto de la escalera, al tiempo que sostenía entre los dientes un tramo de cordel de pescar. Lo miré. *Bueno, en realidad sí puedo*, corrigió.

La organizadora me acorraló en el estacionamiento y me preguntó si quería participar, dije a la defensiva.

¡Y eso qué!, siseó. *Pudiste haber dicho que no.*

Pude haber dicho que no a demasiadas cosas. Cuando nos conocimos, yo trabajaba en la recepción de un estudio de yoga a cambio de clases gratuitas. Había unos cuyos bajo el mostrador, así que el vestíbulo olía a pies, aserrín y roedores inquietos. Cubría siempre el mismo turno, y registraba sin falta a la totalidad de los clientes aun si las numerosas resacas y desveladas impedían que tomara la clase. ¿Acaso no fue ésa la razón de que él me haya elegido? ¿Que sabía que siempre se podría contar con que yo pondría antes a todos, comenzando por él? *Todo alcohólico necesita una codependiente*, me dijo fríamente su madre una vez, como si conociera desde el principio la clave de nuestra relación y supiera que tal clave no era el amor. Interpreté su franqueza como crueldad y sólo años más tarde comprendí la indirecta.

Esto es una constante en mí: la rebeldía. Como no puedo hacer todo lo que me propongo, lo hago mal, rápido y enfurruñada. Soy muy susceptible. Azoto la sartén contra la hornilla. Me machuco los dedos en puertas y cajones, aúllo de dolor, el alarido transmite mucho más que una irritación justificada y me avergüenzo al instante. Cuando pierdo un poco el control, algo me dice que esto —mi vida— está totalmente fuera de control; es un minúsculo destello del caos, como si tocara el vacío por una fracción de segundo, y es aterrador. La vergüenza es aterradora.

La noche previa al cuarto cumpleaños de mi hijo, K me deja tomar un poco de la metadona que tiene (*¿Por qué tiene metadona? ¿Intenta dejar de drogarse?*). Es la primera vez que lo hago y me prendo como nunca. Viajo en el sofá a una dimensión adormecida y susurrante con la que sólo había soñado hasta ahora. Una cobija eléctrica. Los niños están con su padre y aunque sé que duermen plácidamente en el iluminado departamento de él —imagen que siempre causa que se me abra el corazón—, me olvido de ellos varias horas. Pienso en nubes de un humo fragante que llena la habitación, bombeado por una máquina. En un planetario con techo de terciopelo. Que estoy dentro de él. Pienso en que llaman *heroína legal* a la metadona porque en efecto lo es, produce la misma sensación que describen de ella, y también por las consecuencias que he visto que tiene en el rostro de la gente, el modo en que le abre la boca, como si estuviera muerta y fueran a entrar en ella toda clase de bichos. *Nonono no pienses en eso* y las imágenes se diluyen. Al día siguiente no dejo de vomitar. Lo mismo ocurrió cuando me tomé las pastillas, pero ahora hasta el menor movimiento ocasiona una oleada de calor que me circunda. La humedad del aire resulta fastidiosa. Cubro de caramelo el pastel de chocolate que horneé ayer, le pongo cuatro fresas pequeñas, las rodeo de arándanos y mientras lo hago debo apartarme dos veces y abrir la puerta trasera para volver el estómago. El caramelo no es de un café oscuro y brillante, está hecho en casa y es de un café espolvoreado con cacao. *Un hermoso color para un suéter*, pienso. Me agradan todos esos colores de señoras ricas: champiñón, champán. Tengo una visión de una yo diferente, una yo nueva con un suéter de cashmere espolvoreado con cacao, la yo que sería en este momento si no me sintiera así, si no hubiera hecho lo que hice. Faltan varias horas para que dé comienzo la fiesta de cumpleaños de mi hijo y no es mi responsabilidad que lleve a los niños, llegarán con su papá —recién aseados y peinados de seguro, para que me sienta peor de lo que ya me siento—, pero sé que este malestar, esta confusa pesadumbre, durará todo el día. Cuando la náusea no me obliga a apoyarme en la barra de la cocina me armo de valor contra una oleada tras otra de odio por mí.

Este mareo es inevitable, mi boca despide mal olor, mi saliva es tan tibia y amarga como la cerveza sin alcohol. *Lo siento, cariño, todo saldrá bien*, dice K como si me hubiese lastimado el dedo gordo. Su voz es demasiado alegre, demasiado habituada a esta penalidad física. ¿Él despierta así todos los días? Me apabulla la capacidad del ser humano para sentirse una mierda. *Sólo es una mañana difícil*, pone una mano sobre mi hombro, *¡mira el fabuloso pastel que preparaste!* Que me aborde de manera directa es más de lo que puedo soportar y me llevo las manos a la cara. *Eres una buena madre*, dice con escasa convicción en el intolerable silencio y así responde una pregunta que no tengo el deber de formular.

¿Quieres que te acompañe?, agrega, aunque ambos sabemos que hoy es el día menos indicado para que lo presente.

No, no, todo está bien, contesto.

La fiesta es un suceso chirriante y repleto de niños que organicé en un parque local por medio del servicio en línea Evite. Los invitados son demasiado pequeños aún para que se les deje solos, así que sus padres se quedan con ellos, rodean tímidamente una mesa y picotean hummus y zanahorias mientras el sol asciende y empieza a brillar sin piedad. Sobre la terrible música que llega desde las bocinas portátiles oigo el barullo de los padres que conversan de nuevas empresas. El aire en la zona de la bahía suele ser frío y cálido por igual, y aunque ya me acostumbré a él, hoy me resulta inaguantable. *¿Cómo es posible que alguien desee vivir donde jamás hay verano ni invierno?*, pienso. ¿Donde nunca hace tanto calor como para que te pongas un vestido ligero ni tanto frío para un abrigo de verdad y todos insisten en salir con sandalias sin calcetines aun si el viento sopla de modo cortante? Cortante: la sensación de que el frío te traspasa como si estuviera afilado, la feroz corrosión del aire. A pesar de que el sol me quema la frente —temo que mi maquillaje se derrita, tal vez resbala ya por todas partes y emite un fulgor anaranjado—, las axilas de mi suéter están heladas a causa del exceso de sudoración.

¿Sería preferible que fuera la madre que no asiste a la fiesta? Eso es lo que haría una adicta de verdad y yo no soy así, al menos no todavía. La presión que siento de que debo guardar las formas es demasiada. Me niego a esquivar, a ceder a mi lado débil, a ser una madre ausente, una madre cualquiera. Además, soy muy buena para fingir. Mi blusa floreada es nueva, la compré para la ocasión, y el dolor de tanto sonreír que siento en las mejillas me recuerda que debo continuar haciéndolo. *¿Estás bien?*, pregunta mi esposo cuando pasa a mi lado para sacar un balón de futbol de su mochila y alza en mi dirección sus grandes ojos azules, que tiran de los míos sin que pueda evitarlo hasta que hacemos contacto visual. Conocemos íntimamente nuestras resacas. Cuando algunas mañanas hablamos por teléfono de camino al trabajo, el timbre nasal de su voz me dice en ocasiones que tuvo una noche agitada. Mi pulso se acelera entonces. Siento la urgencia de protegerlo, un fuerte arranque de la usual preocupación codependiente y añoro la época en que no éramos padres todavía y le llevaba a la cama una taza de té, regresaba a su lado bajo las cobijas para que hiciéramos un intento poco satisfactorio de recordar la noche previa y reducir su ansiedad existencial. ¿Qué pasaría si ahora le dijera lo mismo, le pidiera que me apacigüe, que mitigue esta culpa intolerable? Sólo por hoy quiero ser la alcohólica. Necesito una esposa.

No me siento bien, nuestros ojos se cruzan un segundo pese a mi deseo de apartarlos. *Siento que voy a enfermarme. Espero que no sea así.*

Eso estaría muy mal, dice porque debe decir algo. Sabe que estoy hecha trizas, ve sin duda el surco amarillo en mis globos oculares. Pero en estos días ya no nos miramos demasiado, cualquier contacto sostenido —aun a través del cristal de un coche o una puerta mosquitera— abre un abismo de emociones que hace que rompa a llorar. Su conocimiento de mi condición cambia un poco la atmósfera, me pone a la defensiva —¡*De veras estoy bien, hice un pastel increíble!*— y agudiza mi vértigo, producto de la exposición, de la sensación de que estoy atrapada en un acto repugnante. El acto de vivir de esta nueva manera que cada día escapa más de mí. Se aproxima a una bandada de niños y su súbita ausencia me trastorna. Quisiera apoyarme en él, recargarme en su cuerpo fuerte, sentir el vasto e intenso calor de su pecho como si fuera el asiento de una camioneta. Pero ahora está lejos, ve que los chicos patean un balón del tamaño de su palma de adulto y es posible que piense en mi noche de anoche con K, que imagine que bebimos e hicimos el amor. *No fue así*, me gustaría indicarle. No quiero obstruir el alivio que todavía pueda ofrecerme, la atención que sea capaz de mostrar. Deseo su compasión pese a que crea estar en su derecho a odiarme para siempre. Esto es algo que aún me repito todos los días.

Estoy enfadada con K y la oscuridad de la noche en que compartimos sus drogas. Drogas fuertes, no marihuana ni droguitas falsas, de fiesta. Esto ha dejado de ser romántico, la forma en que esta vida se cierra sórdidamente sobre nosotros; por primera ocasión me preocupa el nosotros, no sólo él. A estas alturas ya nos hemos drogado juntos muchas veces, aunque ninguna ha sido como ésta. Me enoja que él esté en casa todavía, acostado en el sillón, o quizá paseándose con las calcetas puestas o dormido y con el control remoto pendiendo de su mano. Tiene la irritante capacidad de ver la misma película una y otra vez el mismo día, conducta que jamás he visto en otro ser humano y que condensa todo lo que creo que

está mal en él. Y yo tengo la irritante capacidad de preguntarle *¿Cuántas veces has visto esa película?*, cuando disfruta de uno
de sus clásicos. *¿No han sido cuatro mil?*, me gustaría agregar.

No quiero que esté aquí en la fiesta de cumpleaños de mi
hijo pero tampoco deseo estar sola. No quiero demostrar un
día tras otro que abandoné un matrimonio ligeramente disfuncional por una relación totalmente ineficaz, de hecho inviable, con un hombre que ni siquiera tiene deberes que satisfacer
en una fiesta de cumpleaños, que no siente la obligación de
presentarse en ocasiones especiales, que me despide comprensivamente y me dice: *Buena suerte, cariño, te quedó muy bien el
pastel* y luego regresa a la cama. *Pero ¿por qué habría de presentarse?*, pienso. No sabe cómo es todo esto. No lo entiende. No
sabe de los viajes a Trader Joe's en busca de bolsitas de zanahorias tiernas y barras multigrano con semillas de linaza que
a nadie le gustan pero que todos queremos creer que mejorarán la salud de nuestra familia, no sabe qué *es* Evite. No conoce la sensación de que te desuellen, la vulnerabilidad de que te
sientas expuesta y juzgada por otras mamás, lo agotador que es
acorralar a los niños para que suban y bajen del coche. Sólo conoce de modo intermitente y momentáneo, y como testigo, los
asientos del auto, las migajas, la pañalera. Por supuesto que no
conoce la maternidad. Pero ¿no podría estar sobrio al menos
y ser un compañero genuino, alguien en quien yo pueda confiar, a quien pueda pedirle que cargue cosas, que esté conmigo
en las alegrías y las tristezas de sacar adelante a estas dos pequeñas criaturas? Me abismo en la pregunta de si acaso no me
apoya porque está enfermo, porque es malo o sencillamente
porque no se lo exijo. No le exijo nada. Soy incapaz de crear un
mundo en el que todos sientan que deben hacer algo por mí.

Permanezco tres horas entre los demás padres con mi resaca de metadona a cuestas, charlo de naderías y sonrío, me aprieto ocasionalmente el estómago revuelto y una vez me agacho sin ser vista, atacada por la urgente necesidad de volcarlo, y escupo en el césped una bilis humeante. Me arde la garganta. Mi hijo no se da cuenta de nada, rebota en un balón inmenso, juega a los dinosaurios con sus amigos y al final (luego de la canción de cumpleaños, que aborrece igual que yo porque le atrae una atención exagerada) come su pastel de chocolate, alrededor del cual se congregan las madres presentes. Parece que es un día hermoso para él, un día para olvidarse de todo. Pero yo sé la verdad: que soy detestable. Que esto —el día de hoy— es irredimible. Que por más que sujete las riendas, he perdido el control. La fiesta se acerca a su fin con penosa lentitud, como si alguien colgara de las manecillas del reloj e intentara detenerlas. El viento arrecia. Soltamos los globos de los postes de la valla. Guardo en sus bolsas de papel las botellas de jugo, los envases de agua mineral y las charolas a medio consumir de las ya marchitas verduras crudas que compré en el súper.

Cada persona tiene que decidir por sí misma qué tan jodida debe estar para enfrentar las exigencias de la vida. Cuán jodida está dispuesta a estar y qué caos permitirá que el mundo vea. Al principio, ésta es una decisión que puedes tomar. Después podrías convertirte en una de esas personas incapaces de controlarse, que han caído en garras de la enfermedad y que, drogadas o borrachas, dan vueltas en torno a su árbol. He pasado por ahí en varias ocasiones. Son recuerdos imborrables, como la vez en la preparatoria en que fuimos al restaurante chino de la Third Avenue donde se servía vino blanco ilimitado y vomité en el tren entre Manhattan y Jersey City, sorprendida por la cara de los pasajeros, que imaginé que se apartaban y hacían gestos de asco cuando lo cierto es que estaba demasiado ebria, y mi visión demasiado imprecisa, para que tal cosa haya ocurrido de verdad. Me embriagué en todas las formas teatrales que los jóvenes pueden asumir, pero con la edad mi afición transitó al interior. Bebía en bares cercanos a mi hogar, en casa con amigos o sola. El día de mi resaca de metadona —una tempestad de ácido e hinchazón en mi estómago— sentí la más fina membrana entre mantener todo en pie y verlo caer en pedazos. Las cosas ya habían llegado a ese punto. Pese a todo, yo no tenía suficiente aún.

El hediondo sudor en mis axilas y la entrepierna de mis pantalones se hizo más cálido una vez que subí al coche y puse la calefacción. Mi temperatura en el área de la bahía: frío y luego artificialmente caliente. Frío y calor, frío y calor. Enrojecí mientras el aire seco de la ventilación me calentaba. *¡Qué fiesta tan divertida!*, miré a mi hijo arrellanado en el asiento trasero.

Uno de los mensajes de la recuperación de Doce Pasos es que debemos hacer a un lado el ego. Tras habernos creído la estrella durante tanto tiempo y pensado que podíamos o debíamos ejercer nuestra voluntad para manipular los resultados de nuestras relaciones, es momento de que nos sentemos y cerremos la boca. Todos hemos de estar dispuestos a ser "uno más". Pero K quería lo bueno de la vida. Fue educado para buscar la *dolce vita* por padres italianos que elaboraban las salchichas que ingerían. De cada guiso, él extraía la carne y nada más. Dejaba en su sitio el rollo de papel higiénico cuando se acababa, bebía jugo hasta que quedaba una gota y devolvía el envase al refrigerador.

La iracunda energía que esto me causaba era una energía de rabieta, idéntica a la que veía en mis hijos cuando tenían hambre, estaban cansados o se resistían a compartir algo entre ellos. Una cólera violenta, cabal. Enfadada sin cesar a fuego lento, como si una olla de arroz bullera en la estufa trasera de mi conciencia, en mi cuerpo explotaba en ocasiones una ira furiosa y ardiente. Esto sucedía en particular si movía mi cuerpo para presionarlo o atenderlo, como si esta acción sacudiera algo suelto. La mera comprensión de que residía en un cuerpo, de que ejercía cierto control sobre mis actos, motivaba el recuerdo o la esperanza de una libertad que al parecer había dejado atrás. Lloraba mientras corría con la música pop que metía en mi cabeza por medio de unos diminutos audífonos color de rosa, y a causa de las voces graves y el sonido del bajo que cronometraban el avance de mi calzado deportivo; lloraba en virtud de las sentidas narraciones de un empoderamiento femenino conseguido a fuerza de quebrantos, del trillado discurso del ave fénix que renace de sus cenizas, todo ese "Desde que te fuiste ya puedo hacer lo que me plazca". El par de ocasiones al año en que asistía a una clase de yoga, lloraba a medias, doblada en mí mientras sentía que un nudo de enfurecimiento —un amasijo de emociones tan tenso y embrollado como un nido— empezaba a desentrañar sus hebras de alambre, lana y cabellos.

Él no podía evitarlo, ¿cierto? Pero ¿no habría podido hacer un esfuerzo? ¿No habría podido detenerse? Me confundía tanto con K como mis hijos con los personajes de las películas, lo que los impelía a preguntarme: *¿Ése es el bueno o el malo?*, cuando querían descifrar la moraleja.

Es como si hubiera nombres para el número de veces que sale el sol, bromeó K en una ocasión tras revelar que ignoraba en qué día de la semana estábamos. ¡Qué extraviada debí haberme sentido entonces para que haya reído de ese disparate! Fue una risa de resignación y ojos entornados, aunque en ella había también una sorpresa de verdad, un temor inequívoco. Era

increíble que él fuera capaz de vivir sin las cargas de la responsabilidad adulta, que unos cuantos hilos lo unieran a la vasta red de obligaciones que yo tenía que sortear todos los días.

Era un niño, un anciano o ambas cosas. Su ropa olía a
orines en ocasiones. Yo la lavaba, lo dejaba dormir. Cuando lo
fustigaba, él permitía que lo hiciera, incluso se disculpaba. *Esto
tiene que parar*, le decía. *¡Prométeme que lo harás!*, y lo prometía.

Él estaba enfermo, pero también enojado. Gritaba, se enfurecía, causaba estragos. Yo me encerraba a leer novelas no-
ruegas o japonesas en las que no pasa nada. Novelas de vacío
y platos de sopa y una suave y efervescente tensión en las relaciones entre sujetos tímidos. Los personajes se asomaban a
ventanas que daban a paisajes exuberantes, tenían sus pequeños pensamientos diarios, alimentaban a gatos cuya personalidad era igualmente descrita con sutileza y se reunían en un
bar en Tokio a ingerir sake y verduras en vinagre. Ponían mucho empeño en conocerse y comprenderse, porque eran personas tranquilas y educadas que no veían el caso de que se
alteraran y ofendieran. *Hay muchas vidas posibles*, pensaba yo.
*Ésta es la mía. Si un satélite se acercara para tomar una foto, es-
tas ventanas, iluminadas durante la noche con un amarillo aza-
frán e incluidas en este edificio, esta calle y esta ciudad, serían el
sitio donde mi pequeña existencia transcurre entre tormentos.*

Cada relación es un modo de forjar el mundo, y nosotros
no hicimos el que dijimos que queríamos hacer. ¿Por qué era
imposible que yo estuviera en un bar en Tokio o en un cine en
el Kulturhuset de una ciudad escandinava de segunda clase?
Trabajaba en una agencia de gestión de marcas. Claire, todavía inscrita en el programa de doctorado, se había mudado a
Moscú para hacer una investigación y cada semana me llamaba por Skype desde el edificio soviético glamorosamente rui-
noso que albergaba el departamento donde vivía. Esa realidad

debió haber sido mía también —Rusia, la investigación—, pero la dejé pasar. Me sentía tan diminuta como una mancha, atrapada en el oeste de Oakland, donde una y mil veces doblaba la ropa de mis hijos en tanto mi supuesto y deslumbrante "potencial" se volvía tan difuso y alejado como una nube viajera. *No puedo vivir siempre así*, pensaba. Con todo, al paso de los días me percaté de algo más aterrador aún: que sí podía. ¡Desde luego que podía!

No había nada que me detuviera, siempre era posible que cayera más bajo. Y nada acabaría con él. Nada me concedería la legítima condición de viuda, el derecho a sufrir toda la vida, un sello de aprobación para la tragedia. En cambio, el experimento de nuestro amor avanzaba a sacudidas, amenazaba con colapsarse y nunca lo hacía de verdad.

Él todavía abrigaba ideas acerca de lo que haría. Se tendía en el sillón, se rascaba el rostro y me hablaba de sus planes. Para entonces yo no figuraba más en su vida social, habitada como estaba por náufragos y mozalbetes, personajes feroces de sueños hilarantemente ambiciosos, delirios de grandeza y una realidad tan limitada que en sentido literal les cabía en la palma de la mano. El destino de K —y el viaje para conseguirlo— se encerraba en una bolsa más pequeña que su palma y una red de líneas, del corazón y de la vida. Eso era todo. Él no lo veía, y yo debía enterarme de su aprendizaje como carnicero, el libro que escribía, su dedicación absoluta a las artes marciales, que le gustaban tanto que sin duda bastaría con que ahorrase unos meses para que montara un centro de entrenamiento. Todo lo que necesitaba era un poco de maldito dinero. Aun la forma en que se refería a éste había cambiado; ahora era *maldito dinero*, con un pútrido escupitajo que se le escapaba entre los dientes. Éstos eran los momentos estelares —¿coca, speed, crack, metadona?— de días y días pletóricos de nada.

Capítulo veintiséis

Varias veces al año viajaba con los niños al este para visitar a mi familia. Uno de esos viajes tuvo lugar un verano, lapso que mi padre aprovechaba para alquilar entre semana una casa en Jersey Shore y, a pesar de su divorcio, reunirse con mi madre, mis hermanas y yo en compañía de nuestros hijos.

El aeropuerto estaba atestado, y la fila para cruzar las máquinas de seguridad serpenteaba alrededor del encordado para controlar la multitud. Siempre me había deleitado contemplar un desfile de hombres en trance de quitarse el cinturón. Si el trayecto era tranquilo, el silencio se extendía por la nave, interrumpido por el zumbido de los motores, que resonaban como un gran ventilador en una sala: la grata imposición del ruido blanco. Tan pronto como llegó la más mínima turbulencia, el avión pareció avanzar con gran incertidumbre, como si lo persiguieran. No era sólo yo, la propia máquina parecía asustada. La ventana no exhibía la relajante majestuosidad del horizonte con veloces nubes coronadas por el denso azul pastel del cielo, una visión que siempre me recordaba la magnitud del dominio humano sobre la naturaleza. Sin embargo, esta seguridad podía desvanecerse en un instante, tan pronto como yo sentía el menor balanceo, la más ligera sacudida en el aire. Tenía doce años de edad y hacía el viaje inaugural de mi vida cuando oí por vez primera que una azafata ordenaba a la gente que ocupara su asiento y se pusiera el cinturón de seguridad porque nos hallábamos en una "zona de baches". Miré a mi madre y le dije: *El aire no tiene baches.* Éste sí los tenía. No volábamos tranquilos sobre nubes de algodón; nos rodeaba y nos habíamos sumergido en una solución vaporosa de color lechoso, algo que tenía un aspecto tóxico. En este otro vuelo, vi que mis hijos estaban atentos a sus pantallas y me pregunté como de costumbre si verían mi ansiedad, si la amortiguaban. Cada vez que me necesitaban, me deshacía en sonrisas.

El águila acaba de aterrizar, le texteé a Kat, quien vivía en Brooklyn con su esposo y sus hijos. Por más que aborreciera volar, me agradaba llegar a Nueva York en pleno verano y gozar de su viento bochornoso y almibarado, el café helado y la nieve de sabores, el aire acondicionado que retumbaba en cada tienda y ver a mis hijos encontrarse con los de Anya. Cuando añadíamos a la mezcla los de Kat, había siete niños gritones en el área de juegos. Antes de nuestra partida al Shore, recibí una llamada del amigo de un amigo, un apuesto músico al que conocí en California. Me había pedido entonces mi número y ahora me invitó a tomar una copa. Tomamos cinco cada uno, cocteles caros en un magnífico bar hípster, y flirteamos hasta que cerraron. Aunque no quise parecer demasiado disponible —en algún momento mencioné mi complicada relación—, permití que me diera un beso en los labios cuando nos despedimos, y luego intercambiamos mensajes de texto hasta que me dormí. Al día siguiente subí en el coche de mi madre nuestras maletas, toallas y ropa de cama de su departamento, lo abordé con mis hijos y recorrimos el arbolado paseo hasta la playa en medio del tráfico habitual de avance intermitente.

Anya contemplaba el paisaje desde la ribera. Me senté en la terraza a observarla. Entre las multitudes, las sombrillas inclinadas, las hieleras derechas, los gordos embarrados de ungüentos y los esbeltos adolescentes que se tostaban al sol, ella era un punto fácil de apreciar, inconfundible por la fidelidad a su apariencia: su misma estatura, amplia espalda y trenza floja en su rebelde cabello veraniego. Soplaba una brisa caliente y debía sujetar con una mano su sombrero de paja de ala ancha. Puse mi copa sobre las servilletas para que no se volaran y volví a mirar la espigada figura de mi hermana junto al océano.

La acompañaban sus hijos, tres caramelitos bronceados por el sol y con el cabello revuelto por el aire salado. Los dos mayores escarbaban febrilmente. Sentado en la arena, el bebé no llevaba puesta la camisa y golpeaba el suelo con su pala. Vi su forma de costalito de azúcar, su cuerpo rollizo y carnoso cubierto con un pañal. Me dio la impresión de que llevaba un bonete.

La postura de mi hermana era laxa, y aunque se había quedado sola un momento, se erguía como si cargara a un bebé. O más bien, algo en ella indicaba que había cargado bebés, muchos de ellos, por horas enteras, en filas de seguridad en el aeropuerto o mientras revolvía en su cocina la gran olla esmaltada y colocaba el teléfono entre su hombro y la oreja. De una pieza en la costa, tenía juntas las rodillas, las manos sobre las anchas caderas y los brazos tendidos a los costados, un cuerpo habitado —perseguido— por la fatiga. Ésta era difusa pero indeleble, lo impregnaba todo. Me pregunté si en verdad tuvimos pies ligeros algún día o si ésa era la forma en que nos gustaba recordar nuestra juventud. Aun desde la terraza, a cincuenta metros de ella, podía imaginar el surco húmedo de su frente. Y si bien pensé gritarle que ya había hecho el almuerzo, supe que no me oiría y le texteé: *Voltea*. No se movió.

La puerta corrediza se abrió en ese momento.

¿Por qué no vas a buscarla?, preguntó mi madre. *Está ocupada con los niños, no revisará su teléfono.*

¡No está ocupada con los niños! La veo desde aquí. Está parada junto al mar.

¿Y quién está con los niños?, mi madre intentó sonar tranquila y apenas consiguió ocultar su alarma.

Están jugando, respondí. *¡No les pasa nada, mamá! Los veo desde aquí, ya los conté. ¿El bebé trae puesto un bonete? No sabía que todavía los hicieran.*

Cuando Lucia regrese de la tienda, de seguro querrá ir por Anya. Ponte tu traje para que la acompañes.

Sí, dije sin ganas y entré a la cocina a rematar mi desarmador. *Podría hacerlo.*

Durante esa semana en la playa hacíamos nuestras antiguas cosas de familia. Papá compraba mariscos y los preparaba. Anya, Lucia y yo cocinábamos juntas y dábamos vueltas a Dunkin' Donuts en busca de grandes vasos de café helado, y a la farmacia cvs por filtro solar (con alto factor de protección para la cara y bajo para las piernas), bronceador de acción automática por si el sol no resultaba tan efectivo como queríamos y barniz de uñas para que nos hiciéramos manicuras y pedicuras unas a otras y a los niños. Papá también llevaba consigo muchos números atrasados de *New York Times Magazine*, así que bajo el sol abrasador Anya y yo resolvíamos un mes de crucigramas y engrasábamos las páginas con las huellas de nuestros puños, porque nos turnábamos para escribir. En la noche, una vez que acostábamos a los cinco niños, los cinco Aron originales nos reuníamos a comer galletas y hablar de política. Era reconfortante ver que mamá hacía reír a papá como siempre.

De día entreteníamos a los niños, o los veíamos divertirse solos con imaginativos juegos entre primos. Una litera era un barco. Las muñecas se bañaban en tazones. En la recámara de abajo, que mamá compartió esa semana con Lucia, succionábamos cigarrillos electrónicos y nos probábamos los trajes de baño unas de otras en afán de seguir causando sensación cuando nos metíamos al mar. Mis hijos eran chicos todavía, él tenía cinco años y ella casi tres, y aunque yo había recuperado mi peso, las estrías me habían estropeado para siempre. Cedí una parte de mi flexibilidad a cambio de la tensa barriguita y piernas tambaleantes de mis bebés. Anya también hizo ese sacrificio. Lucia aún tenía un abdomen plano y usaba disparejas combinaciones de biquinis, que extraía sin cesar de su mochila. Aunque al principio me puse uno de Anya, de dos piezas y cintura alta con top de cachemira y calzones rojos, preferí quedarme con mi traje negro de una sola pieza, porque con el otro me veía obesa e hinchada.

Estos trajes son a un biquini lo que el hábito de una monja a la ropa normal, dije mientras me lo ponía.

¡Ay, por favor!, exclamó mamá. *Te ves bien.*

¿Qué dices, madre?, inquirió Anya. *¡Nadie quiere verse bien! Así responde Rob cuando le pregunto cómo luzco y ni siquiera me mira: "Te ves bien, cielo".*

¡Bueno, es la verdad! ¿No te gusta verte bien?

Quiere verse atractiva, terció Lucia. *"Te ves bien" sugiere una frase incompleta, sin "para tu edad" o "pese a que seas madre".*

"Bien considerando que acabas de quedar lisiada en un accidente de cacería", añadí.

¡Ay, perdón!, dijo mamá. *Te ves atractiva. No pese a que seas "madre"*, acentuó el efecto cómico con unas comillas en el aire, *sino pese a... ¡cualquier cosa!*

¡Tenías que decirlo!, me reclamó Anya. *Si no te conociera, te odiaría de sólo verte.*

¿De veras? ¡Gracias! Yo también.

La espontánea intimidad de nuestra familia me hacía sentir una gratitud enorme, pero también muy vigilada. Toda esa semana, en diversas combinaciones, nos pusimos al corriente y comparamos nuestros cuerpos y vidas. K y yo solíamos enviarnos mensajes de texto en mis ausencias, aunque él era lento para responder. Nunca me había acompañado a estos viajes, y una vez me dijo que se sentía inseguro cuando me marchaba, en particular si visitaba a mis papás, porque imaginaba que me reunía con un sinnúmero de exnovios. *Nada más estamos mis hermanas y yo, y quizás algunos viejos amigos a los que me gusta ver cuando voy a casa de mis padres*, le dije. Aun así desconfiaba, y esto lo volvía frío. Lo mismo pasaba cuando hacía viajes de negocios. Yo trataba de guardar la calma y no revisar mi teléfono tan a menudo, pero el estrés de no saber de él me hacía dar bandazos. *Dedicas mucho tiempo a ese aparato*, decía mi madre cuando nos cruzábamos en las escaleras. *Eso supongo*, le contestaba.

La semana transcurrió con lentitud, sin ningún incidente, y luego de un largo viaje en un auto sofocante, el sábado ya estábamos de vuelta en Brooklyn. Como yo regresaría al día siguiente a California, mis hermanas me preguntaron si podíamos ir a tomar una copa esa noche.

¿Y los niños?, pregunté.

Rob se ofreció a cuidarlos, no iremos lejos, respondió Anya, como si el plan ya estuviera tramado.

Me sentaron en un bar en Grand Avenue, con una expresión repentinamente grave y nerviosa, y me dijeron que estaban preocupadas por mí, por la vida que llevaba y en especial porque mi relación con K se había apoderado de mi universo.

Estás obsesionada con él, dijo Lucia, *y creo que eso te perjudica. Temo que perjudique también a los niños.*

Díselo, la interrumpió Anya.

¿Que me diga qué?, inquirí.

Lo que más tememos es que te quiten a tus hijos, contestó Lucia.

¿Que me los quiten?, repetí incrédula. *¿Hablas en serio?*

Sabíamos que ibas a ponerte a la defensiva, dijo Anya.

Soy una buena madre, ¡una madre increíble! ¿En qué cir-cunstancias podrían quitarme a mis hijos?

Ahora fue Lucia quien lo intentó: *Sabía que no te agrada-ría escuchar esto, nadie...*

¿Entonces por qué me lo dices?, pregunté. *Mi relación ha sido una batalla, y si esto les afecta demasiado puedo dejar de darles detalles, pero es un poco alarmista suponer que alguien me quitará a mis hijos. ¿Quién lo hará? ¿La policía?*

Es posible, respondió Anya. *Tienes que conceder esa posi-bilidad. Bastaría con que su papá llamara a servicios infantiles, arrestaran a K o...*

¡Eso nunca va a suceder! Miles de veces le he dicho que tiene prohibido llegar a casa cuando se droga.

¡Vive contigo! Vives con un heroinómano, respingó Lucia.

¡Tú fuiste heroinómana!, repliqué. *¿Ahora yo soy el desastre y necesito una intervención? ¡Estoy segura de que mamá metió la nariz en esto!*, *¿verdad?*

También a ella le preocupas, repuso Anya. Se turnaban en esa calma ensayada. Pensé que era una desfachatez que las po-siciones se hubieran invertido hasta ese grado.

¿Qué quieren que haga?, pregunté. *No creo que compren-dan lo difícil que ha sido para mí mantener todo en pie. Lo úni-co que hago es trabajar y cuidar a mis hijos, así que apenas tengo tiempo para mi relación con K. Si les soy franca, no me esperaba algo como esto. No sé qué quieren que diga.*

Me sorprende que afirmes que no te lo esperabas, dijo Lucia con la serenidad de mil años de terapia. *Estás muy estresada, te pasaste toda la semana en el teléfono. Tenemos que hacer un es-fuerzo incluso para que nos pongas atención.*

¿Así que el problema es que texteo demasiado?

Sabes a qué nos referimos, dijo Anya. *Puede que no estés de acuerdo con nosotras, pero era importante que te lo dijéramos, para no lamentar más tarde que no hayamos actuado a tiempo.*

Bueno, ya lo hicieron, dije y me dirigí a la barra a pedir otra copa.

A la mañana siguiente volé a California, con resaca y en medio de una densa niebla emocional mientras cada media hora sacaba de mi bolsa unos sándwiches de crema de cacahuate con mermelada, peces de colores, marcadores, cuadernos para colorear y una bolsa de gomitas para quien se hubiera *portado bien*.

Poco después de mi regreso, y cuando las advertencias de mis hermanas todavía resonaban en mis oídos, le confesé a K que había bebido con otro hombre durante mi estancia en Nueva York, y él me estranguló en la cama. Envolvió mi cuello en su mano y me miró a los ojos con un brillo mortífero y perverso y algo de placer y terror mezclados con su ira. Los ojos me saltaron como en las películas y sentí que me amorataba. Estaba casi inconsciente cuando me soltó.

¿Cuánto tiempo estuvimos así? ¿Veinte, treinta segundos? Habría requerido más tiempo para matarme, pero no demasiado.

Esto evidenció que todas nuestras reservas de tranquilidad eran mentira. Vivíamos al filo de algo irreversible, expuestos a experimentar algo verdadera y furiosamente definitivo. Para combatir su sensación de impotencia, él era capaz de hacer cualquier cosa, incluso provocar mi fin. Y yo sola había venido a ponerme en esta situación. Había visto que K golpeaba paredes, rompía ventanas, lanzaba cosas, y aun así me había ido a la cama con él.

Después de eso, lloró. Parecía enfermo. Era como si se hubiera demostrado a sí mismo algo que desconocía. Tosí en cuanto me soltó, mi primera reacción fue llevarme las manos a la garganta. Él retrocedió estupefacto, era la caricatura de un hombre que acaba de darse cuenta de su fuerza bruta. En el visceral y atropellado retorno de mi respiración y mi conciencia, todo me pareció una actuación, que él me había gastado una broma. Equivalía al modo en que, sobrecogido, un asesino deja caer el arma homicida en un tosco procedimiento policial, mira la sangre en sus manos y piensa: *¿Qué he hecho?*

Mi madre me dijo en una ocasión que debía tener cuidado en lo lejos que llegaba con los chicos. Yo era una adolescente y ella sabía que cada fin de semana traía consigo el ofrecimiento de cruzar el umbral de la carne. *No hay marcha atrás*, me dijo con una voz más ominosa que la que supuse que habría deseado adoptar. Comprendí lo que quería decir, aunque sólo una vez que llegué demasiado lejos. Se refería a que tan pronto como arribas a tercera base, jamás regresas a primera, o es muy raro que lo hagas. ¿Por qué te limitarías a sólo besar? Careces de una razón para hacerlo. La tercera base se ha vuelto el nuevo punto de referencia. *En cuanto tienes relaciones sexuales, pasan a ser simplemente lo que haces por sistema*, me dijo.

Así eran las cosas, ¿verdad? Por tanto, debía buscar la forma de apartarme o me convertiría en alguien a quien se estrangula con regularidad y teme por su vida.

Nunca más, dijo él. Jamás volvió a ocurrir. Pero aquello marcó un nuevo nivel, fue un hecho que movió los polos de nuestra relación. Imaginé que un explorador del Ártico tomaba una bandera y avanzaba fatigosamente sobre la nieve para fijar otra señal, un brutal y nuevo extremo.

No hay poesía en el instante en que un hombre envuelve tu cuello con su mano y podría acabar contigo para siempre. En el epílogo de sus memorias, *Heart Berries* (*Valentía en el corazón*) la escritora Terese Marie Mailhot fue entrevistada por la poeta Joan Naviyuk Kane sobre lo que significó para ella la apuesta de ser una amerindia que escribía sobre su vida. Hablaron en particular de los episodios de abuso que Mailhot había padecido. "La gente se resiste a permitir que las mujeres escribamos sobre estas experiencias", dijo, "y le disgusta que el relato le suene conocido. Es curioso, porque sí... no hay nada nuevo en lo que se nos inflige. Podríamos escribirlo de una manera nueva, pero ¿acaso la novedad vale tanto? La familiaridad es aburrida, pero las malas personas nos lastiman del mismo modo que antes."

¿Acaso la novedad vale tanto? ¿Por qué esto tendría que ser nuevo? El propósito mismo de escribirlo es reconocer que no lo es, y lo obvio y desgarrador que esto resulta.

Flirteé abiertamente con la idea de dejar a K. *Es lo que debería hacer*, me decía. Lo que cualquier mujer sensata haría. *No te culparía*, contestó él. Pero me quedé.

Sentí que lo provocaba. Indefensa como me sentía cuando veía estallar su enojo irracional, a veces me gustaba desempeñar el papel de empujarlo al límite y ver cómo se tambaleaba ahí. Cerraba instintivamente los puños cuando se enfurecía. Abandonaba la habitación y yo lo seguía, para no interrumpir la conversación, para intensificarla.

Aléjate, decía entre dientes.

No, replicaba yo, y hacía caber todo el dolor y altanería posibles en esa sílaba diminuta. *Habla conmigo*, le pedía. *¿Por qué huyes?* Se alejaba porque temía lastimarme, y una parte de mí quería que lo hiciera. Si presionaba lo suficiente, él haría o diría algo que confirmara de inmediato que era el malo, un salvaje. Quizás haría algo que rompiera el encanto de una vez por todas.

Poco después de este incidente —"el incidente" aún lo llamo en mi cabeza—, K ya hablaba sobre la sobriedad con una convicción renovada. Dejó atrás sus justificaciones: sus filosofías de la adicción como una suerte de ethos, de retirada punk de la sociedad. Cesó de buscar una explicación convincente a su conducta, e incluso de hablar de ella, y se volcó en la ayuda: enviaba mensajes a viejos amigos del programa, salía en las noches cargando una edición rústica de *El libro grande* y volvía a casa con un vaso de Starbucks.

¿Vas a intentarlo otra vez?, le preguntaba.

Debo hacerlo, decía.

Había tanto dolor, tanto daño entre nosotros que toda su búsqueda estaba opacada por la energía del "Te lo dije", como suele ocurrir en las primeras tentativas de sobriedad. *Ya lo verás*, casi oía en su pensamiento. Pero no me importaba, cualquiera que fuese el costo de mi indiferencia.

Capítulo veintisiete

Cuando hablo del vómito, la sangre y la orina de la adicción, las mentiras, los gritos y los estrangulamientos, hablo el idioma de los drogadictos, de los libros de memorias sobre la adicción y de las reuniones de AA, con su vanagloria de "Mi situación era *muy* desesperada". Si conoces a esas personas o lees esos libros, es indudable que habrás escuchado estas historias. Son una combinación de cuentos de fantasmas (para atormentarte), relatos de una lucha infatigable (para entretenerte) y alardes de humildad (para impresionarte), un poderoso impacto anterior a la curación. Y si le das la vuelta a algún arquetipo de este género, te saldrá al paso. Viajes en carretera bajo una densa oscuridad, píldoras rescatadas de entre los vómitos (no vaya a ser que se desperdicien), renuentes experiencias de prostitución, sobredosis en baños de Burger King, robos en residencias cuyos únicos ocupantes temporales eran bebés. Una de las constantes de este rubro son las aventuras amorosas fallidas, una lista de nombres que podrían escribirse tan de prisa como las inscripciones en la pared de una cárcel o en el poste de una cama. Cada uno de ellos representa una compleja red de esperanzas y desdichas, una tragedia griega, el rastro de personas como yo que esos individuos dejaron a su paso.

Pienso que escribo en ese idioma para que se me tome en serio como miembro de esta tribu. Pero no lo soy.

La paradoja de vivir con un drogadicto es que en realidad jamás "entiendes" qué le pasa, ni él tampoco. K es la persona con la expresión más aguda de esta enfermedad que yo haya conocido alguna vez, cuyas oportunidades en la vida parecían desplomarse cada semana. Lo había vomitado todo, sabía lo que es despertar con ansia de droga una lluviosa mañana de un gris pizarra y tener que salir al mundo cruel a buscar la dosis siguiente. De camino al baño a las siete y cuarto de la mañana, tomaba largos y helados tragos del envase de vodka en el congelador y enseguida cerraba los ojos y chasqueaba los dedos mientras la sensación gélida en su cerebro se desvanecía. Duraba sobrio varios meses —más de un año una vez—, hacía lagartijas en la sala, iba a tomar café con su padrino y cargaba a todas partes el cuaderno donde anotaba sus sentimientos. ¡La integridad con olor a limpio y aparente seguridad de quien espera contra toda esperanza! Y todo nada más para salir de nuevo... por más drogas, más mentiras, de vuelta a la insoportable rutina de siempre. Varios centenares de días de esfuerzo tirados a la basura en menos de setenta y dos horas. K sabía qué se sentía arruinar las cosas en tan magnas proporciones. Y aun así tenía que drogarse.

Pero no veía lo que yo podía ver, su rostro demacrado cuando se extralimitaba, la lacrimosa contracción de su boca y sus mejillas al modo de un payaso triste, que lo asemejaba al señor que dormía fuera del edificio de mi oficina. No veía el arco predecible de su borrachera, desde lo eufórico, histérico y afectuoso hasta lo lánguido y enfadado alrededor de las 11:15 de la mañana, cuando yo daba por hecho que recibiría mensajes abominables en los que él aducía que lo engañaba o diseccionaba alguno de mis defectos de carácter y pedía disculpas más tarde, demasiado exhausto para arrepentirse de verdad. Tampoco veía lo penosamente obvias que eran las heridas de su infancia, lo adorable que él podía ser, cuánto brillaba cuando respondía al desafío de hacer lo correcto para el mundo. A mí me era fácil creer que conocía esta enfermedad —su impacto, sus contornos— tan bien como él, e incluso mejor.

Comencé a prepararme mentalmente para la muerte de K, a pertrecharme para ella, y quizás hasta a esperarla un poco. Es humillante —una forma de abandono— ser la viuda de un vivo, un hombre que podría morir de repente. Su ausencia a mi lado empezó a ser flagrante, llamativa: exasperante. Admito que había días en los que la idea de su muerte, vista desde cierto ángulo y bajo cierta luz, me procuraba alivio. A estas alturas, como sea, ya esperaba la llamada en cualquier momento.

Dejaba correr la película en mi cabeza. Sabía que no podía prepararme para recibir la noticia, el instante en que entendería que eso era un hecho consumado. No puedes prepararte para algo así. Imaginaba entonces lo que ocurriría más tarde: la aparición en internet de los amigos que contarían sus anécdotas en letra chiquita debajo de fotos cuando era joven. Sospechaba que ésta sería una experiencia solitaria, que el futuro —un silencio eterno— se abriría como una trampilla en el piso.

No compartíamos amigos. Él se había refugiado en un inframundo en el que yo no era bienvenida y el acceso al cual K me impedía de modo categórico. Un día me texteó a la salida de una tienda de discos en dirección al distrito de Mission. *La policía habla de mí. Me persigue*, escribió. *Ven*. Le contesté que estaba con Claire en la ciudad y que demoraríamos varias horas en volver a casa, pero que si deseaba acompañarnos podía regresar a East Bay. Le dije dónde estábamos estacionadas, frente al Whiz Burgers en la Eighteenth y South Van Ness, y que lo esperábamos ahí. Cuando llegó, subió al asiento trasero y nos contó en lenguaje yonqui una historia incomprensible, un relato paranoico según el cual la policía le seguía los pasos, un rival, unos grafiteros lo buscaban. Todos iban detrás de él y era imperativo que se ausentara de la ciudad, así que agradecía mucho nuestra disposición a ayudarle. *¡Muchas gracias!*, dijo. En los asientos del conductor y el pasajero, Claire y yo intercambiamos miradas furtivas. Murmurábamos con los vidrios bajados y él estaba tan drogado o distraído que no nos oía. *¿Qué ocurre?*, preguntó ella, notoriamente nerviosa. La miré. *Ya se le va el hilo*, respondí. *Está perdiendo la razón.*

Cuando K está sobrio, disfrutamos un par de meses de absoluto alivio. De dicha exultante mientras confirmo que es otra vez el hombre maravilloso del que me enamoré. Obtiene recompensas: sexo, filetes, salidas a tomar la copa y dibujos de los niños. Ha vuelto a casa. Es como si hubiera regresado de una misión al espacio exterior.

En busca de trapos de cocina, marcos de fotografías y una alfombra para el cuarto de mis hijos, vamos a IKEA y nos instalamos un minuto en cada espacio decorado con mobiliario de exhibición, tantas vidas imaginarias. Somos por fin una familia normal. *Es bueno estar de regreso*, dice él cuando nos sentamos en un sillón incómodo de tan firme y siento que una sonrisa de felicidad se extiende de oreja a oreja en mi rostro.

El tiempo vuela. Él sale mucho ("¡Tus malditas reuniones!") y pasa demasiadas horas en el teléfono. Descubro que todos los días me sulfura que no lave los trastes, que ni siquiera se le ocurra recoger la mesa, meter tazas, tazones y platos al lavavajillas o desmontar el contenedor metálico y dentado de los cubiertos, la parte de la descarga que más aborrezco. Sostenemos entonces una conversación que ya se ha vuelto frecuente:

yo: [lanzo al cajón una cuchara desde una altura considerable y hago gala de agresividad pasiva.]

él: *¿Quieres que te ayude?*

yo: *¿Tú qué crees?* [Suspiro.] *Me gustaría que lavaras los trastes de vez en cuando.*

él: *De acuerdo, sólo tienes que pedirlo.*

yo: *¡Eso es justo lo que no deseo! Porque significaría que sigo a cargo de todo y sólo delego una tarea. No sería lo mismo si tú tomaras la iniciativa.*

él: *¿Quieres que me ofrezca a lavar los trastes?*

yo: *Sí.*

él: [Ríe.] *¡Eso no va a suceder, cariño!*

Un día oigo que los lava y *no* pienso: *¡Qué bien!*, sino: *¡Qué manera de desperdiciar el agua! Echará a perder mi sartén buena. Ni siquiera sabe dónde guardar nada.* Estoy tan habituada a pensar en su incapacidad y mala disposición —en su inutilidad— que me cuesta trabajo detenerme. ¡Y aparte no se vuelve útil de la noche a la mañana! ¿Que quiera lavar los trastes para que contribuya así a que mi carga se aligere? Eso no va a suceder. Mi cansancio, exasperación y agotamiento le tienen absolutamente sin cuidado, como siempre. Hace lo que le pido pero lo hace mal. Contengo el impulso de entrar a la cocina y supervisar o asumir el mando. Este instinto no es una abstracción; es un hormigueo que amenaza con destriparme los dedos.

En ocasiones, incluso este ordinario grado de discordia doméstica me agrada. Meses después me entero de la separación inminente de unos conocidos de apariencia impecable: guapos y adinerados, con un caserón precioso y un hijo. ("Casa grande, sexo chico", decía mi madre.) Aunque de por sí esa separación sorprenderá a todos, no tardo en ponerme al tanto de los detalles, más asombrosos todavía. Su matrimonio se disolverá por razones idénticas a las mías: él es incapaz de finiquitar un largo romance con una ex. *¡Qué inmaduro!*, pienso.

La revelación de la separación de esa pareja ocurre en la misma semana en que se cumple un aniversario más de mi boda. Esa mañana de agosto despierto con una sensación de perplejidad que se prolonga hasta el café y sólo se resuelve cuando me percato de la fecha. Me miro en el espejo del baño y pienso en lo mucho que ha cambiado mi rostro desde el día de mi boda. Es imposible determinar con exactitud en qué se ha modificado. Algunas nuevas arrugas son rastreables, desde luego, pero lo demás es apenas un registro del paso del tiempo en las células de mi piel. "Tragedia más tiempo es igual a comedia", leo con frecuencia en los perfiles de los comediantes, una buena frase que por desgracia no siempre es cierta. Tragedia más tiempo es un silencio extraño, impasible, el gris que se cierne una mañana sobre el área de la bahía; la tristeza de las migas de pan tostado acumuladas a lo largo de los años, hasta el punto liberador pero tedioso en que dejan de hacerme llorar. Descubro que puedo dar cabida a todos los pequeños pesares sedimentados en mi existencia, y sé que otros vendrán. ¿Tragedia más tiempo no es sencillamente adultez?

Me siento mal cuando pienso en el hijo de esa pareja, que deberá encarar el divorcio. Al menos mis hijos tenían por archivar pocos años de recuerdos de unidad familiar cuando me separé. Claro que tampoco disfrutaron mucho tiempo de una familia intacta. La depresión de mis primeros años de matrimonio se manifestaba en una perspectiva sombría, una hipersensibilidad que me crispaba los nervios de sólo oír el crujido de la bolsa de papas de un extraño. No veía a la gente a la cara. En el metro me concentraba en las bolsas de los ojos de los pasajeros.

Sarah y Justin van a separarse, le digo a K esa noche mientras preparo la cena. Lo menciono como de pasada, aunque lo

sé desde hace varios días. La separación de esa pareja ha resonado durante la semana como un estruendo de platillos en mi
mente, pero me resistía a compartirla con él y someterla a su
escrutinio de rayo láser. Además, Al-Anon me recuerda que
eso no tiene que ver conmigo. No es mi vida, nada de mi incumbencia.

Tampoco aludo a mi décimo aniversario de bodas. A pesar de que está desintoxicado y es improbable que la mención
de mi exesposo ocasione una pelea, guardo silencio. Abro la
boca para decir algo y me detengo. ¿Qué busco con que lo sepa?

Hoy nuestra vida es mejor de lo que yo habría soñado
nunca, una consecuencia de la incipiente fantasía que sembré
hace tantos años y que me propuse regar en mi invernadero
de psicópata. La imagen de mi vida que hace tiempo contemplaba como loca, deseando que cambiara y creciera. Y aquí
está al fin: K y yo preparamos la cena completamente sobrios
y diseccionamos el fracaso de un matrimonio ajeno como dos
esposos de verdad.

Toma un largo trago de una de las botellas de té kombucha con cereza que apenas ayer compramos en Whole Foods,
a dos por cinco dólares. *Una para mí, otra para ti*, dijo mientras las depositaba en el carrito. Sin embargo, ya se tomó una
—lo sé porque el envase vacío está en el basurero—, y la que
acaba de abrir es la segunda, la mía. Debo tratar de no meter
los tentáculos de mi mente en cada una de estas cosas cuando ocurren. Convencerme de que son insignificantes. Pero es
inevitable que me dé cuenta de que acontecen y que las mencione con quizá demasiada frecuencia.

¿Ésa es la mía?, pregunto con tono despreocupado al
tiempo que él se limpia el labio superior. Remuevo unos cubos dorados de berenjena en la sartén con pala azul turquesa
que fue uno de mis regalos de bodas. También la sartén se ha

dorado de las orillas luego de tantos años de uso, un centenar de crepas y un millón de huevos.

No sé, estaba en el refrigerador, responde.

¿De veras no sabe? De seguro recuerda *Una para mí, otra para ti*. Se recarga en el mostrador y prosigue con sus largos e irritantes sorbos de hombre. *¿Quién quiere el divorcio?*, pregunta.

¿Qué?

¿Quién lo quiere, Sarah o Justin?

¡Ah!, digo. *Supongo que Justin. Bueno, en realidad es probable que Sarah. Él tiene un romance con una exnovia a la que no puede dejar. Eso es demasiado para la familia perfecta.*

Ríe con aspereza y antipatía. *¡Qué idiota!*, exclama. *¿No les has dicho que somos el mejor escenario posible y que aun así nos sentimos miserables?*

¡Qué gracioso!, digo, aunque por dentro celebro su comentario, la insinuación de que quizá también nosotros habríamos llegado hasta ahí, esa otra forma de la desdicha nacida de la estabilidad y la familiaridad. Pienso en estos pobres divorciados, en que es posible que ella me llame pronto, de madre a madre. Pienso en un romance: el tormento, los mensajes ocultos, las llamadas clandestinas, la sensación de que se roba algo prohibido. Siento empatía; entiendo que estas cosas ocurran. Pero doy gracias al cielo de que el impulso que pone en marcha esa idea esté lejos y ya no pueda identificarme con él.

Justo después de la cena, llama mi exesposo. Todavía está en su trabajo. Lo imagino en el escritorio de su oficina, aunque mi recuerdo tiene varios años de antigüedad. Hace siglos que no he estado ahí. ¿Conservará alguna foto de los niños en un lugar visible? ¿Cuál?

¿Dónde están mis diamantes?, pregunta cuando contesto.

¿Qué diamantes?

Es nuestro aniversario de diamantes, me informa. *Diez años.*

¿Ya son diez?, inquiero aterrada. *¡Vaya!*, refunfuño, *creí que eran nueve.*

Diez, confirma divertido y oigo que sonríe. Acaba de comprometerse con su novia, cuyo anillo vi de frente hace poco y volví a ver en Instagram.

También mis padres se hablaban el día de su aniversario, incluso ya separados. Esto no dejaba de ser un tanto complejo, porque la fecha de su matrimonio, en agosto igual que el mío, coincidía con el cumpleaños de Jim. Supongo que mi madre debía esconderse o esperar a que Jim se ausentara para poder llamarle a papá y que ambos soltaran el pesado y recíproco suspiro de los divorciados. Y si bien este suspiro es un consuelo, la historia e información compartidas que se comunican sin palabras son una amenaza para todos los nuevos miembros de una pareja, salvo los más seguros. Cuando estamos con ellos cuidamos de no mostrar demasiado esa vieja aptitud. Tragedia más tiempo más consuelo es igual a algo que nuestra pareja actual no juzgará particularmente agradable.

Para mi aniversario de papel —un año—, le pedí a un amigo que me hiciera un tatuaje en forma de una carta de amor, un pequeño sobre sellado con un corazón encima de una banda con el nombre de mi esposo. Lo trazó una noche en nuestra cocina, de manera superficial y vacilante y con algunas copas de más, mientras mi hijo dormía (tenía entonces cinco meses). Yo me senté a horcajadas en una silla coja y veía caer las tiras adhesivas en el linóleo color crema en lo que mi amigo trabajaba bajo el murmullo de la máquina y contorneaba mi tatuaje en el dorso de mi hombro izquierdo. Una vez que cicatrizara, me dijo, él regresaría para rellenar de morado las violetas y de un rojo muy vivo el corazón. No lo hizo nunca. Éste carece de colores aún y ahora está casi completamente desvanecido.

Cuando veo ese tatuaje, a veces me siento triste, me dice mi hijo cuando ya tiene ocho años. No con delicadeza sino con frialdad, al modo en que los niños educados con privilegios hablan de sus sentimientos, que anuncian como si se tratara de un informe meteorológico. *Cuando manejas y nosotros vamos atrás, lo vemos y nos tomamos de la mano porque nos pone tristes*. Aunque me preparo para escuchar más, él se detiene. Eso es todo lo que quiere decir.

A mí también me entristece en ocasiones, le digo. *Alguna vez pensé cubrirlo con un tatuaje adicional, pero creo que eso sería más triste todavía.*

Está de acuerdo. Nos sostenemos uno a otro la mirada, nuestros inmensos ojos iguales se telegrafían un dolor idéntico. Se parece demasiado a mí.

Quiero conservarlo porque tu papá y yo siempre seremos familia, le recuerdo. *Lo quiero mucho. Y ambos te adoramos.*

Me brinda los labios fruncidos de una grata sonrisa a medias, gesto que he llegado a creer que incluye una pizca de lástima por mí.

La idea de que mis hijos se toman de la mano para soportar esa tristeza hace que me den ganas de tirarme al suelo y llorar desconsoladamente un par de horas. Pero sortear la prematura desaparición de mi matrimonio ha permitido que yo desarrolle la habilidad de atender con calma sus ocasionales expresiones de angustia, de que responda a ellas con amor y prudencia y confirme la validez de su dolor sin que muestre demasiado el mío. ¿Creen que mi tatuaje es triste? Recuerdo que no han visto nunca el álbum de fotos de mi boda y que tendré que verificar que esté oculto en un sitio donde no puedan hallarlo... hasta que ocurra qué. ¿Hasta que yo considere que están preparados para ello? Es una amarga verdad que el amor que los forjó fue previo a su presencia en este mundo, que no recibirán más de él. Es como si oyeran un cuento de hadas hasta aprendérselo de memoria sin que por eso se vuelva realidad.

Hay momentos de la infancia que permanecen con nosotros para siempre, que se graban en nuestra conciencia por alguna razón. ¿Qué momentos serán ésos para mis hijos y cuántos de ellos han pasado ya? Imagino esos recuerdos apilados en carpetas de papel manila como las que mi papá disponía en su escritorio. Me pregunto cuántos de ellos estarán guardados en el ático mental de mis pequeñitos.

K se mantiene sobrio y su ser se transforma por entero: camina con la cabeza en alto, su voz ha perdido su opacidad, suena tan cálida y retumbante como cuando nos conocimos, esas noches de los años noventa cuando yo enrollaba el cable del teléfono en mi dedo e intentaba arrancarle más de una carcajada lisonjera. Ahora es más divertido, más apuesto. Sus bromas me matan de la risa. Su benevolencia es un milagro.

Su larga sobriedad, la casi razonada confianza que empiezo a tenerle por sistema, me impulsan a pedirle un día que vaya a recoger a los niños a la escuela para que yo pueda quedarme un poco más de tiempo en la oficina. Jamás ha hecho solo esa diligencia y acepta entusiasmado la petición. *¿Yo? ¿De veras? Sería un honor para mí*, dice. Le explico los pormenores del encargo, dónde puede estacionarse, que debe recogerlos después de clases y firmar a la salida y él me interrumpe: *Ya sé, ya sé, los he recogido contigo miles de veces.*

Miro el reloj desde mi escritorio y cuando pienso que es probable que hayan regresado ya, le envío un texto y le pregunto cómo le fue.

Perfecto, los niños están bien, estamos en casa, contesta.

¡Gracias! ¡Hoy es un nuevo día!, respondo con un emoji de sol y las manos unidas de esperanza. Minutos más tarde arribo con pluma y cuaderno a la sala de juntas y me siento distraídamente entre mis colegas para hablar del tráfico mensual de nuestra página web. Y pese a que sería mi deber escucharlos, me deleito en el placer de este momento. Tengo un novio, un *compañero* —como les gusta decir a los moradores de la zona de la bahía— que es capaz de ayudarme. Quizá nada se complique más en el futuro. Él podría recoger a los niños una o dos veces a la semana.

Pero cuando llego a casa, descubro que ya no está ahí, o que ha vuelto a ser la persona a la que no había tenido que ver en varios meses. *¡Mamá!*, gritan los niños, me envuelven en sus tentáculos y les doy un beso. *¡Corazón!*, me saluda él con ojos extraviados y cara retorcida. Huele a rancio, a alcohol y sudor, a alfombra de cantina antigua. *¿Cómo te fue?*, su voz tiene esa inflexión inconfundible, como si se tratara de alejar un poco de él.

Bien, contesto. Aunque mi cordialidad se ha evaporado, por el bien de los niños conservo un tono alegre y pronuncio una frase más: *¿Puedo hablar contigo en la cocina?* Cuando atravieso la sala, alcanzo a ver que entorna los ojos. Giro para confrontarlo tan pronto como llega al umbral y con voz tenue pero impregnada de aversión lo acuso de que está borracho.

No pasaré otra vez por esto, eleva las manos como si cerrara el paso a mis palabras. *No lo permitiré*. Ya está exasperado, su rabia va en aumento; es como si lo hubiera acusado de estar ebrio todos los días del año y ríe para recalcar lo ridículo de esa insinuación.

Dices que no estás tomado, declaro retóricamente, con una voz que se quiebra por el esfuerzo con que mantengo la calma.

Así es, confirma. *Y que quieres ponerme en ridículo. Nada de lo que hago te gusta…*

¡Baja la voz!, sé que juzga insoportables mis susurros, así que la sube para añadir que era lógico que yo *iba* a cuestionar su logro más reciente.

Si te refieres a tu sobriedad, ¡olvídate!, la sangre asciende por mis mejillas y el calor invade mi cuerpo. La idea que tanto hemos repetido en los últimos meses —que estamos tranquilos, reconciliados y el iceberg del rencor se ha derretido ya— se evidencia en este instante como una patraña y mi vieja furia vuelve con todo su poder. *¿Crees que soy idiota?*, comienza mi diatriba. Pese a que intento no exaltarme, trino cuando le reclamo que confié en él, que creí que quería hacerme un favor y en cambio puso en grave peligro a mis hijos. Una cosa es que se acueste conmigo, me mienta y defraude y otra muy distinta que haya subido a los niños al coche ahogado de borracho, para lo que no hay disculpa que valga. *¡Borracho con mis hijos en el coche! ¿Ya estabas tomado cuando fuiste por ellos o te emborrachaste después?*, le grito sin que espere su réplica, hundo la cabeza entre mis manos y exploto: *¡No puedo más, no puedo, no puedo! ¡No puedo más!*, conjuro con el que busco enfurecerlo y apartarlo de mi lado. *¿Me oyes? ¡No soporto un minuto más! Sabía que un día algo me iba a obligar a decir esto, y a decirlo en serio*, alzo la cabeza, lo miro a los ojos y grito: *¡No quiero volver a verte nunca más!*, a un volumen que llega hasta mis hijos y vecinos por igual.

Me voy corriendo, sisea en respuesta y la casa se cimbra cuando la puerta se azota detrás de él.

Capítulo veintiocho

Una mañana soleada y brillante, salgo a correr en lugar de quedarme en mi departamento, insufriblemente silencioso cuando mis hijos se marchan con su padre. Si permanezco mucho tiempo ahí durante la mañana, acabo viendo la tele o llorando. Doy la vuelta en Pleasant Valley para iniciar el tramo empinado, la colina que marca el triunfante umbral de los cinco kilómetros e indica que estoy a medio camino de casa. Los cristales de un maltrecho Honda están bajados y adentro hay dos adictos muertos o dormidos. Unos platillos y un estuche de batería ocupan el asiento trasero. Los chicos están tendidos de manera forzada, como cadáveres, ella doblada de lado y hacia atrás y él con la cabeza echada al frente y la barbilla muy cerca del pecho. Capto la escena mientras paso trotando junto a ellos hacia la cumbre de la colina y siento una oleada de tristeza y repugnancia, y luego de mi gran amiga, la culpa.

Doy la vuelta en la cumbre y bajo corriendo para saber si están bien. Me inclino junto a la ventana y observo a la mujer para ver si respira, si su aliento mueve los mechones rubios que le cuelgan frente a la cara. Sí. El interior del coche es un mundo aparte. Él está tumbado en el asiento del conductor y en una de las comisuras de su boca se acumula un poco de espuma.

¡Oigan!, les digo, ¿están bien? Repito más fuerte: *¡Oigan, chicos!, ¿están bien? Sólo quiero saber si están vivos.* Golpeo un par de veces la puerta del automóvil.

En una bolsa en casa tengo NARCAN, el medicamento para revertir una sobredosis. Él despierta y mascula: *Sí, sí, estamos*

bien y yo corro como impulsada por un resorte, salto nueva-
mente colina arriba y casi lloro de gratitud, lejos de los sucios
e hinchados dedos extendidos en el volante de él, quien vuelve a la realidad como un ciego, a la manera de quienes se ati-
borran de opiáceos. El perro chihuaha que se enrosca como
un bulto peludo en el regazo de la desvanecida mujer se me-
nea de modo casi imperceptible para sumirse aún más en sus
pliegues, bajo el olor metálico y a humo de cigarro incrustado
en la tapicería hirviente.

   Más tarde voy al aeropuerto de San Francisco para recoger a Lucia y a mi madre, quienes todavía vienen juntas.
Visitan California un par de veces al año, una de ellas en Ha-
lloween, que es hoy. Sus departamentos en Brooklyn se en-
cuentran a un par de largas calles entre sí y ellas se llaman
por teléfono todos los días. Su relación no es ya tan desigual
como antes. También Lucia es ahora el contacto de emergencia de mamá. Van juntas a hacerse la manicura. Lucia le ayuda a mover cosas pesadas y se reúne con ella a tomar café en
la acogedora pastelería de su cuadra. Mamá le presta el coche
cuando debe ir a la ciudad y juntas se aventuran en Whole
Foods a comprar la cena de Acción de Gracias, que Lucia ofrece ahora en su casa en Gowanus. Mantienen una especie de
relación simbiótica —mamá aún contesta a veces la pregunta
"¿Cómo estás?" con "Lucia salió anoche con un novio"— que
sin embargo ya no me resulta irritante. Su vínculo se ha afian-
zado. Siempre fueron las más afines de la familia —Anya y
yo guardamos más estrecho parecido con el lado paterno—
y ahora forman una animada dupla fundada en la ilusión de
la supervivencia de Lucia. Se arrancan una a otra estridentes
carcajadas. Ríen cuando vuelven a contar una historia, y en
ocasiones una debe terminar el relato para que la otra recu-
pere el aliento.

Aunque Lucia no la ha tenido fácil, se ha sobrepuesto en forma ejemplar. Ha forjado una carrera trabajando para artistas, y es por sí misma una artista del performance. Ha conquistado un público por una obra que se centra en muchas de sus desgarradoras experiencias. Nos une el hecho de que ambas seguimos obsesionadas con los mismos temas, el mismo material traumático: las drogas, la muerte y lo que ella llama "la calamidad de ser mujer".

En esta visita, mi madre me entretiene con el cuento de que hace poco fueron a Lowe's a comprar bolsas de tierra porque Lucia iba a enterrarse viva en un performance. Es una de esas anécdotas absurdas que hacen que ella ría y sacuda la cabeza mientras la narra. Es la versión feliz de la incredulidad de años atrás. Incluso me enseña en su teléfono una foto en la que Lucia aparece hermosa, con una camiseta blanca sin mangas, falda floreada, lentes oscuros de aviador y calzado deportivo Puma, sosteniendo una pala. Detrás de ella, la cajuela del coche de mamá derrama bolsas de tierra de veinte kilogramos.

¿Y viste el performance?, le pregunto.

¡No!, contesta. *No llego a tanto; sabes que apoyo tu trabajo,* se vuelve hacia Lucia, *pero no veré sepultarse a mi propia hija.*

Tú tienes la culpa, mamá, le digo. *Nos inculcaste la locura del arte, y ya ves lo que siempre nos decías...*

Remata mi idea recitando la famosa frase de Carrie Fisher: *Toma tu corazón roto, conviértelo en arte.*

Ya ha pasado algo de tiempo desde la noche en que mis hermanas me dijeron que temían por mi seguridad y mi vida se ha asentado en una cuasi normalidad suburbana. Pese a que Lucia no me juzga y, quizá más que nadie, me consuela luego de mi rompimiento con K, no disimula su alivio. *Sé que estas cosas son muy dolorosas*, me dice, *pero tenías que hacerlo. Él no te dio otra opción. ¡Y mírate ahora!*

¿Qué?, pregunto, para nada impresionada conmigo misma.

Has recuperado la narrativa de tu propia vida.

Años atrás me preocupó presentar a K y a Lucia. Sentía celos de pensar que compartirían un misterioso entendimiento, que tendrían algo en común que me excluiría y me haría sentir la hermana menor de ambos. Aunque se llevaron bien, nunca convivieron gran cosa. Irracional, supersticiosamente, en ocasiones los imaginaba enfrascados en un violento estira y afloja; que si a uno le iba bien, el otro tenía que sufrir. Pero ahora K se había marchado y Lucia estaba sana, radiante y tan alegre como siempre.

Una vez que acostamos a los niños —un torneo de cuentos, arrumacos y besos que por fin los apacigua tras el eufórico día en familia y una noche de ir de casa en casa pidiendo dulces—, Lucia y yo nos tendemos en el sillón, sus pies contra los míos y picoteamos las bolsas llenas de caramelos. Le cuento que me pareció espantoso, y luego triste, que cuando K se fue haya sacado del marco de plata de la chimenea una vieja y curiosa fotografía en blanco y negro de su papá. Más tarde me di cuenta de que también había tomado su foto que estaba en el refrigerador, en la que, por igual en blanco y negro, se ve la nuca de un joven apuesto que habla por un micrófono, con el cabello tan reluciente y sudoroso como la piel de una foca. Lo mismo hizo con la foto de nuestras manos entrelazadas, aquella con un efecto de desvanecimiento hecho en Instagram, donde se veía su tatuaje de *Promises*. Aunque dijo que lo haría, no se llevó sus cosas, y tampoco su llave. Cargó en cambio con esas fotos, a fin de que le ayuden a trazar una línea recta con la que pueda proseguir su proyecto de elaborar y sostener una imagen, y repita su truco de antihéroe, y guarde para la siguiente mujer ("chicas" todavía nos llama) el rastro desmigajado de su vida. *Éste es mi padre. Éste soy yo cuando hice una gira hace treinta años. Y ésta es una chica que amé y perdí porque soy muy malo, imposible de reformar, impenitente, irremediable. Sé que tú crees que me corregirás, chica nueva, pero no es cierto. Ni siquiera te molestes en intentarlo. ¿Ves a esta chica de la foto con el manicure azul cielo y los largos dedos feliz y desesperadamente flexionados alrededor del tatuaje de Promises? ¡No te imaginas cómo le fue!*

Se me ocurrió entonces que había entregado casi una década de mi vida a un hombre que siempre apreciaría sus fotos de familia sobre las mías, que apenas se detendría a contemplar una foto en blanco y negro de mi hermosa madre, de mi bella abuela, del grupo de parientes inmigrantes con abrigos de piel y tacones en un pórtico de cemento en Brooklyn, de mis tíos nadando, de mi abuelo parecido a Tony Soprano tocando música de big band. Lo que él consideraba fascinante en el cine y la televisión no le interesaba tanto en la vida real. No unimos nuestros mundos como los amantes, las familias, deben hacerlo. Cuando se fue, recuperó de ese marco algunos fragmentos del suyo.

A la mañana siguiente, Lucia se levanta junto con los niños antes que yo, y cuando lo hago y arrastro los pies hasta el café, ella está sentada con las rodillas abrazadas en el centro de un círculo de muñecos de peluche. En casa en Nueva York suele pasar tiempo con los hijos de Anya, a los cuales invita uno por uno a que se queden a dormir en su departamento y pidan por teléfono comida preparada, pero mis hijos no la ven con frecuencia, así que cuando viene de visita con mamá, se levantan temprano. Lucia conserva la cualidad mágica que tenía desde que éramos chicas. Es la misma que K poseía, algo que te hacía sentir que nunca tenías suficiente de él. E igual que K, ella está más que dispuesta a jugar con mis hijos, a someterse a cualquier juego o payasada o a sentarse a platicar con seriedad de cualquier cosa que traigan en la cabeza. Cuando mi hijo está molesto, en ocasiones dice *Quiero hablar con Lucia* y desaparece en su recámara con mi teléfono.

Esta mañana, ella se levanta de un salto cuando entro a la sala, medio dormida todavía, me dice *Siéntate, te traeré tu café* y apunta al sillón.

Mamá también se revuelve en su asiento. *Yo lo hago, Lucia*, le dice.

¡No, no, siéntate!, insiste mi hermana.

¿Qué te metiste esta mañana?, le pregunto, sorprendida de su energía.

Nada. Estoy drogada de vida, me dirige una sonrisa.

parte 4

Capítulo veintinueve

Me llevó dos meses elaborar un perfil en Tinder. Primero hice listas de canciones y recorrí la autopista a toda velocidad llorando y entonando a voz en cuello las canciones que me lo recordaban, y las que había coleccionado mientras estaba enojada con él o sola o nostálgica o desesperada o exhausta. Crucé el Bay Bridge cantando y sosteniendo notas largas y vacilantes como un glotón herido. Cuando pareció que no podría llorar más, subí cinco imágenes mías en las que lucía joven, vagamente normal y sofisticada, y fui en busca del olvido bajo la forma de un extraño, un nuevo hombre en quien no depositaría ninguna esperanza en absoluto.

Necesito algo que me limpie el paladar, les decía a mis amigas a fin de dármelas de arrogante, y me desvelaba contestando mensajes de hombres que querían conocerme, enviarme mensajes o enseñarme su pene. Confirmar mi relevancia —o la atemporalidad de los impulsos de los varones— hizo que me sintiera deseable de un modo que no sabía que ansiara. Tenía detrás de mí un matrimonio, dos hijos y la catástrofe de K, ¡pero no era mercancía dañada! O quizá no demasiado dañada como para merecer el rechazo del deseo masculino. ¡Qué importa! Todavía era simpática. Atractiva, incluso. Mi teléfono vibraba toda la noche.

Pero en comparación con la imparable soltura de mis textos con K, casi toda la comunicación que sostenía con esta nueva hornada de parejas potenciales cubría un triste espectro que iba de lo obsoleto a lo aterrador. Algunos apenas sabían leer y escribir y sólo tecleaban correctamente las palabras con que se designan las partes del cuerpo; otros lidiaban con la molestia de flirtear por teléfono adoptando una formalidad extraña: *¿Cómo se encuentra esta noche, madame?* Otros más actuaban como detectives satisfechos de sí mismos que dan pasos firmes en una sala de interrogatorio: *Bueno, bueno, bueno... dígame, Nina, ¿qué hace aquí una chica como usted?* ¿Qué hace cualquiera en una app de contactos? Todo eso me avergonzaba. También detestaba mi tono. Sentía como si hubiera transcurrido una vida entera desde que había hecho estas informales presentaciones de mí misma y no me agradaba retorcerme bajo mi propio microscopio y releer mis mensajes para ver cómo había formulado una pregunta particular y evaluar el grado en que había conseguido asumir cierto aire de chica de mundo. Mientras esperaba las respuestas, no podía hacer otra cosa que leer de nueva cuenta y juzgar las conversaciones que sostenía. Trataba de hacerme la ocupada e independiente. Tenía un arsenal de recursos mitad serios para burlarme de mí y explicar que acababa de emerger de una relación desastrosa —*jajaja*— y quería diversión pero no compromiso.

En medio de un divertido intercambio revelé que tenía hijos y sentí una crispación inmediata. *¿De veras?*, escribió el tipo después de una pausa de un minuto. *¡Qué tonta!*, pensé. Y luego: *No, ¡tonta no! ¡Es la verdad!* No tenía por qué ocultarla. *No te preocupes, ellos no buscan un nuevo papi*, contesté. *Sólo yo.* Me bloqueó diez segundos más tarde y yo me deshice en ruidosas carcajadas y grité: *¡Oh, vamos!* en la sala vacía. *¡Tan bien que la habíamos pasado!*

El primer encuentro para romper el encanto con alguien que no fuera K reclamó tres vodkas dobles y dos tequilas y duró seis minutos. Sucedió con James, un hombre esbelto, guapo y de músculos marcados que también salía a trompicones de la caverna de una relación prolongada y apenas se adaptaba a la luz. Nos texteamos sin tregua varios días y nos reunimos después en el bar más oscuro de la ciudad. Él conocía a la cantinera, una chica con tatuajes y el cabello teñido de negro —otra yo, otra como cualquiera— que nos dio varias copas gratis y bebió una con nosotros. Acababa de sufrir un rompimiento ese mismo día, lo cual quería decir que todos teníamos una excusa para beber, un pretexto para hacer lo que fuera con tal de que enterráramos nuestros sentimientos. ¡Qué buena era yo para eso! Para sentirme con derecho a todo. Soltarme el pelo, darme permiso y desvanecerme al final medio borracha. *¡Maldito amor!*, dijo mordazmente la cantinera al tiempo que consumía las últimas gotas de su copa. Le lanzaba a James largas miradas de complicidad cada vez que yo ordenaba otra bebida. *Éstos ya se acostaron*, recuerdo que pensé. No me acuerdo de qué hablamos él y yo esa noche, sólo que derivó en un tosco y urgente manoseo contra la puerta del conductor de mi automóvil. El indigente sentado en un saco de dormir afuera de la biblioteca más importante de la ciudad nos miró en silencio. Yo había metido las sillitas de los niños en el maletero.

La respiración de otro. La boca de otro. Era una fría noche de noviembre, de aire húmedo y con las calles misteriosamente vacías. Nos encerramos en el silencio de mi sedán para continuar besándonos, nos interrumpíamos de vez en cuando para hacer el rotundo e inquisitivo contacto visual que estilan los cuasi desconocidos. Había un vacío en el fondo de sus ojos, esos ojos nuevos, una mirada que reflejaba con entera satisfacción lo que yo sentía en ese momento: *No me importa quién eres*. Ni siquiera estaba segura de que eso me gustara, sólo sabía que él no era K, que yo ya había probado todo lo demás y esto era lo único que quedaba.

Muy a menudo pensaba en K y en mí en términos de narraciones que ya existían, imágenes que había coleccionado desde niña. Gran número de esas escenas las había imaginado, otras eran cuadros y fotos fijas de películas, fotografías antiguas, incluso caricaturas. Había también escenas de cautiverio, desesperación y deseo, y después de nuestro rompimiento escenas de libertad, soles de Disney, la ciudad de mi vida en total exultación, aves que sostenían en el pico una banda que anunciaba mi supervivencia.

Esa noche, la libertad fue pura evasión. Me imaginé en el fondo de un mar luminiscente, un océano de película, encadenada a un barco naufragado, y que miraba nerviosa en torno mío momentos antes de que me ahogara, como el espectador sagaz deducirá sin duda. Mi hermoso cabello suelto era tan profuso como el de las sirenas y en él resbalaban las olas azul grisáceo del Renacimiento. En el asiento trasero, James me bajó los pantalones y yo aflojé los suyos y estábamos borrachos y alelados y reímos un poco y me senté en él a horcajadas bajo la débil luz del farol de la calle y fue demasiado rápido para ser placentero, demasiado rápido para que fuese cualquier cosa, pero su rostro era rugoso y él olía a hombre y fue como si acercara unas pinzas a la cadena alrededor de mi tobillo. Nadé arriba, arriba, arriba, hacia la luz.

"Me lo cogí, querida lectora", escribí a la mañana siguiente en mi serie de textos para mis amigas, parafraseando a *Jane Eyre*, la novela clásica de Charlotte Brontë, y ellas me respondieron con los entusiastas y afectuosos emojis de rigor.

James y yo nos convertimos velozmente en la frazada del otro. Por alguna razón, la suya era la casa a la que yo iba a dar después de todas las citas malas, a ver repeticiones de *30 Rock* con su sudadera y pijama puestas mientras su pitbull roncaba en una esquina. Bajo la oscuridad de las primeras horas de la mañana, antes de que él se pusiera su chaleco de empleado de la construcción, me llevaba el café a la cama y era obvio que creía que eso era el colmo de la caballerosidad. Por desgracia, luego de la relación de la que yo acababa de salir, eso me impresionó demasiado.

James dio paso a otros. Hubo malas citas: el tímido del Medio Oeste que me contó que se recuperaba del alcoholismo a la vez que, cruelmente, yo consumía tres copas en el bar. Nunca llamó de nuevo. La chica hombruna que yo ansiaba que me tomara bajo su capaz tutela deportiva pero que al final ni siquiera trató de besarme. Temí haber emitido una desesperación tóxica de chica heterosexual, la mujer que lo único que desea es que la alivien de los hombres y la libren de su sufrimiento. Hubo tentativas. Un ruso alto y brillante con el que años atrás había tenido una breve e intensa relación llegó a la ciudad en viaje de negocios y bebimos vino tinto en un extraño Airbnb bajo la mirada de la colección de máscaras de su dueño, cenamos y después sostuvimos un cariñoso remedo de sexo en un cuarto pequeño y oscuro. El hermoso y frustrado académico propenso al whisky Bushmills y el fangoso metal sureño. El traficante de drogas. El chef. ¡Era un repertorio de lotería! No es K, no es K, no es K, no es K: éste se alzaba como el criterio único.

¡Mereces divertirte!, me decía a mí misma. Pero estas experiencias no me complacían casi nunca. El trabajo invertido en conocer a alguien, por brevemente que fuese, era estimulante y absurdo al mismo tiempo. Emergía de esas citas como de una larga conversación en un vuelo trasatlántico: refrescada pero incapaz de recordar diez minutos más tarde un solo detalle de la persona de cuya vida entera me acaba de enterar y ante quien había asentido enfática y solidariamente durante horas. *¿De dónde dijo que era? ¿A qué se dedica? ¿No dijo algo importante de un hermano? ¿O era un hijo?*

Por fortuna, el sexo solía ser el de mis mocedades: una distracción vigorosa. Y no sólo el sexo, también el lánguido periodo posterior, el suntuoso placer de estirarme en la libertad de mi casa como un gato corpulento. Ni el matrimonio, ni el divorcio, ni los hijos, ni la depresión habían arruinado eso. Al final, aún tenía todo a mi alcance. Sólo me faltaba ser egoísta y lo bastante loca para alcanzarlo y tomarlo, para acariciarle las pelotas. Me gustaba pararme a orinar y que cuando regresaba a mi cuarto no hallara el mismo cuerpo con el que me había revolcado y peleado durante años sino un nuevo trozo de humanidad. Alguien que estaba feliz de verme, que me jalaba otra vez a la cama, que encendía un carrujo de mota para mí. Alguien que quería impresionarme. ¿A cuenta de qué yo no merecía que me impresionaran? *¿Y qué si el amor se había extinguido?*, pensaba. El deseo no, por suerte. La fragancia intensa y rica en hormonas de las axilas de otro hombre llenaba el aire de mi departamento, y esto se antojaba una venganza dulce. Destrozaba un poco mi corazón, sí... pero nada más un poco.

Cuando me preguntaban por K, respondía seria: *Se murió*. Ocasionalmente decía la verdad: *Espero que esté muerto*.

K estuvo ausente y no, a lo largo de este periodo. De vez en cuando me enteraba de él, y que seguía como siempre: apesadumbrado, divertido, confuso, molesto. Tratamos la disolución de nuestra relación como algo trágico e ineluctable. Lo mismo que nuestro comienzo, fue una decisión que no tomamos ni podíamos revocar. Pasado un mes, me acostumbré a eso. No era como los días que siguieron a su partida, cuando cada trueno o rayo me sobresaltaba, me hacía mirar temerosamente a mi lado como una niñera tonta en una película de terror, como si él estuviera a punto de reaparecer. Ahora escuchaba serena su voz en la mía cuando hacía bromas semejantes a las suyas y sentía sus marejadas como olas en mi cuerpo, en la atmósfera.

Él tenía versiones contradictorias: que moría solo en un cuarto en casa de su madre y que se iba de juerga, conocía gente, trabajaba, estaba muy activo, salía con otras. Aún nos veíamos en ocasiones. Yo viajaba a los suburbios después del trabajo, hablaba un rato con su madre en la cocina, nuestras mismas conversaciones susurradas de siempre, cada cual experta en su papel, y hacíamos los pronósticos de costumbre. Con él veía un rato la tele en su recámara, como si fuera un paciente de hospital. Cada vez estaba más gordo e inflamado, decidido a matarse con el alcohol y las drogas. *Parezco un monstruo, lo sé*, dijo un día que me senté en la orilla de su cama sin que pudiera ocultar mi tristeza.

Te has visto mejor, asentí.

¡Vaya!, rio, *¡gracias por tu sinceridad, Pimiento! Nunca te había oído decir nada igual. ¡Bien por ti!*

Reí a mi vez. *Por favor no te mueras*, le dije.

¡Ay, cariño!, repuso. *Lo peor de todo es que probablemente viva hasta los cien. Así tendré muchas décadas para sumergirme en nuestra ruptura.*

Si quieres parar, aquí estoy.

Lo sé, dijo. *¿Te apetece que veamos un episodio de* Chopped?

Al final conocí a uno bueno. Josh, un hombre amable, exitoso y de buena apariencia, ojos tiernos y el misterio suficiente para hacerlo interesante, aunque no tanto para que yo me preguntara si me estaba mintiendo. Era dueño de la casa donde vivía y de un perro enorme cuya lealtad a él y ansiosa alegría de saltos incontenibles auguraban algo positivo.

Me llevó a un bar que yo no conocía y después dejó que manejara su coche nuevo. Serpenteé ebria colina abajo hasta su casa sin dejar de sentirme ilimitada en todo momento, como si él me hubiese permitido hacer lo que se me antojara y eso afianzara el poder de mi atractivo. Cogimos sobre la mesa de madera de la cocina y a continuación me disculpé y volví el estómago. En una ocasión le envié un mensaje que rubriqué con dos corazones, uno rojo y otro negro, y él adoptó la costumbre de añadir ambos, en ese mismo orden, a casi todos sus mensajes, en especial si eran románticos e involucraban planes. Supe por intuición que el mío era el negro y el suyo el rojo, un corazón sano y palpitante, listo para amar. Era un alma buena. Una día me dijo que le preocupaba no ser lo bastante "malo" para mí. Quería conocer a mis hijos. En el curso de unas cuantas semanas hizo en lo práctico por mí mucho más que K en toda nuestra relación. Resolvía problemas con la idea de que el amor es un verbo de acción, así que cuando notó que la puerta de mi refrigerador tenía un problema, la siguiente vez llegó con un repuesto y herramientas. Me compraba regalitos. Hablaba del futuro. Un día en que yo ponía punto final en su cama a un trabajo urgente, entró y dijo que iba a traer algo para cenar.

No lo hagas, repuse.

¿Por qué?, preguntó. *Tengo hambre, ¿tú no?*

Sí, pero no es necesario que salgas. De seguro tienes por ahí algo que yo pueda preparar cuando termine.

Me miró como si fuera una extraterrestre. *¡Es sólo algo para que cenemos! Te pones muy rara cuando quiero hacer algo por ti. Eso me asusta un poco.*

A mí también me asustaba que su apacible afecto y atención me incomodaran, me hicieran retorcer como un bicho debajo de la lupa muy a pesar de mi agradecimiento. Cuando

esa noche se marchó por la cena, abrí el diario de mi computadora y escribí: "Acostada en la cama de Josh acabando un
trabajo. Fue a buscar algo para que cenemos. Todo está tranquilo, callado y en paz, al fondo se escucha la música de Con-
way Twitty y el ruido que hace el perro mientras lame crema
de cacahuate en un juguete. Recuerda esta sensación. Tu vida
podría ser así si se lo permitieras".

No le avisé que mi periodo se retrasaba y una semana después puse fin a lo nuestro. Habíamos pensado hacer un viaje
juntos. Aunque ya hacíamos ese tipo de planes, cada día me
pesaba más la carga de estar con alguien como él, un hombre bueno que prestaba atención y cuyas antenas detectaban
todas mis señales. Me sentía poco apta para eso, congelada.
Se puso muy serio cuando rompimos y me reveló sus sentimientos con una claridad encantadora. Pero lo cierto era que,
luego de mi separación de K, la respuesta de mi cuerpo a un
despliegue sentimental masculino equivalía a un ataque de
histaminas tras una exposición a un alérgeno. No podía tole-
rarlo y me mostré brusca. Le di el trillado pretexto de *No estoy
lista todavía*.

A la mañana siguiente oriné en una barrita y supe que estaba embarazada, con un glóbulo más, un manojo de células
de tamaño menor que las lentejas que tendría que devolver a
los mares, las estrellas, el cielo. ¿Adónde van las almas?, si acaso una de ellas era inherente a esa masa minúscula. La imaginé: una semilla sangrienta.

Escribí en mi diario: *Estoy embarazada*. Causaba una
impresión tan grave como el sentimiento que producía. *Me
siento un Gauguin*, añadí. *Mis diminutos senos han adquirido
una espantosa forma triangular, de 2-D. Me duelen, caóticamente*

atrapados en mi cuerpo, cada vez más cuadrado. Me siento pa-ralizada, gorda, patética. Decidí al instante que no se lo diría a Josh. Deseaba hacerlo, pero sería injusto. Ya había puesto demasiado de su parte, estaba muy enamorado. El embarazo nos uniría, nos ataría, le daría la oportunidad de aparecerse. Y aunque el aborto me aterraba, tenía más miedo de que él se presentara a mi puerta e insistiera en que debíamos enfrentar esto juntos. Peor aún, era probable que se empeñara en que yo cambiara de opinión. Imaginé que sostenía mis manos, fijaba en mí su mirada de chico bueno y me decía: *Podemos hacerlo, Nina.* Y podríamos.

No tenía tiempo para la amabilidad. Debía ir a un hospi-tal y obstruir la posibilidad de una vida, de más maternidad, otra desviación a la sosa obsolescencia, a la psicosis inducida por la privación de sueño. No necesitaba un *compañero* sen-sible y de buen corazón, sino un viaje a la clínica. Sólo había una persona capaz de salir airosa de esto con el requerido ci-nismo, falta de prejuicios y un poco de humor negro salpicado de Splenda sobre la fría y alta copa de dolor que estaba a pun-to de beber. ¡Al diablo los sentimientos! Necesitaba al Doctor Muerte. Antes de llamarle a K, le texteé.

YO: *Te necesito.*
K: *Yo también*
YO: *Hola*
K: *Hooola*
YO: *Necesito tu ayuda*
K: *Claro. entiendo*
YO: *gracias*
K: *lo que quieras pimiento. qué pasa?*
YO: *es mejor que lo hablemos en persona*
K: *ven. pero te advierto que estoy fatal*

YO: *no importa. podemos hablar o no. iré más tarde, cuando salga del trabajo*

Lo que yo quiera, estallé en carcajadas en la privacidad de mi cama. A K le encantaban esas proclamas, más que el cotidiano trabajo del amor, preparar el café o sacar al perro a hacer pipí. Cuando llegó la hora de la salida reuní mis pertenencias —siempre voluminosas e inmanejables al final, como si me hubiera mudado a la oficina— y emprendí mi camino a casa de su madre, donde él acampaba en la pequeña habitación que ya conocía al dedillo. Era capaz de inferir su posición exacta en la cama, el único mueble disponible para sentarse. Añoraba este largo y lento viaje de mi oficina a los suburbios a la hora pico, con un agua de Seltz en el tablero y música a todo volumen que cantaba al alimón con sus intérpretes. Me gustaba manejar, me gustaban los suburbios y las mamás de otras personas, la breve tregua en mis responsabilidades de la que tantas veces había disfrutado cuando la madre de K abría un reciente botín de Costco y me ofrecía de comer. Me detuve en una vinatería, como solía hacerlo antes, y compré una modesta botella de vino blanco y una bolsa de Cheetos. Me preparaba para ver a K y conseguir su ayuda.

Es extraño que estemos aquí por mí y no por él, pienso mientras tomamos asiento en la sala de espera del hospital. En tres ocasiones anteriores hemos estado ya en el área de urgencias, a causa de sus abscesos. Enfermeras con portapapeles arrastraban entonces los pies cubiertas con uniformes y calzando Crocs. Decían cosas sobre el seguro que él no escuchaba y yo sí. Cuando hacían ciertas preguntas, K dejaba que el silencio flotara en el aire hasta que yo intervenía y las contestaba.

Durante nuestra espera en esas ocasiones, él me pedía que le tomara una foto, para la posteridad, por compasión o para las redes sociales. Había algo curioso en su actitud hacia su sufrimiento. Tan pronto como se le diagnosticó cáncer, a los veintitantos años, se tomó la vida a la ligera. Yo le decía en broma que eso no importaba, porque había recibido nueve vidas. *¿No es triste?*, replicaba él. *Conoces tanta gente buena y soy yo quien vivirá más.*

Ahora, en la asepsia y brillantez del hospital, entre carteles corporativos que promueven las imágenes hegemónicas del bienestar de hiperactivas familias con dentaduras destellantes y que lanzan frisbees en indefinidas zonas verdes, K parece más que nunca el Otro. Demasiado punk, demasiado trágico y sombrío. Pertenece y no pertenece aquí al mismo tiempo. Semeja una persona de la calle, alguien que viene a dar sin remedio a un hospital, pero también alguien que no encaja aquí ni en ningún otro sitio. Pensé que cuanto más se enfermaba, más se alejaba del ordenado mundo de los médicos, enfermeras y otras personas normales. Habitaba un exilio permanente.

Discutíamos a menudo tras nuestra visita al hospital por uno de sus abscesos. Mi cólera tenía que desbordarse, escupir lava, para que amainara más tarde. No soportaba sentirme responsable de él cuando no podía confiar en él. Eso no era reciprocidad. *¿Qué sucedería si me enfermo?*, le preguntaba en un murmullo. *¿Si te necesitara?*

¿De veras crees que no podrías confiar en mí si te enfermaras?, inquiría ofendido.

No tienes nada, contestaba yo, *ni recursos ni dinero. No, no podría confiar en ti, no puedo hacerlo. Mira a tu alrededor: no lo hago en absoluto. Si algo me pasara, sería mi ruina.*

Pero aquí estamos, un húmedo día de primavera. Lleno los documentos en el área de registro en lo que él permanece en la sala de espera. No dejo de pensar que debí ponerme unos pantalones con jareta, algo más parecido a una pijama —la ropa deportiva de moda—, y no estos jeans ajustados. Imagino la tosca y gruesa almohadilla menstrual que deberé ponerme dentro de la ropa interior antes de que salgamos de este lugar, y las finas toallas que compraré más adelante en la farmacia, el modelo con alas que sólo he utilizado luego de mis partos y otros traumas ginecológicos como éste. Tendré que abotonarme el pantalón con sumo cuidado, pasar el botón por el ojal con la uña e intentar ensartarlo en vano, de tan inflamada que me marcharé de aquí.

¿Tiene quien la lleve a casa después del procedimiento?, pregunta la empleada del mostrador.

Sí, respondo.

¿Dónde se encuentra esa persona?, insiste.

Apunto a K. Está sentado a cinco metros de nosotras y mira su teléfono. Se ve especialmente desaliñado, algo sucio de la cara, con el cabello grasoso —todavía impresionante, ahora hermosamente veteado de gris— oculto bajo una gorra. ¿No podría quitársela al menos? El cabello posee el poder de influir en la opinión de la gente. Ha metido la barbilla dentro de la chamarra y mordisquea el cierre. Como si se diera cuenta de que lo miramos, voltea. Sus ojos poseen esa veloz cualidad vigilante. Imagino la acuosidad humedad de sus pupilas como tinteros derramados. Miro de nuevo a la empleada. Su expresión es la misma, golpetea el teclado con las uñas y sé que no le importa pero siento el impulso de decirle *No es él*, el deseo de disociarme del tipo de mujer que permitiría que un sujeto así la preñara.

Regreso a mi asiento para esperar a que me llamen, tal como se me indicó. K toma mi mano y la pone sobre la suya, con la palma hacia arriba, como si fuese un ave muerta. La incomodidad de la sala de espera se abate sobre nosotros, la alfombra con estampados ocres y grises, las paredes modulares y la iluminación incolora, un puñado de parejas asiáticas que es imposible que estén aquí por el mismo motivo que yo.

¿Día de descuento para los adultos mayores en la clínica de abortos?, murmura K mientras percibo el perfil demográfico del entorno y sonrío con la mitad de mi boca.

¡Qué bueno!, digo con voz trémula de ansiedad. *Quiere decir que consideran el mío como cualquier otro procedimiento médico, justo como debe ser. Porque eso es. Supongo que estas personas están aquí por otra...* descubro que me cala, capta el pánico ascendente en mi voz y suaviza la boca en un minúsculo gesto de compasión que me aniquila de inmediato. Toma mi otra mano y estrecha las dos entre las gigantescas suyas, al modo de la Bella y la Bestia.

Sé que dije esto anoche, comienza con tono gentil.

No, siento un nudo en la garganta.

Si quieres tener el bebé, continúa; *aun si entras ahí y decides tenerlo...*

No, no quiero, repito, sacudo la cabeza y rompo a llorar.

Cuenta con mi apoyo, eso es lo único que deseo decir, en caso de que no puedas... hacer esto. Ya nos hemos encargado juntos de un par de niños; podríamos hacerlo de nuevo sin ningún problema.

Sí, ¡después de todo no fue tan difícil!, río y me limpio la nariz en la manga de la sudadera.

Bueno, ¡lo logramos!, dice.

Lo miro.

Tú, corrige. *Tú lo lograste. Porque eres capaz de cualquier cosa. Eres increíble.*

Sé que, en efecto, podría tomar la decisión de no hacerlo justo antes de que deba, que podría incorporarme en mi cama de hospital y decir que he cambiado de opinión. Pero aunque eso sería un consuelo para él, a mí no me confortaría en absoluto; sólo exacerbaría mi ansiedad de concebir esta decisión como activa o incompleta. De pensar que me hice la prueba de embarazo exigida por el seguro, dormí como un lirón una semana, vine aquí, llené los documentos y aun así una crisis de conciencia se atreve a asomarse en mi futuro. Quise la certeza de que esto terminara y punto. De que hubiera un momento más allá del cual sería definitivo. De que la posibilidad de esta vida quedara cancelada para siempre. Lo único que quise fue llegar a este momento.

De todas formas, me permito imaginarlo una vez más, como lo he hecho en días recientes. Por última ocasión me hago a la idea de que lo conservo. La diminuta mano que envuelve mi dedo. El calor de la mecedora BabyBjörn mientras me balanceo de un lado a otro. Recuerdo que K cargaba a mi bebita, la alzaba sobre su cabeza y la bajaba para que unieran sus narices en un beso de esquimal, lo que le arrancaba a mi pequeña el inimitable gorjeo que aún conserva.

No, no invitaría una vida más a este escenario. Otro bebé —de alguien a quien apenas conozco— que tendría que criar pese a mis crecientes ojeras y el aire que me enreda el camisón entre las piernas cuando entro hecha una furia a la cocina para enjuagar los biberones. Hace falta un resentimiento enorme para arrasar con mi casa: es un espacio reducido. ¿Y K dónde estaría entretanto? ¿Atado al sillón con sus sucios pantalones vaqueros? ¿Viendo la tele y bebiendo un vaso extragrande de té helado? *Puede ser que esto lo mantenga sobrio*, me descubro pensando y tengo que expulsar de mi cerebro esta idea insensata y delirante.

Voy a hacerlo, le digo decidida y miro sobre su hombro una vidriera que da a un patio situado en un lugar que no es afuera. Forma parte del centro médico, es uno de esos relucientes espacios interiores/exteriores con losetas de terracota donde plantas en jardineras y un módulo de información conviven forzadamente entre sí.

Entonces te meteremos a la cama para que veas una comedia romántica, e iré a conseguir sopa wonton, dice. *Tendré que hacer además otra diligencia. Sé muy bien que dije...*

¡Mira!, lo interrumpo y me llevo las manos al mentón como si rezara. *No me importa si te drogas. Lo digo en serio. Ya no me importa. Nada más regresa a mi lado.*

Al final de esto habrá una mala película y sopa wonton, pienso. Aunque intento relajarme con ello, siento que me tenso al recordar el perfil de los cuidados de K, al pensar que necesitará mi coche y mi tarjeta de crédito para comprar el Advil y la sopa curativa; para él ningún acto altruista es desinteresado, ningún acto generoso es puro. Pero aquí está, sentado junto a mí para asegurarme que cualquier decisión que yo tome será buena, que criaría conmigo al hijo de un desconocido. Se lo agradezco mucho. Y sé que eso no basta. Que no sería lo correcto. Pienso en Josh y me pregunto si hará solo el viaje que planeamos. Lo imagino abatido, meditabundo, solitario. Supongo que cree tenerla un poco complicada por ahora. No sabe dónde estoy ni lo que haré. La vida de un soltero sano es tan inquietantemente fácil que resulta pasmosa.

Siento una oleada de honda gratitud cuando una enfermera me aparta de la sala de espera, la empleada del registro y K, y me conduce al círculo de salas con piso de linóleo donde recibiré la bruma de un leve sedante y este embarazo imposible llegará a su fin. Concluido el procedimiento, K entra al cuarto donde me encuentro medianamente drogada y sonríe cuando me ve. Se yergue a mi lado y la enfermera que lo trajo corre la cortina para darnos un poco de privacidad. *Siempre*

pareces una niña cuando estás aquí, dice, y a la par que esbo-
zo una sonrisa siento la enormidad de mi cara y la exagerada
lentitud de los movimientos de mis mejillas. K ha asumido la
misma expresión que adopta cuando, en el curso de una discusión, rompo a llorar profunda y desquiciadamente y él se
ablanda por completo. Me mira con dulzura. Su descuidado
rostro lo hace lucir cansado. Incluso su vello facial ha empezado a platearse, le da la apariencia de un hombre que ha llevado una vida difícil, "con demasiadas horas de vuelo", como
él diría.

    ¿Cuándo me has visto aquí?, le pregunto.

    No lo sé, contesta. *Me enviaste una foto de momentos antes
de que te operaran del ojo. ¿Recuerdas ese loco ojo dilatado? Siempre lo traía en mi teléfono.*

    Sonrío desganada, giro más marcadamente la cabeza en
su dirección y él me toma de la mano. *Sí, pero no estuviste aquí*,
pienso. *Nunca estuviste a mi lado.*

    Me siento una niña de miembros delgados enfundada en
la suave batita de tela de algodón del hospital. Pero tan pronto como recupero mi ropa, soy otra vez una mujer, una adulta cuyos ojos se velarán cuando vea en una sola noche una
dosis de una semana de programas de televisión, que llorará
de emoción durante varios meses cuando sopese la decisión
que acaba de tomar, que se preguntará cómo habría sido tener
otro bebé, a quién se habría parecido, cómo habría sentido esa
boquita desdentada contra su piel. Al menos soy una mujer
con un hombre que la lleva a casa. Me apoyo en K y él me guía
hacia la puerta, el coche, nuestra cama. *Si vas a permitir que te
ayude, permíteselo de verdad*, me digo. *Esta vez podría cumplir.*

    Se ocupa de mí el resto de ese día y el siguiente. Consi-
gue la sopa, el té y mis otros antojos, lo mismo que tres rollos
de SweeTarts, y me prepara en el sofá un nido mucho más

cómodo que el que habría hecho para sí. Antes dormía en este sillón con una sola sábana, y yo quería decidir y controlar incluso eso. *¿No tienes frío?*, le preguntaba. *¿Cómo puedes dormir así?* Sabe que yo siempre tengo frío, así que trae el edredón de mi cama y una cobija adicional, como me gusta.

No me quiero imaginar cuántos penes han tocado esta cosa desde que nos separamos, dice mientras sube y baja el edredón sobre mi cabeza como lo hacía con los niños, tras de lo cual lo asegura bajo mis hombros.

¡Ay, cállate!, le digo. *No es momento para eso, de veras.*

Está bien. ¡Perdón, señora!, me cubre con la cobija. *Volveré con su agua de Seltz.*

Se marcha a la vinatería, a inyectarse, toma prestado el coche para ir a comprar más cosas y por primera vez en años no siento nada. Ni pánico ni miedo a que me abandone. Nada de rabia. Experimento mi cuerpo como una cavidad vacía. Intuyo que he sido excavada, desinfectada de algún modo. ¡Tantos años de podredumbre, de toxicidad!

Nunca lograré que cambie, pienso. Su barba encanecida, el relajamiento de su rostro no sobrio, nunca sobrio y aún bello. Es nada más una persona que, como yo, trata de sobrevivir. Cuando regresa y se instala de nuevo en el bastión de telas y bocadillos, pongo mi taza en la mesita del café, me estiro y le digo: *Te amo.*

Se acerca otro tanto, posa su cabeza sobre mi hombro y siento en mi clavícula el ligero estertor de su respiración.

¡Ay, Pimiento!, dice. *No tienes remedio.*

Capítulo treinta

"Serenidad es renunciar a la esperanza de un pasado distinto", dice alguien en mi reunión de Al-Anon de los martes por la noche. Saco mi cuaderno rosa, un regalo de Claire (¿cuántas plumas y cuadernos bonitos nos hemos regalado una a otra al correr de los años, cuántos nos regalamos las mujeres para que nos sea más fácil decirnos la verdad e imaginemos que un día lo escribiremos todo y hallaremos catarsis en ello?), y registro esa reflexión junto a las demás frases cursis que, en la más trillada de todas las conclusiones posibles, he acumulado hasta ahora para alterar mi pensamiento y cambiar mi vida. "La felicidad es una tarea interior", he anotado ahí. De igual modo, la frase de mi suegra, que siempre juzgué petulante hasta que la necesité: "En la recuperación nos libramos de cargas que no nos corresponde llevar". Y "Tú no lo causaste, así que no puedes regirlo ni remediarlo". También mi favorita, que conocí el día que una compañera de Al-Anon la escribió en nuestra carpeta grupal: "Si estás comiendo un sándwich de mierda es seguramente porque lo pediste".

Cuando, agotada y exhausta, me sentí lista para regresar, aquello aún estaba ahí. El café, los carteles, las bienvenidas cordiales y desconcertantes y las tejedoras cubiertas con suéteres hechos a mano, sólo que ahora eran jóvenes con tatuajes y piercings. "Tocar fondo" es más difícil para las codependientes que para los adictos. Nuestros actos suelen tener escasas consecuencias importantes. Nuestra vida cae en un devastador estado de deterioro psíquico, emocional y espiritual —la "epidemia de vidas desperdiciadas" a la que se refieren los médicos—, pero eso no siempre es evidente. Igual que el trastorno de dolor crónico, el sufrimiento tiende a ser invisible. Después de todo, nuestra habilidad radica en soportar y manejar nuestras penurias, no en exhibir aquello por lo que pasamos. Yo no sentí que tocar fondo fuera, como lo había imaginado, el final de la línea, el momento en que se me agotarían las opciones o las esperanzas. Había hecho la prueba de Al-Anon en momentos así sin que diera resultado suficiente ni significara lo bastante para que permaneciera en sus filas. Esta vez era en cambio una gotita de curiosidad —sólo perceptible cuando me separé de K— sobre quién sería yo sin el lastre de las adicciones ajenas. En el hueco que él dejó, hallé una perlita de expectación acerca de cómo sería un día cualquiera y cómo pasaría mi tiempo.

Ya sabía entonces que mi tendencia a complacer a la gente iba más allá de mis relaciones íntimas. Era evidente por igual en el hecho de que asumía demasiados deberes en mi trabajo, de que quisiera proteger a alguien aun en una conversación, intentara reparar y suavizar y riera muy fuerte o mucho tiempo. Lo era asimismo en el hecho de que siempre dijera: *Me encantaría asistir a tu lectura de poesía, baby shower, fiesta de cumpleaños* sin que estuviera segura de que eso era cierto. Prometía mucho y cumplía poco. Esquivaba responsabilidades y emitía intensas disculpas que no dejaban margen a respuestas ni reparaciones. Como el alcoholismo, la codependencia es en el fondo una forma de insinceridad, de mentira. Y es terrible ser insincera.

A mi regreso a las reuniones, me puse a leer otra vez los materiales de Al-Anon. No eran perfectos, y una parte de ellos —en especial las exhortaciones a que adoptes una conducta contenida y moderada— son de lo más anticuados. Por ejemplo, el folleto informativo que se entrega a las recién llegadas a Al-Anon incluye un práctico separador de libros con una lista de cosas que la adepta jura hacer "sólo por hoy", como tomar las cosas tal como vienen a diario, pasar media hora sola y concentrarse en la felicidad. "Sólo por hoy", dice el folleto, "seré amable. Luciré lo mejor que pueda, me vestiré con decoro, hablaré en voz baja, seré cortés, no criticaré. No buscaré defectos en todo, no intentaré mejorar ni normalizar a nadie que no sea yo". Pero aunque detestaba hallar frases como éstas en los materiales de lectura, creía en su esencia, en que había una fuerza por buscar debajo de mi escepticismo.

Sin embargo, nada de eso cristalizó en verdad hasta que hice lo más difícil de todo: conquistar la sobriedad. Ocurrió de modo inesperado. Volé al este para asistir a la boda de Claire, por quien brindé en un vestido largo color beige y un labial de un rojo muy vivo. Pasé cinco días entre personas que adoro, y aunque bebí sin parar, jamás pude ponerme adecuadamente ebria. Al contrario, me sentía dispersa, somnolienta, abstraída, inflamada. Cuestioné mi aislamiento. Me pregunté si la felicidad que mi amiga había encontrado en una persona sumamente cordial, confiable y maravillosa sería posible para mí. ¿El amor podía ser así, algo sólido que sabes que está a tu disposición? Era como si el alcohol hubiera dejado de operar o el odio por mí fuera al fin tan pronunciado que contrarrestaba sus efectos. En ese viaje, cada mañana juraba no beber y cada tarde volvía a hacerlo. Incluso bebí en el avión de regreso y, cerca del cielo, recité una plegaria que creí que alguien escucharía: *Ayúdame a sentirme mejor*. Cuando aterricé en California, decidí probar de nuevo la sobriedad.

La desintoxicación hizo lo que sabe hacer: me volvió más alerta, atenuada y frugal. La tensa y electrificada cuerda de mi atención era a veces un viaje de drogas por sí misma. Ser capaz de pensar, concentrarme, percibir sentimientos: ignoraba que estas sensaciones fueran tan intensas. También me aburría y entristecía, así que una tarde me puse a depurar mis cajones y armarios. No obstante, había vuelto a la vida, en todas las maneras previstas por los testimonios sobre la adicción que leí a lo largo de los años: algo arisca, muy sensible, con una incierta sensación de asombro que con frecuencia me dejaba helada.

Al principio, el cambio que ocurrió en mi pensamiento fue sutil y doloroso. Me sentía incómoda, como sentada sobre un montón de rocas. En Al-Anon la gente se propone no actuar: no arrojarse a una situación con la mira puesta en manipularla, remediarla o controlarla. No ocultar, maniobrar ni mentir. Otra frase: "No actúes, toma asiento".

Repetimos sin cesar esas simples frases, pero esto se debe a que no siempre las comprendemos. Es imposible que lo hagamos si nuestro cerebro está lleno de ruido o somos presa todavía de la autocompasión. Si escuchas muchas veces esas frases es indudable que un día darán fruto y su profundidad y utilidad te sorprenderán. Por ahora te recuerdan al menos que muchos otros han pasado por aquí. En medio del silencio y la quietud aprendemos a estar solos, escucharnos y ser humildes. La gran seguridad que experimentábamos cuando creíamos saber qué convenía a los demás era arrogancia, la barata embriaguez de los santurrones, tan difícil de dejar como las drogas.

Nada en mi lucha ha sido único, lo veo ahora con toda claridad. La singularidad que atribuía a mis sentimientos por K era real (en la medida en que efectivamente los tenía), pero también una ilusión. Por triste que sea pensar en ella, se impone esta pregunta: ¿es posible que dos almas cualesquiera, de un alcohólico y una codependiente, hayan chocado al azar para producir esta tragedia? Puede ser que sí, a la manera de los monos encerrados en un cuarto que al final escriben como Shakespeare. Con todo, el dolor por el fin de esa relación no es nada en comparación con mi duelo por lo que durante mucho tiempo creí que era el amor. Mi ruptura con esa fantasía es lo que en verdad me tiene postrada. Todavía lloro por esa díada, esa desesperación, obsesión y distracción. Lloro por la creencia, cultivada contra toda expectativa, de que podía salvar a mi hermana o a K. Estaba cierta de que salvaría a K. Pero un hombre no es una casa. Es probable que puedas realizar algunas remodelaciones, pero imposible que reconstruyas los cimientos de nueva cuenta.

Como dice una chica en *Las mujeres que aman demasiado*: "Mantenía viva la esperanza de que tropezaría con alguien que haría que mi vida marchara conforme a mi deseo". Aún añoro la lógica perfecta de esa victimización. Recuerdo el tormento de los años con K como un periodo de una soledad y una crudeza tan abyectas que tengo nostalgia de ellos. Me sentía resonando, casi peligrosamente viva. Creer que todo era cuestión de encontrar al indicado: echo de menos esa ingenuidad. Echo de menos la sencillez de tal visión del mundo, a esa pobre chica mártir. La tenía demasiado difícil, y no había nadie que saliera a su rescate. Muchos lo intentaron, ninguno lo logró. Extraño a esa víctima, pero tenía que abandonarla. Tenía que abandonar incluso la idea de abandonarla.

Creo que la forma en que contamos historias sobre la adicción importa mucho: define el modo en que actuamos, tanto en el nivel del discurso de la salud pública como en la mesa de la cocina. Define el grado de empatía que sentimos por quienes padecen esa enfermedad, el grado en que nos protegemos de la destrucción que ésta induce y abrazamos la vida a pesar de ello. Y define nuestro entendimiento del amor y la comprensión: qué puede esperarse con justicia de nosotros y cuándo esto ha llegado demasiado lejos.

Aunque al principio me reconozco en las palabras de otras integrantes de Al-Anon y experimento un vago consuelo cuando salgo de la iglesia y me dirijo a mi coche —una sensación de placentera soledad que se afianza cuando medito en toda la información personal que acabo de lanzar en la sala—, me pregunto cómo puede aplicarse eso a la realidad, a mi realidad. Aun así, asisto. Una vez en cada junta, una desconocida es tocada por una genialidad que se ajusta perfectamente a lo que necesito ese día. Como todavía no creo en Dios, esto es en lo que creo: en que cuando me presento, soy la destinataria de un rayo de sabiduría esencial hecho a mi medida, el cual desciende sobre mis oídos como si llevara inscrito mi nombre en el haz.

Me doy cuenta de que no sé compartir con la soltura con que otras lo hacen, no sé ocupar el estrado con masculladas divagaciones sobre mi semana. Las pocas veces en que tomo la palabra en una sesión, selecciono mis pensamientos de tal forma que haya un arco narrativo en lo que digo, me burle un tanto de mí para arrancar un par de carcajadas y tenga en definitiva un argumento que ofrecer. Aun la emoción que pongo de manifiesto frente a un grupo de apoyo debe exigir poco de él.

Gran parte de la bibliografía de la autoayuda se basa en la idea de que una versión más real de ti está enterrada bajo tus escombros emocionales. Tu "verdadero yo" está a la espera de que lo encuentres y aprecies, debajo de todo ese dolor, esas penas y daños. La génesis del concepto de la codependencia está tan íntimamente relacionada con el pensamiento estadunidense sobre el poder del individuo que el "verdadero yo" tiene sentido en ese contexto. Pero recuperarnos del abuso de sustancias, tal como la mayoría lo experimenta, consta de una serie de conceptos propios de un momento y lugar particulares. La pareja heterosexual está en su centro: un hombre destrozado cuyas heridas han de ser curadas para que retome el timón de la familia nuclear, el papel de sostén del hogar firme y autosuficiente, y una mujer enfadada que tiene que sacar provecho de su cólera e integrarla a la masa del pan para que sea posible que perdone a su marido y restaure la paz en su hogar y su matrimonio.

No he buscado develar ni recuperar nada, ni experimentado de ese modo mi camino a la paz. Después de tantos años de aferrarme con miedo a varias identidades, prefiero pensar en mi espacio interior como un espacio vacío —a la manera en que, recién vaciada, lo hice en el sillón con K respecto a la esperanza de que él cambiara, mejorase y se serenara de una vez por todas—, un momento sin futuro ni esperanza. Un momento de perfecta aceptación. La recuperación implica reparación, volver sobre los propios pasos; en cambio, mi alejamiento de la destrucción no ha supuesto recuperar nada. Todo es nuevo para mí.

Mucho tiempo creí que si atendía mis propias necesidades me apartaría orgánica e inevitablemente de los demás. En la lógica binaria del individualismo refuerzas el yo a expensas del otro. Pero conforme lleno mi vacío he descubierto que lo cierto es lo contrario: que cuanto más me amo, más se ensancha mi corazón y más presente y sensible me vuelvo, pese a que duela.

Cuando manejo, tengo por costumbre alargar la mano hacia el asiento trasero y realizar un movimiento de "trae acá", como lo hacía mi madre. Mi hija pone entonces su mano sobre la mía y acaricio sus nudillos con el pulgar. Luego tomo la mano de mi hijo. Ambas son húmedas, suaves, totalmente confiadas. Mi hijo acerca mi mano a su rostro para restregarla contra él o darme un beso. Les doy entonces largos pellizcos, dos, tres veces, y ellos me imitan. Siempre hemos hecho esto, pero sé que antes no confiaban en mis pellizcos tanto como ahora. Quizá la sensación en el asiento trasero era más frenética en aquellas mañanas de resaca; tal vez los niños creían que precisaba algo de ellos. Siempre he amado con fervor a mis hijos y eso me ha nutrido sobremanera; ésta es la razón de que aun cuando bebía, aun cuando estaba con K, me concibiera como una buena madre. Hacía cuanto podía con las herramientas con que contaba. Pero ahora que mis herramientas han mejorado, estoy por completo segura de que soy una buena madre, puede ser incluso que excelente, y el consuelo que esto me da es enorme. Pienso que hoy mis hijos pueden confiar en mí por entero, igual que yo lo hacía en mamá —en que seré ecuánime y responsable, estaré alerta y despierta, viviré con integridad—, y una sensación de plenitud tan cálida como el whisky invade mi pecho.

Temí que la recuperación me hiciera perder mi gracia. ¡Qué alivio ha sido descubrir que lo divertido no eran el alcohol o las drogas, ni que yo estuviera loca, sino yo! Todavía bailamos a The Go-Go's y The Marvelettes en la cocina. Hacemos de cuenta que estamos en un programa gastronómico de televisión y competimos con el temporizador mientras uno bate, otro vierte y otro más sirve. Cuando mi hija me cuenta que aprendió "Lean on Me" en el coro de la escuela, pongo a Bill Withers, lo cantamos juntas y mis ojos se llenan de lágrimas. Ladea compasivamente la cabeza, me dice ¡NO LLORES, mamá! y eso me hace llorar más. Estas recompensas de la recuperación me estremecen a diario, son momentos nada llamativos, tan breves y modestos como las luces de una serie navideña. Son las recompensas de una vida bien llevada: la nueva y pulcra casa rebosante de plantas, el perro que su padre y yo rescatamos hace años y que ahora ronca encanecido en su cama y este libro casi terminado. Tantas comidas juntos en las que hemos compartido la rosa, la espina y la simiente: la mejor parte del día, la peor y lo que anhelamos. *¿Qué es el amor sino esto?*, cavilo. Nada es ahora más romántico para mí que creer que me merezco esta alegría, este amor, justo el mismo que busqué desde el principio. Por la gracia de algún dios o diosa, el mar, la luna o la suerte, hemos sobrevivido a esta monstruosa enfermedad hasta el día de hoy.

No puedo dejar atrás todas mis costumbres. La recuperación, que llena mi vacío, no equivale para mí a renunciar a la dependencia. El amor es todavía mi droga, la potente y embriagante sustancia que da significado a nuestra vida. Y las relaciones de dependencia que disfruto en este planeta —con él mismo, los libros, las increíbles personas presentes en mi vida, en especial mis hijos— son aún lo que me llena de determinación. A lo que renuncié convencida de que debía dejar para siempre fue al sufrimiento, el dolor innecesario. Un sistema de creencias que combina la pena con la autenticidad. Descubrí que podía dejar de obsesionarme, controlar, victimizarme. Bastaba con que lo desease y me sentara a aprender cómo. A mis madrinas en Al-Anon les recuerdo el cartel de John Lennon y Yoko Ono de la década de los sesenta en protesta por la escalada de la guerra de Vietnam, el cual decía: "¡LA GUERRA TERMINÓ! (SI TÚ LO QUIERES)". Deberían exhibirlo dondequiera que se aplican los Doce Pasos.

Aunque la lluvia viene y se va, el frío del área de la bahía no cesa de calar mis huesos. Nunca se me calientan los diez dedos juntos. Los martes me detengo a la entrada del sótano de la iglesia y saludo a quienes arriban, personas que desean el mismo tipo de vida que anhelo ahora y cuya historia he seguido a lo largo de casi dos años. Cedo el paso a una de ellas, una veinteañera cuya novia es una bebedora violenta. Cuando se vuelve para darme las gracias, veo que ya tiene lágrimas en los ojos. Adentro me sirvo una taza del horrendo café de mi grupo y me siento en la menos chirriante de todas aquellas bancas.

Agradecimientos

Gracias antes que nada a mi familia, que me permitió escribir sobre ella y no me brindó más que amor. Ustedes siguen demostrando que nada nos hundirá.

Gracias a mis padres por impartir palabras de amor a lo largo de toda su vida. A mi madre —mi Estrella Polar—, que me recuerda que escriba también de mis alegrías. A mi padre, por marcar siempre el ritmo y escuchar sin cesar. A mis hermanas: son mi complemento. Gracias por ser las personas más divertidas que haya habido en este mundo y por creer incansablemente en mí. A Leah, por vivir con la idea de luchar un día más con garra y gracia y convertir eso en un arte para mí. A Alexa, la otra mitad de mi galleta bicolor, por entenderme en una forma con la que otros sólo pueden soñar.

Gracias a Sylvia Yules. A los Braun, Aron y Lerman. A Deanna Steele, Beth Holland, Jersey Lynch y en especial a Zac Judkins y Erica Nagel por todo su apoyo.

A Elise Herrala, por siempre mi primera editora y coestrella de comedia romántica, que me apoyó en todo momento y leyó cada palabra en cada etapa desde las primerísimas frases, las cuales cayeron del cielo en pleno desierto.

A mis primeros amores: Beth Blofson, Ryan Hawke, Medb Marsceill. Mis *grrrls*, mi corazón. Guardianas de mis recuerdos. No sabría quién soy sin ustedes.

A Tai Power Seeff por nuestro amor eterno, nuestras desveladas, paseos por cementerios y cupones.

A Tre Wallace por ser una roca, mi ratón de biblioteca favorito y una interminable fuente de consuelo.

A Carvell Wallace, la fuente de sabiduría más confiable que conozco.

Gracias a Flip Brophy por decirme siempre que podía hacer esto y llamarme para hacerme reír durante el doloroso proceso. A Jim Rutman, interlocutor extraordinario, por tu experiencia y atención a mis ideas —buenas, malas y feas— durante todos estos años.

A mi editora, Alexis Washam, quien captó la idea desde el principio y puso tanto empeño en este libro. A Jillian Buckley, tu conocimiento es profundo y tu entusiasmo contagioso. A Nicole Ramirez, Anna Kochman, Annsley Rosner y todos los demás en Crown que dieron vida a este libro. Gracias a Louisa Dunnigan, de Profile Books, y a Jason Richman, de United Talent Agency.

A los amigos que leyeron esta obra en sus diferentes versiones, por su brillantes, divertidos y sobre todo útiles comentarios: Brian Gallagher, Anna Godbersen, Melissa Richer, Laura Smith, Yael Stiles y Diana Thow. Me mantuvieron en marcha e hicieron que este libro fuera mejor.

A Nora Reilly, Jessica Egan y Christopher Roebuck por responder preguntas de investigación.

A mis seres queridos cerca y lejos que iluminan mi mente y que poseen demasiadas virtudes para ser enumeradas: Ryan Calder, Ethan Hawke, Ben Dickey, Patrick Marsceill, Cal Light, Lindsay Leopold, Patricia Kubala, Rebekah Witzke, Mary Beth Keane, Stephanie Buck, Rian Dundon, Charlotte Buchen Khadra, Kara Urion, Zachary Levenson, Rahfee Barber, Lawrence Barth, Beth Wells, J. R. Geisler, Yael Gottlieb, Lia y Felicia Halloran, Michael Weber, Summer Brenner, Gloria Frym, Anastasia Kayiatos, Leila Nichols, Rachel Goldman,

Robin Meyerhoff y Michael Ryan, Ariana Wolf, Hall McCann, Judy Zinis, James Spooner, Lisa Nola, Teresa Sabatini, Tracey Helton Mitchell y mis hermanas en el rock Rachel Sager Sales, Kristy Morrison y Christie Call.

Gracias a Lilly Gage por la libertad y el tiempo.

A Felicia Keller-Boyle por su extremada sabiduría.

A K, con amor y paz.

Y a Emmett y Iona Mae, mis luces más brillantes, los verdaderos amores de mi vida. Ustedes son la clave del mapa de mi existencia. Gracias por enseñarme lo que puedo ser.

Esta obra se imprimió y encuadernó
en el mes de marzo de 2021,
en los talleres de Impregráfica Digital, S.A. de C.V.,
Av. Coyoacán 100-D, Col. Del Valle Norte,
C.P. 03103, Benito Juárez, Ciudad de México.